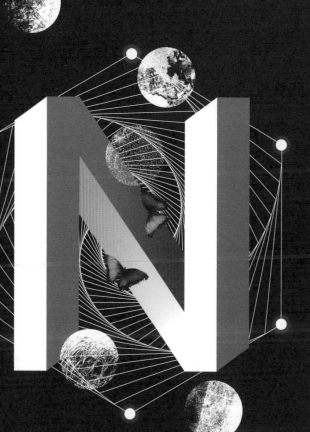

미치오 슈스케

이규원 옮김

북스피어

옮긴이 **이규원**

한국외국어대학교에서 일본어를 전공했다. 문학, 인문, 역사, 과학 등 여러 분야의 책을 기획하고 번역했으며 현재 전문 번역가로 활동중이다. 옮긴 책으로 미야베 미유키의 『이유』, 『얼간이』, 『하루살이』, 『미인』, 『진상』, 『피리술사』, 『괴수전』, 『신이 없는 달』, 『기타기타 사건부』, 덴도 아라타의 『가족 사냥』, 마쓰모토 세이초의 『마쓰모토 세이초 걸작 단편 컬렉션』, 『10만 분의 1의 우연』, 『범죄자의 탄생』, 『현란한 유리』, 우부카타 도우의 『천지명찰』, 구마가이 다쓰야의 『어느 포수 이야기』, 모리 히로시의 『작가의 수지』, 하세 사토시의 『당신을 위한 소설』, 가지야마 도시유키의 『고서 수집가의 기이한 책 이야기』, 도바시 아키히로의 『굴하지 말고 달려라』, 사이조 나카의 『오늘은 뭘 만들까 과자점』, 『마음을 조종하는 고양이』, 하타케나카 메구미의 『요괴를 빌려드립니다』, 아사이 마카테의 『야채에 미쳐서』, 『연가』, 미나미 교코의 『사일런트 브레스』 등이 있다.

N by Shusuke Michio
Copyright © Shusuke Michio 2021
All rights reserved.
First published in Japan in 2021 by SHUEISHA Inc., Tokyo.
This Korean edition published by arrangement with Shueisha Inc., Tokyo
in care of Tuttle-Mori Agency, Inc., Tokyo, through JM Contents Agency Co., Seoul

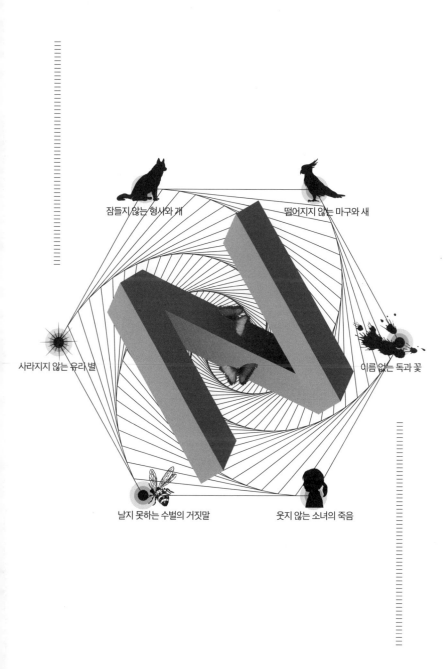

잠들지 않는 형사와 개

떨어지지 않는 마구와 새

사라지지 않는 유리 별

이름없는 독과 꽃

날지 못하는 수벌의 거짓말

웃지 않는 소녀의 죽음

Quid rides? Mutato nomine de te fabula narratur.
(왜 웃느뇨. 이름만 바꾸면 바로 네 이야기인 것을)
―호라티우스

일러두기
＊작게 표시된 본문의 주는 옮긴이 주입니다.
＊괄호로 표시된 주는 원저자의 주입니다.

✳ 이 책을 읽는 방법

이 책은 6개 장으로 구성되지만 읽는 순서는 따로 없습니다.
어느 장부터 시작할까.
다음은 어느 장으로 넘어갈까.
어느 장으로 마칠까.

이 페이지를 넘기면 각 장의 머리 부분만 소개되어 있습니다.
읽고 싶은 장을 선택해서 해당 페이지로 이동하십시오.
그 장을 다 읽으면 다시 앞으로 돌아와 머리 부분들 가운데 다음 장을 선택하십시오.
신중하게 택하든 아무렇게나 택하든 관계없습니다.

읽는 사람에 따라 색깔이 달라지는 이야기를 쓰고 싶었습니다.
독자 여러분이 자기만의 이야기를 체험할 수 있었으면 좋겠습니다.
아울러 이 책은 장과 장의 물리적 연결을 없애기 위해 장이 바뀔 때마다 위아래가 뒤집히도록 인쇄되어 있습니다.

미치오 슈스케

✳ 이름 없는 독과 꽃

매달 한 번 하는 통장정리를 위해 빗속을 걸었다.

아무도 없는 ATM 박스에 들어가 핸드백에서 통장을 꺼낸다. 이렇게 종이통장을 쓰는 사람은 나와 같은 삼십대 후반일 테고, 이미 소수파인지 모른다. 요즘은 인터넷뱅킹을 이용하는 사람이 당연히 더 많다.

헤진 통장 표지에 요시오카 리카吉岡利香라는 내 이름이 인쇄되어 있다.

이름이란 과연 무엇일까. 각진 서체로 적혀 있는 네 글자를 바라보며 생각한다. 나를 비롯하여 결혼하면서 성이 바뀐 사람은 많지만 퍼스트네임은 대개 평생 바뀌지 않는다. 그리고 그 이름은 본인이 미처 의견을 갖지 못한 시기에 누군가에 의해 주어진다.

이름은 거기에 담긴 누군가의 '생각'이나 '바람'일 수 있지만, 그 자체의 본질은 아니다. 이름 자체가 중요한 경우는 거의 없으며 인생에 중대한 영향을 미치는 것에는 대체로 이름이 없다.

13년 전, 내가 마신 독에도 이름 같은 것은 없었다.

그런데 이렇게 지금도 온몸을 흐르고 있다.

▼이 장을 읽으려면 84쪽으로

✳ 떨어지지 않는 마구와 새

야구 재능을 타고난, 이름이 한 글자만 다른 쌍둥이가 등장하는 만화가 있다고 한다.

주인공 형제가 모두 야구선수라고 하면 어른들은 대개 그 제목을 대며 아는 척한다. 하지만 나와 형은 쌍둥이도 아니고 야구 재능에도 커다란 차이가 있는 것이 분명하며, 이름도 한 글자만 다른 정도가 아니라 히데오와 신야인 데다, 그 만화에서는 동생이 이야기 중간에 죽어버리지만 나는 현재 살아 있다.

살아 있지만—.

"죽어 줄래?"

그날 아침 대뜸 그 말을 들었다.

어두운, 감정 없는 목소리로.

그로부터 닷새 동안 나는 많은 생각을 했다. 왜 그녀는 그런 말을 했을까. 대체 무슨 생각을 하고 있었을까. 무슨 짓을 하려고 했을까. 그리고 가장 중요한 것으로—그저 야구 훈련에 열중하고 있었을 뿐인데 왜 죽어 달라는 잔혹한 말을 던져야 했을까.

▼이 장을 읽으려면 87쪽으로

✳ **웃지 않는 소녀의 죽음**

헌화대가 무수한 꽃다발로 넘쳐났다고 그 기사에는 적혀 있었다.

열 살 소녀는 길가에서 죽었다. 엎드린 자세로 넘어져 있어서, 주위 사람들이 놀라 달려갔을 때는 이미 호흡이 없었다고 한다.

기사에는 생전 사진도 실렸다. 나뭇잎 사이로 떨어지는 햇살을 받으며 이쪽을 바라보고 서 있는 그녀는 장차 자신에게 일어날 일은 까맣게 모른 채 미소 짓고 있었다.

소녀를 죽인 범인을, 나는 안다.

나만 안다.

그러나 나는 이대로 아무에게도 말하지 않고 죽어갈 것이다.

▼이 장을 읽으려면 194쪽으로

✱ **날지 못하는 수벌의 거짓말**

초등학교 4학년 때 집으로 돌아가는 언덕길에서 눈앞을 가로 질러 날아가는 수컷 푸른부전나비를 보았다.

파르께한 궤적을 그리는 나비를 나는 냉큼 뒤쫓았다.

하지만 쫓은 시간은 불과 몇 초. 아차, 했을 때는 이미 길가에 심은 나무에 발이 걸려 잡초투성이 비탈을 구르고 있었다.

비탈에는 깨진 한 되들이 유리병이 버려져 있었다. 그 유리조 각이 오른쪽 넓적다리에 박혀 스커트가 새빨갛게 물들었다. 겁 에 질려 울지도 못하고 있자 지나가던 또래 남자애가 가까운 집 에 달려가 문을 두드려 주었다. 나는 구급차로 병원에 실려가 상 처를 14바늘이나 꿰맸다.

이튿날은 학교에 가지 않았다. 그러나 저녁이 되기 전에 어머 니 눈을 피해 집을 빠져나갔다. 그 푸른부전나비가 다시 언덕길 에 나타날지 모른다고 생각했기 때문이다. 목발을 짚고 그곳에 가 보았지만 푸른부전나비는 보이지 않았다. 다만 비탈에 소년 이 있었다. 소년은 잡초 속에 흩어져 있는 한 되들이 유리병 조 각들을 일일이 주워 지저분한 비닐봉지에 담는 중이었다. 돕고 싶고 고맙다고 말하고 싶었지만 말 건네기가 부끄러워 그냥 말없 이 지켜보았다.

─술이라는 거, 이 세상에 없었으면 좋을 텐데.

잠시 후 비탈에서 내려온 소년이 나를 쳐다보지도 않고 그렇 게 중얼거렸다. ▼이 장을 읽으려면 197쪽으로

✳ 사라지지 않는 유리 별

기체가 서서히 고도를 낮추기 시작했다.

눈앞 모니터에 현 위치가 표시되어 있다. 한가운데 표시된 비행기 마크는 위쪽을 향한 채 멈춰 있고 배경인 지도가 차츰차츰 밑으로 움직인다. 나는 손목시계 바늘을 여덟 시간 당겨 일본시각에 맞추었다. 밤이 낮이 되고 아무 것도 아닌 9월 말이 실버위크 마지막 날로 바뀌었다.

열여덟 살에 일본을 떠난 이래 약 10년 만에 귀국하는 것이다.

무릎 위에는 그림 한 점이 놓여 있다. 올리아나가 준 그림이다. 도화지에는 평온하게 잠든 홀리의 얼굴이 연필화로 그려져 있다.

―우리 엄마를, 잊지 마.

이 그림을 나에게 내밀며 열 살배기 올리아나가 말했다.

어찌 잊겠는가. 홀리와 올리아나를. 그날 밤 더블린 해안에서 겪은 일을. 불과 두 달뿐이지만 내가 태어나 처음으로 신을 믿었던 것을.

▼이 장을 읽으려면 312쪽으로

✳ 잠들지 않는 형사와 개

이 도시에서 50년 만에 일어난 살인사건이라고 한다.

사건이 일어난 밤, 개 한 마리가 살인현장에서 홀연히 자취를 감추었다. 나는 그 개를 필사적으로 찾았다. 숲속을. 거리를. 도무지 찾을 수 없었다.

형사로서가 아니라 한 사람의 인간으로서.

그렇게 하면서 모든 것을 생각했다. 그가 옆집 부부를 찔러 죽인 이유. 그 마음에 품어 버린 것. 왼팔에 감긴 하얀 붕대. 사건 2주 전 그가 잡은 식칼.

다만 한 가지 생각하지 않은 것은 나 자신에 대해서였다.

▼이 장을 읽으려면 315쪽으로

N

나타나 새하얀 레이저 광선처럼 바다를 향해 일직선으로 총총히 서 있었다.

그러나 그것들이 해수면에 어떤 무늬로 떨어지고 있는지는 눈동자섬에 가려서 보이지 않는다.

"저 빛줄기, 마침 다섯 줄기네요."

"뭐가 마침이라는 거지?"

"잘하면 바닷물 위에 꽃잎처럼 비춰지지 않을까 해서."

"설마 그럴 리가."

구름 틈새는 조금씩 벌어지고 있는 듯했다.

눈동자섬 너머에 있는 풍경. 보이지 않는 그 경치. 나는 그곳에 구름 틈새로 비껴드는 동그란 빛을 나란히 늘어놓아 보았다. 꽃잎처럼 등간격으로, 다섯 개를. 그 광경은 실제로 있는지도 모르고, 없는지도 모른다. 아마 없을 가능성이 훨씬 더 높을 것이다.

하지만 나는 있다고 생각하기로 했다. 그런 기적 같은 사건이 일어난다면 세상이 조금은 달라져 줄지도 모르니까. 지워지지 않는 죄를 짊어진 몸이라도 언젠가 얼굴을 들 용기가 솟아나 줄지도 모르니까. 늘 듣고 싶었던 세이치의 말이 이 귀에 닿는 날이 올지도 모르니까. 세상에서 제일 어여쁜 꽃이 만약 거기 있다면 말이다.

"그랬군요."

"어떤 개를 찾는 일인데, 나 혼자서는 도저히 감당할 수 없는 의뢰여서. 요시오카를 데려가서 둘이서 겨우 해결했지. 결국 철야 작업이 되고 말았지만."

"지금은—?"

주위를 둘러보지만, 보이는 것은 갈매기뿐이다.

"있을걸. 저쪽에."

에조에는 윗몸을 틀어 안쪽의 어둠을 향해 불렀다.

"어이, 요시오카, 리카 씨 왔다."

지금까지 전혀 몰랐는데 창고 안을 살펴보니 정말 있었다. 장애가 남은 몸을 어둠 속에 눕히고 멍하니 눈꺼풀을 들어 올리려 한다. 그러나 이쪽을 보기 전에 그 눈꺼풀은 다시 감기고 말았다. 몹시 졸린 모양이다. 나는 콘크리트에 앉은 채 에조에 쪽으로 방향을 고쳐 앉았다.

"벌써, 13년차 파트너네요."

"녀석의 몸뚱이가 저 모양이니 매번 일을 시킬 수는 없지만."

바다로 시선을 던진다. 공기를 짓뭉개는 듯한 구름에 어느새 틈새가 벌어지고 눈동자섬 너머로 곧장 빛이 내리꽂히고 있었다.

"앞으로 얼마나 더 같이 일할 수 있을까요?"

"글쎄…… 1년이나 2년 정도?"

구름에 뚫린 틈새가 하나가 아니다. 아주 조금씩 간격을 두고 여러 곳이 벌어져 있다. 거기로 비껴드는 빛줄기도 같은 수만큼도, 상황을 전부 전해 들은 세이치의 부모도.

아무도 나를 벌하지 않는 것이 나에게 내려진 죄명 없는 벌이었다.

"혹시, 누구 있나?"

남자 있냐는 뜻일 것이다. 나는 말없이 고개를 저었다. 에조에는 가볍게 콧소리를 내고 연기인지 진짜인지 모를 요란한 하품을 했다. 튀어나온 목젖이 피부 밑에서 꿈틀거린다.

"새삼스러운 얘기지만—,"

정말 새삼스러운 이야기이지만.

"고교 시절 세이치 씨가 1년 꿇었을 때…… 에조에 씨, 그 이유를 알고 있었기 때문에 말을 걸어 주고 친해진 거 아닌가요?"

"응?"

"도와주려고 한 거 아닌가요?"

갈매기 무리가 만 위를 어지러이 날고 있다.

"뭔 소리야."

"걸어오면서, 옛날 일을 생각했어요."

에조에는 자못 귀찮다는 듯 양손바닥으로 얼굴을 문지르며, 기억 안 나, 라고 말했다.

"나, 기억력 안 좋아."

바닷바람이 피부를 쓸고 간다. 갈매기 무리가 이쪽으로 날아온다. 한 마리, 또 한 마리 제방 가장자리에 미끄러지듯이 내려앉아 명령이라도 받은 양 일렬로 앉았다.

"간밤에…… 간만에 요시오카랑 같이 작업했어."

매우 복잡한 의뢰도 있다고 들었다.

"여기, 앉아도 돼요?"

"나한테 양해 구할 거 없어."

거친 콘크리트바닥에 청바지 입은 엉덩이를 대고 창고 벽에 등을 기댔다. 정면에 잿빛 바다가 펼쳐지고 왼쪽에 눈동자섬이 오도카니 떠 있다.

"돈, 이제 그만 부치세요."

같은 말을 몇 번이나 해 온 터라 무슨 대답이 돌아올지 알고 있었다. 에조에는 작은 소리로 끄응, 하며 윗몸을 일으키고, 내가 예상한 것과 한 치도 다르지 않은 표정과 몸짓으로 고개를 가로저었다. 그의 눈은 나를 보려고 하지 않는다.

"나 때문에 이렇게 돼 버린 거니까."

늘 보려고 하지 않는다.

"그때 내가 도로 건너편에서 부르지만 않았어도 사고가 없었을 테니까."

아니다, 책임은 나에게 있다. 모든 것은 내가 벌인 일이다. 세이치를 그 사건으로 끌어들인 것도, 그곳으로 데려간 것도. 그러나 나는 그 말을 지금까지 한 번도 해 본 적이 없다. 말로 뱉어 버리면 에조에가 자신에게 더욱 무거운 책임을 지우려 할 테니까. 그가 돈을 계속 부치는 이유도 애초에 그거였을 테니까. 엉뚱하다고 할 수 있는 방식으로, 더 없이 서투르게, 그러나 열심히 누군가를 도우려 한다. 괜한 책임을 혼자 지려고 한다. 에조에는 그런 사람이니까. 아무도 나를 벌해 주지 않는다. 에조에 항구로 들어서자 왼쪽으로 죽 늘어선 창고를 따라 제방을 걸었다. 이 항구 안쪽에서 내 제자—지금은 졸업하여 고교 야구부원이 된 남학생이 혼자 투구 연습을 하는 것을 본 적이 있다. 창고 벽에 매트를 세워 놓고 그곳을 겨냥해 공을 던지는데, 날씨가 이러니 오늘은 나오지 않았을 것 같다.

만약 있다면 조금 대화를 해 보고 싶은데.

그런 생각을 하며 걸어가 보니 창고 차양 밑에 문이 반쯤 열려 있었다. 문 틈새로 뭔가 지저분한 것이 보인다. 그것이 사람의 다리임을 알고 놀라서 걸음을 멈췄지만, 가만히 다가가 보니 에조에의 다리여서 또 놀랐다.

무릎 위쪽을 창고의 어둠 속에 집어넣은 채 자고 있었다. 그냥 누워 있는 것이 아니라 깊이 잠들어 있는 듯했다.

"……으음."

잠시 바라보고 있자 그의 눈꺼풀이 조금 열렸다.

"뭐 하세요?"

"어…… 귀찮은 작업이 새벽에야 끝나서 사무실로 돌아가려고 했는데, 돌아가던 길에 비를 피하려다가 잠들어 버렸네."

벌써 점심때가 다 됐다. 대체 어떤 신경이기에 이런 데서 몇 시간이나 잠을 잘 수 있을까.

아니, 그만큼 고된 작업이었는지도 모른다.

'펫 탐정 에조에&요시오카'는 이제는 꽤 알려진 펫 수색업자이다. 이 도시뿐 아니라 다른 현에서도 종종 의뢰가 오고, 애완동물을 찾아달라는 단순한 의뢰인 경우도 있지만 종종 내용이 플라스틱이라도 깎는 듯한 인쇄음이 멈추자 ATM이 통장을 뱉어냈다.

13년 전 내 것이 된 요시오카 리카라는 풀네임. 그 이름이 적힌 표지를 넘겼다. 한 페이지씩 시간을 거슬러 올라가자 집세, 광열비, 통신비 인출액에 섞여 종종 에조에의 입금이 기록되어 있었다. 간격은 한 달이기도 하고 세 달이기도 하며, 금액도 3만 엔이었다가 5만 엔이었다가 했다.

그 사고 뒤 그는 이렇게 나에게 송금하고 있다. 입금을 확인할 때마다 제발 그만 부치라고 부탁해도 얼마 후에는 또 입금되어 있었다. 13년간을 내내. 사고 원인이 자기에게 있다면서.

우산을 펴고 은행을 나섰다. 옛날을 떠올리며 걷는 거리는 9월 장맛비에 젖어 있었다. 젖은 아스팔트에 금목서가 노란 꽃을 떨구고 있다. 그런 광경도 왠지 현실감이 없어 나는 그림엽서라도 넘기는 기분으로 걸음을 옮겼다.

집으로 돌아가지 않고 항구를 향해 골목을 돌아섰다. 내 앞에 바다가 나타날 즈음에는 빗소리가 뜸해졌고, 마침내 눈동자섬이 시야에 들어오자 우산이 필요 없게 되었다.

섬을 정면으로 보며 언덕을 내려갔다. 항구에는 인기척이 없었다. 콘크리트 요철이 작은 웅덩이들을 만들고 지저분한 물에 구겨진 비닐봉지가 잠겨 있다. 하늘에는 구름이 가득하여 하얀 꽃잎이 짓밟힌 듯한 축축한 잿빛을 보여주고 있었다.

데 낙하한 몸뚱이는 이미 어느 부분도 움직이지 않았다.

즉사했으므로 고통은 없었을 거라는 이야기를 나중에 들었다.

"어째서?"

"큰 부상을 입히지 않는 데 딱 좋거든요. 전에 프로레슬링에서 저런 걸로 상대를 때리는 걸 봤어요."

그렇게 깊은 생각으로 선택한 건 아닐 텐데. 내가 모호하게 고개를 끄덕일 때 도로 건너편에서 에조에의 얼굴이 이쪽을 향했다. 이번에는 그대로 움직이지 않는다. 오른손에 파이프의자를 쥐고 진화 과정에 있는 인류처럼 구부린 자세로 우리 쪽을 주시하고 있다. 족히 10초는 그렇게 하고 있다가 그제야 확신한 듯했다.

에조에가 파이프의자를 높이 쳐들고 큰소리로 불렀다. 상대가 무사함을 알고 솔직하게 기뻐하는 목소리. 마치 며칠이나 행방불명이던 친구를, 수많은 어려움을 극복하고 어렵게 발견한 것처럼. 우리가 대답하기 전에 강아지가 먼저 반응했다. 재빨리 에조에 쪽으로 머리를 돌리는가 싶더니 쏜살같이 뛰어 나간다. 세이치가 급하게 불렀지만 강아지에 연결된 리드는 그의 손을 빠져나가 금세 멀어졌다.

"바보!"

세이치는 급하게 강아지를 쫓으며 인도 연석을 뛰어넘었다. 오른쪽에서 빠르게 다가오는 새하얀 조명이 세이치의 모습을 대낮처럼 또렷이 부각시켰다. 벽에 머리라도 부딪히는 듯한 너무나도 가벼운 충격음. 퉁겨져 날아가는 몸뚱이가 실루엣이 되어 허공을 날아가고 급브레이크를 밟은 차량 타이어가 무의미하게 비명을 질렀다. 정지한 헤드라이트가 지면을 비추고 그 한가운도를 걸어온다. 세이치도 그 모습을 알아채고 작은 소리로 웃었다.

"아까 내가 전화했지."

"언제?"

"리카가 건물로 들어갔을 때. 나는 무서워서 아무것도 못하겠고, 경찰을 부르자니 찝찝해서. 저 녀석에게 전화해 상황을 설명했거든. 말다툼을 하고 나온 주제에."

세이치는 눈썹을 여덟 팔 자로 늘어뜨리고 가즈마에게 얼굴을 향했다.

"봐, 한심하지?"

가즈마가 곤혹스런 얼굴로 대답할 말을 찾는다.

"의지할 사람이 있다는 건 좋은 일이죠."

"나도 그렇게 생각해."

에조에는 마침 가로등 불빛을 받고 있지만 이쪽은 어둠 속에 앉아 있어서 알아보지 못하는 듯했다. 그의 얼굴은 종종 이쪽을 향하는데도 시선은 그대로 지나쳐 버린다. 오른손에 들고 있는 것은 무엇일까. 작은 사다리에 사각 널판이 붙어 있는 듯한데.

"저거, 의자인가요?"

가즈마가 미간을 찡그린다.

"아, 그러네."

에조에가 들고 있는 것은 사무실에 있던 접이식 파이프의자 같았다.

"무기 삼아 들고 온 거라면 괜찮은 선택이라고 봐요."

뜨렸다. 다만, 그 눈이 방금 전과는 달라진 것처럼 느껴졌다. 세이치의 엉뚱한 고백 때문일까. 아니면 학교 선생님의 남편을 만나고 펫 탐정이니 블러드하운드니 하는 알듯 말듯 한 이야기를 들은 탓일까.

여하튼 달라졌다는 사실 자체가 중요하다고 생각했다. 그의 시선 끝에서 이름 없는 강아지는 이제 스니커 냄새를 맡지 않고 뭔가를 찾는 듯 주위 땅바닥에 코를 대고 있었다.

"⋯⋯지금 느꼈는데, 이 녀석, 어쩌면 소귀나무를 찾고 있는 건지도 몰라."

세이치가 윗몸을 웅크리고 강아지의 머리를 쓰다듬었다. 강아지는 움찔 하고 반응한 뒤 짐짓 어쩔 수 없다는 듯 그 손을 받아들였다.

"무슨 말이야?"

"리카의 부탁을 들어준 게 아니라 어딘가에 소귀나무가 없을까 하며 냄새를 따라왔던 건지도 모른다는 거지."

"어째서?"

"사무실에서 에조에가 맛나게 먹고 있었으니까."

듣고 보니 정말 그럴 수도 있겠다 싶었다. 에조에가 좋아하는 것을 찾아서 가져다주려고 했는지도 모른다.

물론 지금이야 어느 쪽이든 상관없지만.

"어?"

문득 고개를 들었다가 놀랐다. 대로 건너에 에조에가 보였던 것이다. 이런 곳에서 뭘 하는지, 주위를 두리번거리며 건너편 인을 거야."

차량이 다가오자 다시 전봇대 그림자가 달려온다. 그 그림자가 우리 바로 앞에서 사라진 뒤 가즈마가 무표정한 목소리로 말했다.

"무슨 근거로 그렇게 말씀하시는 거죠?"

"강하잖아."

당연한 걸 묻느냐는 듯이 세이치가 웃었다.

"저렇게 무서운 놈들에게 복수할 생각을 하다니, 대단해. 나라면 겁에 질려 움직이지도 못하고 목소리도 낼 수 없었을 거야."

오랫동안 말없이 세이치를 응시하던 가즈마가 마침내 오른손을 가볍게 올려 상대방에게 내밀었다. 세이치도 마주하듯 한 손을 들었다. 하지만 가즈마의 오른손은 그것을 피해 세이치의 가슴을 가리켰다.

"······누구세요?"

"응?"

"누구시냐고요?"

생각해 보니 아까부터 소개가 없었다.

나는 당황해서 세이치가 결혼 상대라는 것, 고교 동창과 함께 펫 탐정 사업을 시작한 것, 일하다 만난 블러드하운드를 사무실에서 맡아 두고 있다는 것, 그 블러드하운드가 소귀나무 냄새를 추적하여 여기까지 안내해 준 것을 이야기했다.

조금 긴 설명에 가즈마는 "아아" 하고 고개를 끄덕이다가 어떻게 반응해야 할지 모르겠는지 다시 자기 무릎으로 시선을 떨어

가즈마가 천천히 고개를 들고 나는 상체를 세이치 쪽으로 돌렸다. 목소리를 목구멍 밖으로 밀어내는 데 몇 초나 걸렸다.

"……무슨 소리야."

"아, 아니, 아니, 아주 오래 전 얘기야. 왜 있지, 고교 시절에 1년을 꿇은 적 있다고. 그거, 실은 병 때문이 아니었어. 뭐, 병이 있던 것은 사실이지만, 아주 가벼운 거였고, 증상도 거의 없었어."

무슨 이야기일까.

"나, 실은 학교에서 일진 아이들한테 찍혀서 돈을 빼앗기고 얻어맞고…… 그게 괴로워 학교에 갈 수 없었던 것뿐이야. 그래서 의사와 부모한테 거짓말해서 병 증상을 과장했지. 그래서 1년 꿇은 거야."

무릎 사이에 둔 양손의 엄지를 세웠다 눕혔다 하며 세이치는 코로 한숨을 지었다.

"그때는 정말 내가 싫었거든. 1년 꿇기로 결정되었을 때는 그만 죽어 버릴까 생각했었어. 매일 죽을 생각만 했지. 고지대에 있는 아파트 옥상에 올라가 보기도 하고 버스 타고 바닷가 절벽에 가 보기도 했어. 매번 무서워서 결국 그냥 돌아왔지만."

먼 가로등 불빛이 안경에 반사되어 세이치의 두 눈은 보이지 않았다. 하지만 그 얼굴이 미소 짓고 있다는 것은 부드럽게 치켜 올라간 볼 모양으로 알 수 있었다.

"하지만, 결국 어떻게든 돼. 나 같은 놈도 이렇게 어른이 되어서 그럭저럭 멀쩡하게 살고 있잖아. 너는 당연히 나보다는 괜찮

―내가 할 수 있는 최고의 복수를 하기로 결심했어요. 놈들에게 평생 지울 수 없는 기억을 남겨주기로.

그것이 바로 경찰에 연행된 저녁의 일이었다. 경관에게 달려들어 두 명을 도망치게 한 까닭은 그들이 대마초를 가지고 있었기 때문이라고 한다. 만약 체포되기라도 하면 두 명에게 복수할 수 없게 될 거라고 여긴 모양이다.

"내 인생…… 이제 끝난 거겠죠."

가즈마의 스니커를 강아지가 여전히 킁킁 냄새 맡고 있다.

"그렇게 쉽게 끝나지 않아."

달리 무슨 말을 해야 좋을까. 어떤 말도 얄팍한 말로 들릴 것이다. 나 자신이 얄팍한 존재이기 때문이다. 동경하던 교사상을 추구했지만 내가 그렇게 될 수 없다는 생각에 초조해하다가 모처럼 찾아온 기회에 아무 고민 없이 달려들고 말았다. 가즈마의 가슴에 있는 것이 무엇인지를 멋대로 해석하고 그가 누군가를 죽이려 한다고 믿었다. 정작 당사자의 가슴에는 이렇게 슬픈 결의가 있었는데. 막판에 어찌어찌해서 이 자리에 다다라 가즈마의 행동을 겨우 저지할 수 있었지만, 그것도 우연히 이 강아지가 있어 준 덕분이었다. 이름 없는 개가 나의 소망을 이해하고 이곳으로 인도해 준 덕분이다.

"실은 나도―,"

내내 침묵하던 세이치가 불쑥 입을 열었다.

"죽으려고 한 적이 있어."

마치 최근 본 텔레비전 프로그램이라도 이야기하듯 말했다.

그 기분은 나도 조금쯤 이해할 수 있었다. 세상이 잿빛으로만 보일 때 어떤 형태로든 자신을 평가해 주는 사람이 있으면 희열을 느끼고 만다. 상대가 연상이면 더욱 그렇다.

―다카시라는 가명을 썼어?

―뒷골목에서 돈을 털릴 때 이름을 묻기에 무서워서 가명을 댔어요.

그리고 가즈마는 다카시라는 이름을 쓰면서 밤마다 이 폐공장에 와서 남자들과 어울리게 되었다. 돈을 요구하면 아버지한테 받은 용돈을 지갑에서 꺼내 주었다. 그런 가즈마를 두 사람은 더욱 아꼈다. 그들에게 귀여움을 받던 가즈마는 자신도 두 사람처럼 불량배가 되어 버리자고 생각했다. 사람들의 인생을 망가뜨리는 불량배가 되어 버리자고.

―두 놈이 엄마를 죽인 놈들과 비슷한 부류라는 것은 알고 있었어요. 하지만 나한테만 불행한 일, 불쌍한 일이 일어나는 건 참을 수 없었어요. 사악한 인간이 되어 세상에 앙갚음하고 싶었어요.

다만 그것도 한 달 전까지의 이야기였다.

그날 밤 먹고 마실 것을 사려고 편의점으로 가고 있을 때 남자들이 가즈마에게 잘난 체를 했다고 한다. 자기들이 오토바이를 타다가 사람을 치어 죽였다는 것이었다. 가만히 들어보니 장소와 시간이 어머니의 교통사고와 일치했다.

―그래서 불량배 되는 것은 그만두었어요.

대신에.

섬에 갔던 이야기. 식물 채집을 하다가 그곳에 자생하는 독미나리를 발견한 이야기. 자기 이름의 유래가 소크라테스여서 그 처형에 사용된 독미나리에 대해서는 초등학생 시절부터 알고 있었다는 것.

 ─생김새나 독성도 다 조사해 보았어요. 하지만 소란스러워지는 것이 싫어서 선생님과 아이들한테는 독미나리를 발견한 사실을 말하지 않았어요.

그 후 봄방학 때 어머니가 사고로 사망했다. 그러나 가즈마는 불량배가 몰던 오토바이에 치여 사망했다는 소식만 들었을 뿐 가해자가 어디 사는 누구인지 알지 못했다. 아버지에게 물어도 모르겠다고 했고, 그것이 사실인지 아닌지도 확인할 길이 없었다.

 ─성적이나 장래 따위는 아무래도 상관없다는 생각이 들어서…….

아버지가 일하느라 집을 비운 야간에 종종 집을 빠져나가게 되었다. 의미 없이 밤거리를 배회했고, 그러다가 아까 만난 두 사람 눈에 띄어 뒷골목으로 끌려가 푼돈을 빼앗겼다. 그때 가즈마는 지갑에 있던 1만 엔 지폐를 그들에게 주었다.

 ─그땐 갖고 싶은 것도 없었으니까요.

쏠쏠한 놈이네, 라고 생각했는지 그자들은 가즈마를 좋게 보았다. 두 사람은 곧 아지트처럼 사용하던 이 폐공장으로 가즈마를 데려오게 되었다.

 ─그때는 조금 기뻤어요.

황을 간단히 전해 들었다. 그는 회중전등으로 문 안쪽과 폐공장 내부를 비추었지만, 그냥 살펴보는 시늉만 내는 것이었는지 바로 문을 닫았다.

─이곳에 신사복점이 들어온다고 하던데, 언제 들어오려나. 이런 장소는 불량배 소굴이 돼서 곤란하거든요.

그다지 곤란하지도 않은 표정으로 말하고는 바로 순찰차로 돌아갔다. 뒤에 남은 여성 경관은 그쪽을 돌아본 뒤 가즈마를 쳐다보았다. 상대가 심문하기 전에 나는 중학교 교사이며 이 아이는 제자라고 설명했다.

─이런 시간에 제자와 개 산책을 하세요?

─우리 개가 이 아이를 잘 따라서, 가끔 이렇게 나오곤 해요. 미안합니다, 바로 돌아가겠습니다.

─시간도 시간이고…… 뭐, 개 산책 시키는 것도 중요하긴 하지만.

그녀는 눈길을 내려 소동에 잔뜩 겁을 먹은 강아지를 내려다보았다.

─나도 여섯 살배기 아들이 있는데 동물을 별로 좋아하지 않는 눈치여서. 뭘 기르면 좋을까 생각만 하고 있네요. 동물과 함께 지내는 것이 정서 교육에 좋다고 하잖아요.

에조에를 떠올리며 내심 고개를 갸우뚱거리는데 그녀도 순찰차로 돌아갔다.

그 뒤 그곳에 나란히 앉아서 가즈마는 모든 것을 들려 주었다. 어머니가 살아 있던 1학년 때 이야기, 생물부 활동으로 눈동자

보이는 실루엣이 나타났다. 실루엣 뒤에 서 있는 것이 순찰차임을 내가 알아챘을 때 남자들은 이미 움직이고 있었다. 바닥에 던져 둔 각자의 짐을 움켜쥐고 뛰기 시작했고 나도 한순간 망설이다가 가즈마의 셔츠를 쥐고 뛰었다. 폐공장에는 통용문 같은 것이 있어서 남자들이 그 문을 열고 뛰어나갔다. 나도 가즈마를 잡아당기며 뛰어나갔다. 거기까지는 좋았지만 이제 어떻게 해야 할지 알 수 없었다. 그곳은 뒤쪽 아파트 사이에 있는 좁고 긴 터였는데, 그 캄캄한 곳에서 세이치가 강아지를 안고 바로 달려왔다. 마치 물속에서 막 떠오른 것처럼 숨을 헐떡이던 그가 어둠 저쪽을 가리키며 뭐라고 말하려 했지만 그 순간 바로 그쪽에서 회중전등 불빛이 우리를 비추었다.

다가온 것은 삼십대 초로 보이는 여성 경관이었다.

그녀는 의아해하는 표정을 짓고 있었다. 불법침입으로 짐작되는 현장을 목격하고 급히 확인하러 왔는데 평범해 보이는 남녀와 중학생, 그리고 강아지 한 마리가 있었으니 무리도 아니다.

—여기서 뭐 하고 있습니까?

—개를 산책시키는데요…….

건물 속에 누가 있는 것 같아 이상한 생각이 들어서 뒤쪽으로 돌아가 살펴보고 있었던 거라고 거짓말을 했다.

—안에 있던 사람들은요?

—이 문으로 뛰어나와 어디론가…….

어디로 갔는지는 모르겠고, 인상착의도 제대로 보지 못했다고 말했다. 그때 선배로 짐작되는 남자 경관이 다가와 그녀에게 상

9

폐공장 주차장은 인도보다 한 단 높다.

그 가장자리에 우리는 앉아 있었다.

종종 눈앞 대로를 헤드라이트가 지나간다. 바로 앞 차선을 오른쪽에서 왼쪽으로 차량이 지나갈 때마다 도로 옆 전봇대가 그림자를 길게 늘였다. 처음에는 왼쪽을 향해 길게 뻗었다가 전봇대를 축으로 빠르게 이쪽으로 달려오지만, 우리가 앉아 있는 자리까지 닿지는 않고 늘 바로 앞에서 사라진다.

"놈들을 죽이려면 죽일 수도 있었어요."

나와 세이치 사이에 앉아 가즈마는 자기 무릎을 응시하고 있었다. 그 발밑에서는 우리를 여기로 인도해 준 강아지가 열심히 그의 스니커 냄새를 맡고 있다.

"하지만, 그렇게 하지 않고…… 그놈들에게……."

가즈마는 말을 맺지 못하고 빈 수통을 양손으로 쥐었다.

아슬아슬하게 시간에 댈 수 있었다.

폐공장의 어둠 속에서 가즈마가 독미나리 즙을 마시려고 할 때 황급히 뻗은 내 오른손이 수통을 쳐냈다. 스트랩에 연결되어 있던 수통은 그의 목을 중심으로 빙글 돌았고 가즈마 역시 그것을 쫓듯이 몸을 틀었다. 그의 몸을 내가 양손으로 누르며 둘이 뒤엉켜 넘어지자 수통 내용물이 콘크리트 바닥에 쏟아졌다.

남자 하나가 소리를 지른 것은 그때였다. 그는 우리가 아니라 대로에 면한 창문으로 시선을 던지고 있었다. 거기에 사람으로 가즈마 얼굴에 처음 보는 표정이 떠올랐다. 웃고 있다. 입술을 다문 채 볼을 쳐들고 눈을 가늘게 뜨며 기뻐하는 모습이다. 그가 수통을 제 입에 갖다 대는 것과 동시에 가슴이 이내 서늘해졌다.

가즈마의 목적을, 내가 착각하고 있었던가.

―그 이름, 의미가 뭐지?

―소크라테스예요.

독미나리 줄기에는 특징적인 붉은 반점이 있는데, 그것은 '소크라테스의 피'라고 불린다. 저 철학자가 사형선고를 받은 뒤 목숨을 끊을 때 마신 것이 독미나리 즙이었기 때문이다. 감옥에 갇힌 그는 사람들이 탈옥하라고 권해도 고개를 젓고 자신을 규탄한 사람들 앞에서 독액을 다 마시고 절명했다. 그 장절한 최후는 마침내 기독교의 십자가형과도 중첩되어 소크라테스라는 이름은 후세에 전해지게 되었다.

"너희들이 무슨 짓을 했는지 잘 봐라."

는 전혀 다른 방향에서 들려오는데도 불구하고 무슨 까닭인지 어느 쪽 목소리인지 분간할 수 없었다.

"얼굴 죽이는데."

"스커트 입었으니 그냥 할 수 있겠다."

"사진도 찍어두자."

"나중에 골치 아파져."

바깥 대로를 트럭이 지나가자 창문이 떨렸다.

그 소리가 그쳤을 때 가즈마가 문득 얼굴을 들었다.

"뭐 하러 오셨어요, 선생님."

내가 교사라는 것을 알자 아주 희미하긴 하지만 남자들이 당황한 것처럼 보였다. 그 뒤에서 가즈마는 두 손을 들어 목에 건 수통을 잡았다.

"어렵게 준비한 거니까, 방해하지 말아요."

수통을 열고 뚜껑을 바닥에 버렸다. 대체 어떻게 하려는 걸까. 지금 이런 상황에서 남자들에게 수통에 든 내용물을 마시게 할 수도 없고, 애초에 내가 그런 짓을 가만둘 리도 없지 않은가. 가즈마를 말리려고 여기 온 건데.

가즈마는 수통을 든 채 커다란 결의를 가슴에 빨아들이듯이 숨을 들이마시더니 그 숨을 언어와 함께 토해냈다.

"내 이름, 실은 다카시가 아니라 가즈마다."

남자들이 동작을 멈췄다.

"이름을 들어도 느껴지는 게 없는 모양인데, 성은 이이누마다."

흔들리고 있다.

"이놈한테 무슨 볼일이지?"

라이터를 든 남자가 바로 옆까지 다가왔다. 착 깔린 목소리와
상투적인 위협적 태도에 마음이 오그라들었다.

"이놈은 당신 볼일 없다니까, 꺼져 줄래?"

"여기가 당신들 건물은 아니잖아요. 불법침입처럼 보이는데."

이것은 나도 마찬가지인가. 침착해지려는 일념으로 굳이 그런
생각까지 했다. 간헐적으로 들려오는 차량 엔진소리. 그때마다
창문 너머를 헤드라이트가 휙 가로지르며 사라진다. 이 시간에
바깥 인도에는 인기척도 없다. 소리쳐 본들 아무도 듣지 못할 텐
데. 아니지, 아무에게도 알려져서는 안 돼. 나 혼자 해결해야 해.

"……어쭈, 안 나가?"

재미있다는 듯이 한 남자가 나에게 한 걸음 다가섰다. 애초에
가까운 거리였으므로 티셔츠 가슴팍이 눈앞으로 바짝 다가왔다.
땀내가 코를 찌르고 라이터 불에 턱이 뜨겁다.

"알랑가 모르겠는데…… 우리, 사람도 죽여 본 놈들이야."

남자 뒤쪽에서 가즈마가 고개를 조금 숙였다. 그 얼굴에 어떤
표정이 떠올랐을까. 자기 인생을 바꿔 버린 비극이 무슨 비장의
카드인 양, 최강의 무기인 양 이용되는 것을 무슨 심정으로 듣고
있었을까.

"어이, 거기, 우리랑 나이도 별로 차이나지 않지?"

또 다른 남자가 다가왔다. 그의 눈과 바로 옆에 서 있는 남자
의 눈이 내 온몸을 위아래로 훑어보았다. 뒤미처 들려온 목소리

줄을 쥔 손도 떨고 있다. 그러나 돌이킬 수 없는 사태가 지금 일어날지 모른다. 나는 세이치 손에 내 손을 포개며 실내를 향해 외쳤다.

"다카시 군!"

어둠 속에서 공기가 딱 멈추고, 보이지 않는 눈이 일제히 이쪽으로 향하는 것을 느낄 수 있었다. 창문을 열고 새시에 두 손을 짚어 바닥을 박차고 올랐다. 창문을 통해 건물 안으로 들어가는 것이 난생 처음이라 당연히 뜻대로 되지 않았다. 하긴, 어릴 때부터 철봉에 배를 대고 앞으로 도는 동작도 못했으니까.

새시를 짚은 양팔로 버티며 몸을 들어 올린 채 발 디딜 자리를 찾았다. 그러나 그럴 만한 자리가 없다는 것은 방금 이 눈으로 보았던 참이다. 그래도 무의미하게 양 다리를 버둥거리는 동안 몸이 앞으로 휘청 기울어 다음 순간에는 몸이 반 바퀴 돌아 내부로 떨어지고 있었다.

"거기…… 뭐야?"

엎드린 자세로 끙끙거리고 있자 남자 하나가 라이터를 켜고 다가왔다. 스커트를 매만지고 한 발 또 한 발을 세우고 간신히 일어섰다. 남자 옆에 서 있는 가즈마에게 시선을 던지며 애써 냉정한 목소리로 말했다.

"얘를 아는 사람이에요."

어둠 속에 떠오른 가면처럼 가즈마는 내 얼굴만 쳐다보고 있었다. 아른거리는 라이터 불 탓에 그 표정이 순간순간 다르게 보여 진짜 표정을 알 수 없었다. 목에 건 스트랩 끝에 은색 수통이 나란히 있었겠지만, 모두 철거되었는지 콘크리트 바닥만 펼쳐져 있다.

사람 그림자는 가즈마를 포함해서 셋.

깨진 유리 틈새로 언짢은 냄새가 코로 흘러든다. 담배연기는 아닌데. 무슨 냄새지. 문득 떠오른 기억이 있었다. 그래, 대학 시절 식물채집서클에서 산에 갔을 때 한 선배가 자생 대마를 발견한 적이 있다. 대마초 원료가 되는 식물이어서 만일을 위해 경찰에 신고했는데, 출동한 경관이 잡담 중에 말했었다. 말린 대마를 태우면 건초가 썩은 듯한 독특한 냄새가 난다고. 지금 나오는 냄새가 바로 그런 것이었다.

"뭐야, 너, 초등학생처럼."

한 남자가 웃자 다른 한 남자의 웃음소리가 겹쳐진다.

"소풍 온 것도 아니고. 어? 속에 뭐가 들었지?"

"귀한 음료입니다."

"다카시, 너, 진짜 별나구나."

아무래도 가즈마는 두 사람에게 가명을 쓰고 있는 듯하다.

"어디, 좀 마셔 보자."

"안 돼요, 제 거예요."

마음을 단단히 먹고 창틀에 손을 댔다. 옆으로 힘껏 밀었지만 움직이지 않았다. 창틀이 틀어졌나. 아니, 안에서 잠겨 있다. 나는 유리 깨진 틈새로 손을 집어넣어 잠금쇠를 풀었다.

"그러지 마."

세이치의 목소리가 떨린다. 아니, 목소리만이 아니라 '개'의 목

8

"이 개…… 천재인가 봐."

다다른 곳은 좁고 긴 어둠이었다.

도시 북동부 대로변의 폐공장 뒤쪽. 공장과, 그 공장을 등지고 있는 아파트 사이의 공간.

이 폐공장은 대로를 걸을 때마다 보았지만, 거기 걸려 있던 간판의 회사이름은 이미 기억나지 않는다. 1년쯤 전에 간판이 철거된 뒤 출입하는 사람도 없이 지금까지 방치되어 있다. 주차장에는 콘크리트 틈새에 괭이밥이나 양미역취가 자라고 건물 벽에는 거지덩굴이 붙어 있어서 자못 폐공장스러운 폐공장이 되었다.

깨진 불투명유리 틈새로 안을 들여다보았다.

사람 그림자가 보인다. 천장 조명은 물론 켜져 있지 않고 반대쪽 창문으로 대로의 가로등 불빛이 비껴들고 있어서 얼굴은 전혀 알아볼 수 없었다. 젊은 남자의 목소리. 아마도 한 패거리로 짐작되는 천박한 웃음소리가 섞인 대화. 그 가운데 하나는 가즈마가 분명하다. 그는 경어를 쓰고 있다. 역시, 라고 해야 할까, 함께 있는 자들은 연상인 모양이다.

어둠 속 한 군데가 오렌지 빛으로 빛난다. 입가로 라이터 불을 대는 남자의 얼굴은 어린이는 아니고 그렇다고 유년기를 완전히 벗어난 얼굴도 아니다. 라이터 불이 주위를 희미하게 비추어 그곳이 거의 아무것도 없는 곳임을 알 수 있었다. 전에는 기계류가

"잘 될지 어떨지 모르지만……."

핸드백에서 비닐봉지를 꺼냈다. 안에 든 것은 에조에가 먹다 남긴 소귀나무 열매였다. 빨개야 할 열매는 어둠 탓에 새카매 보였다.

"냄새 추적은 훈련된 개가 아니면 어려운 거 아닌가?"

세이치가 말하지 않아도 당연히 알고 있다. 애당초 현재 가즈마는 학교에서 보았던 그 스니커를 신고 있지 않을지도 모른다. 그러나 만에 하나라도 나의 짐작이 맞다면 당장 서둘러야 한다. 독미나리에서 얻은 즙은 독성을 오래 유지하지 못한다. 가즈마가 독미나리에 대하여 조사했다면 그 사실을 알고 있을 것이다.

행했을 때 자신이 범인으로 의심받을 테니까.

어제 눈동자섬에서 가즈마는 삽을 들고 있었다. 미리 준비해 간 것을 보면 섬에 독미나리가 자생한다는 사실을 알고 있었을 것이다. 어쩌면 1학년 때 가입했던 생물부 활동으로 전임 교사를 따라 눈동자섬에 갔다가 발견했는지도 모른다. 가즈마가 고무보트를 타고 떠난 뒤 그가 있었던 것으로 짐작되는 자리에 가 보니 뭔가를 묻은 듯 맨땅이 드러나 있었다. 그건 뭘 묻은 게 아니라 독미나리를 뿌리째 캐내고 흙을 고른 흔적이 아닐까.

물론 전부 다 나의 오해일 수도 있다. 정말 오해이길 바라지만. 여하튼 확인해 보지 않을 수 없었다. 그래서 세이치에게 연락해 눈동자섬으로 가게 했던 것이다. 그 자리에 자라던 것이 정말 독미나리였는지를 확인하기 위해서.

"집에 없다면—,"

세이치가 귀 밑을 긁적이며 '개'를 내려다보았다.

"역시 이놈에게 부탁해 볼까?"

이 강아지를 사무실에서 데리고 나오기는 쉽지 않았다. 목걸이에 목줄을 연결할 때까지는 괜찮았지만 세이치가 안고 사무실 문을 나가려는 순간 맹렬하게 몸부림쳤기 때문이다. 다시 그 섬으로 끌려가는 줄 알았는지 네 다리를 버둥거리며 에조에 쪽을 보며 호소하듯이 새된 소리로 울었다. 에조에는 짐짓 모르는 척 소파에서 일어나 안쪽 방으로 들어가 문을 닫아버렸다. 결국 몸부림치는 강아지를 간신히 달래고 체념시켜서 사무실 건물을 나서는 데 20분이나 걸렸다.

눈동자섬에서 가즈마가 있던 자리. 그 자리만 잡초가 없고 맨땅이 드러나 있었다. 곁에 미나리과 풀이 자라고 있었고, 그 하얀 꽃과 잎 모양이 전에 도감에서 보았던 독미나리와 매우 닮았다는 생각이 들었다. 식물 전체에 독성 알칼로이드를 갖고 있는 들풀. 코니인이라는 강렬한 신경독이 있어 그 식물을 압착해서 얻은 즙은 대단히 위험한 치사성 독액이 된다. 독미나리는 본래 유럽이 원산지며, 귀화 식물로서 일본에 널리 확산되어 있지는 않다. 홋카이도 등지에서는 종종 볼 수 있어서 그걸 먹은 주민이 식중독에 걸린 사례도 있지만, 그 밖의 지역에서는 매우 귀하다.

어제 스가야 펫 클리닉에서 아파트로 돌아온 나는 도감을 들춰보았다. 거기 실린 사진을 보면 볼수록 역시 닮았다고 생각했다. 물론 그때는 식물에 대한 순수한 흥미에서 알아보았을 뿐이다— 그러나.

—올바른 일을 하고 있다고 생각합니다.

오늘 가즈마가 그렇게 말했었다.

—그냥 살아 있어 봐야 아무 의미도 없으니까.

그 뒤 누군가 사용한 흔적이 있는 압착기를 보았다.

지난달 밤거리에서 경찰에 잡혔을 때 가즈마는 여러 명과 함께 있었다고 한다. 그들은 즉시 도망쳤고 경찰이 추적하려고 했지만 가즈마가 달려들어 경찰을 방해했다.

그때 도망친 자들은 혹시 두 명이 아니었을까. 가즈마가 두 사람을 도망치게 한 것은 자신과 두 사람의 관계를 경찰에 숨기기 위해서가 아닐까. 만약 경찰이 관계를 파악해 버리면 계획을 실

7

주소를 들고 이이누마 가즈마의 집을 찾아갔다.

사무실에서 버스로 두 정거장 남쪽에 있는 지역이다. 그 집은 높은 지대에 나란히 자리 잡은 세련된 주택들과는 조금 떨어진 자리에 있었다. 비탈을 등지고 만을 바라보는 자리였고, 만안 도로에서는 종종 차량이 고속으로 오가고 있었다. 가즈마의 어머니가 오토바이에 치인 것도 바로 저 도로였다.

"아무도 없는 것 같은데."

세이치의 말에 고개를 끄덕이고 문 안을 들여다보았다. 집 안 조명이 다 꺼져 있어 어느 창문이나 모두 캄캄하다. 차고에는 차가 없고 한쪽 벽에 크고 작은 상자와 짐 따위들이 어지럽게 쌓여 있는 것만 보였다. 우리 발밑에서는 이름 없는 강아지가 땅바닥을 열심히 킁킁거리고 있었다.

"이이누마 군이라고 했어? 아까 리카가 말하던 불량배들과 같이 있는 걸까."

"그럴지도 몰라. 알 수 없지."

여기로 오는 길에 가즈마의 상황을 설명해 두었다. 1년 몇 달 전에 겪은 어머니의 죽음. 지난달 받은 선도 처분. 누군가 이과실 압착기를 사용한 흔적이 있었다는 것도.

"그런데 리카, 꽃과 잎만 보고도 용케 독미나리라는 걸 알았네."

"처음엔 비슷하다고 생각했을 뿐이야."

거겠지만 흡사 더러운 것이라도 치우는 듯한 몸짓으로. 그걸 보고 세이치가 다시 뭐라고 하려다가 결국 그만두고 낡은 타이어에서 공기 빠지는 듯한 한숨을 지었다.

"저어…… 그 건은 어떻게 됐어?"

내가 묻자 그제야 생각이 났는지 나에게 몸을 돌렸다.

"놀랐어. 리카가 말한 대로였어."

그 말을 듣고 나는 바로 휴대전화를 꺼냈다. 가즈마의 집 전화번호는 학교를 나오기 전에 알아 두었다. 눈동자섬에서 세이치가 확인해 준 것이 만약 내가 생각했던 대로라면 최대한 빨리 그와 이야기를 해야겠다고 마음먹고 있었다.

나는 가즈마네 집으로 전화를 걸었다. 하지만 벨소리가 한 번 울리더니 바로 부재중 메시지로 변환되고 말았다. 나는 휴대전화를 핸드백에 넣고 소파에서 뿌루퉁해서 누워 있는 에조에를 돌아다보았다.

"그 강아지, 정말 마법의 코를 갖고 있나요?"

납하겠다고 말하고 간신히 노 젓는 보트를 빌렸는데, 약속대로 바로 반납하지 않았다고 화를 내네."

"미안, 모처럼 휴가였는데."

"아냐, 아냐."

에조에를 보더니 이내 진지한 표정이 된다.

"너, 그거, 먹지 말라고 했잖아."

"어?"

에조에는 먹으려던 소귀나무 열매를 입에서 떼어냈다. 눈 주위가 벌게진 세이치가 그에게 다가가자 에조에 배 위에 있던 '개'가 몸을 도사렸다.

"그랬었나?"

"말했잖아."

"못 들었는데. 좀 더 큰 소리로 말하지 그랬어."

"오늘 저녁에 사무실 홍보 방법이라도 궁리하면서 천천히 먹을 생각이었는데—."

그 뒤 두 사람은 한쪽은 씩씩거리고 한쪽은 삐딱하게 드러누운 채 도저히 어른들의 대화라고는 여길 수 없는 말다툼을 계속했다. 먹을 것이 원인인 탓에 서로 상대방 체형을 비하하는 말도 튀어나왔다. 남자들은 모두 저럴까. 그렇다면 남자들만 있는 회사가 존재한다는 것이 신기하기만 했다.

"미안, 이제 그만 먹을게."

마침내 에조에는 그렇게 말하고 소귀나무 열매가 몇 알 남은 접시를 로우테이블 가장자리로 밀어주었다. 아마 일부러 그러는로 돌아가 핸드백을 들고 교직원실을 나오자마자 계단을 통해 옥상까지 올라갔다. 휴대전화는 교직원실에서만 사용할 수 있다는 규칙이 있지만, 다른 교사에게 통화 내용을 들려주고 싶지 않았다. 옥상에 도착한 나는 핸드백에서 휴대전화를 꺼내 세이치에게 연락했다. 그가 오늘 사무실을 연 이래 처음으로 휴가를 쓰고 있다는 것은 알고 있었지만 달리 부탁할 사람이 없었다.

—부탁이 있어.

눈동자섬에서 가즈마가 있던 자리. 마치 뭔가를 묻은 듯 맨땅이 드러나 있던 자리. 그곳에서 꼭 확인해 보고 싶은 것이 있었다.

"에조에 씨…… 소크라테스에 대해서, 뭔가 아는 게 있으세요?"

"철학의 아버지."

"네."

"그것밖에 몰라."

콧숨과 함께 마시던 맥주 캔을 빠각, 하고 소리를 냈다. 배 위에서 자던 '개'가 귀를 움찔 쳐들었다. 길게 늘어진 귀지만 그래도 절반 이상은 머리 옆에 딱 붙어 있다.

그때 계단을 올라오는 발소리가 들렸다. 문이 열린 순간, 강아지가 발딱 일어나 자세를 잡았다. 발끝이 배를 파고드는지 에조에가 낯을 찡그린다. 사무실에 들어온 세이치가 나를 보고 통통한 볼을 쳐든다.

"보트하우스에 가 보니 영업시간이 끝나기 직전이라 금방 반까부터 먹고 있는 빨간 열매를 바라보며 나는 생각했다.

"다 먹지는 말아주세요."

접시에 있는 것은 내가 눈동자섬에서 따온 소귀나무 열매이다. 세이치가 마음에 들어 하는 눈치여서, 피곤할 때 먹으라고 비닐봉지에 남은 열매를 건네주었었다. 저렇게 당당하게 입안에 던져 넣는 것은 물론 세이치의 허락이 있어서겠지만.

"이거 맛있네. 뭐지?"

"소귀나무예요."

"요시오카에게 섬에 가는 김에 따다 달라고 부탁하지 그랬어. 그놈, 모처럼 당신 명령으로 눈동자섬에 간 건데."

"명령 같은 거 한 적 없어요."

저녁에 세이치는 내 부탁으로 눈동자섬에 가 주었다. 지금쯤이면 볼일을 마쳤을 텐데. 이미 보트를 반납하고 이곳으로 오고 있을까. 너무 늦어서, 부탁을 한 처지이지만 걱정이 되었다.

"근데, 뭣 때문에 보낸 거지?"

"내가 하는 일 때문이에요."

가즈마가 돌아간 뒤 나는 이과실로 돌아갔다. 현미경을 넣어둔 캐비닛을 열고 조절 나사 상태를 하나하나 확인한 다음, 내일 천연염색에서 쓸 압착기를 다른 캐비닛에서 꺼내다가―손을 멈췄다.

압착기가 젖어 있음을 알았기 때문이다. 무슨 액체 같은 게 묻어 있었다.

갑자기 불길한 느낌이 온 몸에 가득했다. 나는 얼른 교직원실

6

8시 전에야 일을 마치고, '펫 탐정 에조에&요시오카' 사무실로 향했다. 세이치는 없었고, 그곳에 있는 것은 에조에와 루크—아니, 이제 루크가 아니다.

"그 아이, 정말 키울 거예요?"

"받아줄 데가 나타날 때까지 맡아둘 뿐이야. 그렇지, 멍멍아?"

에조에는 변함없이 구깃구깃한 티셔츠와 청바지 차림으로 소파에 비스듬하게 기대어 캔 맥주를 마시고 있었다. 겨우 며칠 동안 루크라는 이름을 받았다가 지금은 '개'가 된 블러드하운드 강아지가 그의 배에 앉아 있었다. 완전히 안심한 모습으로, 에조에를 포옹한 모습으로 잠들어 있다.

"수색 비용은 제대로 받는 건가요?"

내가 앉은 곳은 안쪽 작업 공간이었다. 사무실은 두 칸으로 나뉘어, 소파나 간이주방이 있는 방을 지나면 책상 두 개가 놓인 이 공간이 있다. 소파에는 에조에가 누워 있었다. 누워 있지 않았더라도 나란히 앉기가 뭣해서 안쪽까지 들어가 세이치의 사무용 의자에 앉았다. 사무용 의자라고 해도 접이식 파이프의자다. 재활용 가게에서 두 개에 천 엔이었던 것 같다.

"내일이라도 입금하겠대. 거기에 이놈을 맡기는 요금까지 포함해서 두둑하게. 비싼 돈 주고 강아지를 사더니 돈을 써 가며 남에게 주고, 부자들 생각을 통 모르겠단 말이야."

어디 부자뿐일까. 어느 인간의 속인들 알겠는가. 에조에가 아도 또렷이 기억하고 있다.

"그냥 살아 있어 봐야 아무 의미도 없으니까."

그런 생각을 하는 동안에도 가즈마는 내게 등을 돌리고 교문 쪽으로 걸어간다.

"모처럼 그런 이름도 받았는데, 이이누마 군, 공부는 그만둔 거야?"

교문 옆까지 따라갔다. 우리 교사들도 실내화를 신고 있고, 사실 실내화 상태로 밖으로 나가면 안 된다. 내가 감히 규칙을 어긴 이유는 그게 내가 품어 온 '선생'의 이미지였기 때문이다.

"오래 전에 그만뒀어요."

"불량배가 돼 버린 건가?"

조금 망설이다가 마음먹고 계속 말했다.

"그런 사람이 되고 싶은 건 아니잖아?"

니이마 선생에게 이야기를 들을 때부터 가슴에 품었던 생각이다.

가즈마의 어머니는 공부도 일도 하지 않고 놀러 다니는 젊은 이들의 오토바이에 치여 목숨을 잃었다고 한다. 가즈마는 그 사건을 계기로 자포자기한 채, 공부를 그만두고 밤거리를 돌아다니다가 경찰의 지도를 받았다. 즉 어머니의 목숨을 앗아간 자들과 같은 이른바 불량배가 되려고 하는 것이다.

멈춰 선 가즈마의 어깨에 힘이 들어간다. 그러나 마치 목 위쪽만 다른 생물인 것처럼, 들려온 목소리는 방금 전과 다르지 않았다.

"올바른 일을 하고 있다고 생각합니다."

딱딱한 문서라도 읽는 듯한 그 목소리를 나는 13년 지난 지금 가즈마가 쓰는 한자는 어른스럽고 매우 달필이었다.

"그리 드물지도 않은 것 같은데요."

기계와 같은 묘하게 낭비가 없는 동작으로 가즈마가 신발을 갈아 신었다. 상대가 이렇게 노골적으로 무관심을 드러내니 역시 위축되지 않을 수 없었다. 이제 적당한 화제도 떠오르지 않았지만, 마지막으로 한 가지 떠오른 것이 있었다.

"그 이름, 의미가 뭐지?"

그러자 가즈마가 동작을 멈추었다.

"소크라테스예요."

"응?"

고개만 획 돌려 비로소 나를 쳐다보았다.

"무지의 지."

몇 초간 생각하고 나서야 그 말이 이해되었다. 대학교 교양과목에서 배운 기억이 난다. 내가 아무것도 모른다는 것을 자각하다…… 그런 의미였나. 자신이 무지하다는 것을 알지 못하는 한 진정한 지는 얻을 수 없다는 뜻이다.

"이름은 어머니가 지었어요. 공부 많이 해서 언젠가 성공한 사람이 되더라도 거만해지지 말고 진정으로 중요한 것을 추구했으면 좋겠다는 의미로. 어머니는 철학 책을 만든 적이 있대요. 쓴 건 아니고, 만드는 쪽. 아빠를 만나 전업주부가 되기 전에는 그런 책을 펴내는 회사에서 일했다고 하니까."

모친은 '어머니', 부친은 '아빠'. 그런 호칭은 어떤 마음에서 나온 걸까.

52

이름 없는 독과 꽃

"별로요. 그냥 가 봤을 뿐이에요."

말투로 보건대 나를 보고서도 무시했던 듯하다.

"그 고무보트는 너희 집 거니?"

고개를 끄덕이기는 하지만 이쪽을 돌아보지는 않는다.

"아버지가 의사시라고?"

조금 집요하게 묻는 걸까? 아무래도 첫 시도인 만큼 적절한 선을 모르겠다.

"덕분에, 집에 이런저런 물건이 많아요. 보트도 그렇고. 돈이 있으니까요."

우쭐대는 것도 아니고 자조하는 느낌도 아니었다. 마치 생판 남의 이야기라도 하는 듯한 말투였다. 과연 니이마 선생이 애를 먹는 이유를 알 만했다.

그대로 계단을 내려가 통로로 나갔다. 가즈마가 신발장에서 꺼낸 스니커에는 검붉은 반점이 묻어 있었다. 아마 어제 그 소귀나무 열매일 것이다. 하얀 메시 부분에 깊이 물들어 버린 듯하다. 식물의 즙이 이렇게 물들면 깨끗하게 없애기가 어렵다. 값비싼 스니커인데 안됐네. 어떻게 가격을 아느냐 하면, 세이치와 함께 쇼핑하러 갔을 때 그가 사려고 하다가 포기한 것과 같은 신발이기 때문이다.

"알 지(知)에 참 진(眞)을 써서 '가즈마'로 읽는 경우는 드문데."

신발장에 붙은 이름표에는 학생이 자기 이름을 매직펜으로 직접 쓰게 되어 있다. 시험지 채점할 때마다 생각하는 것이지만,

"……어."

눈앞에 서 있는 사람은 이이누마 가즈마였다.

문을 잡은 채 동작을 멈추고 시선을 맞추려 하지 않는다.

"뭐 하고 있었니?"

약품이 든 캐비닛은 자물쇠로 잠가 놓았으므로 학생도 자유롭게 출입할 수 있다. 그러나 생물부 활동 외에 방과 후 학생이 이 과실에 들어가는 일은 거의 없었다. 체구가 작은 그의 머리 너머로 짐짓 자연스럽게 실내를 살펴보았지만 아무도 보이지 않았다.

"그냥 와 봤습니다."

가즈마가 내 옆을 빠져나가며 말했다.

"이이누마 군은 1학년 때 생물부였지?"

니이마 선생의 부탁을 실행할 기회가 일찌감치 찾아온 모양이다. 현미경 준비는 나중에 하기로 하고 나는 가즈마를 쫓아가 나란히 걸었다.

"이과 성적도 좋으니 고등학교에 진학해서도 그쪽 동아리에 가입하는 게 어때?"

"고등학교에 갈지 말지 모르겠네요."

"왜?"

가즈마가 대답도 없이 계단을 향해 복도를 걸어간다. 어깨가 흔들리지 않는 독특한 걸음으로, 어깨에 걸린 가방도 거의 움직이지 않았다.

"어제는 뭐 하고 있었어? 그 섬에서 말이야."

5

홈룸 시간이 끝난 후에 이이누마 가즈마의 학급에 가 보았다. 복도에 북적이는 학생들 사이를 누비며 가즈마를 찾았지만 보이지 않았다. 교실 안을 들여다봐도 니이마 선생 외에 학생 몇 명만 남아 있을 뿐이었다.

하는 수 없이 교무실로 돌아가 방과 후 업무를 시작했다. '옴의 법칙' 설명도를 만들려고 먼저 작업대에 모조지를 펴 놓았다. 그러나 좀처럼 잘 되지 않아 시간만 흘렀고, 겨우 완성했을 때는 직원실 시계가 6시를 가리키고 있었다.

다음은 무슨 일이 남았지? 내일 1교시 때는 1학년 학생들에게 꽃의 구조를 가르칠 예정이다. 교정 화단에 피어 있는 나팔꽃을 따다가 반별로 핀셋으로 해부하게 하고 각 부분을 현미경으로— 거기까지 생각하다가 문득 떠올렸다.

지난주 금요일 다른 내용으로 수업하면서 현미경을 사용했는데, 조절 나사가 움직이지 않게 된 기기가 두 대 있었다. 그러니 오늘 중으로 수리하거나 다른 현미경을 준비해 둘 필요가 있다. 그리고, 그래, 내일 방과 후에는 생물부에서 천연염색을 시험하기로 되어 있었지. 꽃의 즙을 짜낼 압착기가 제대로 움직이는지 어떤지도 확인해 두어야 한다.

모조지를 둘둘 말아 고무 밴드로 묶고 교직원실을 나섰다. 그대로 2층으로 가는 계단을 올라가 이과실에 들어가려고 하는데 손을 대기도 전에 미닫이문이 알아서 열렸다.

과를 제외하면 성적이 매우 심각한 지경까지 떨어져 버렸으니까, 진로 문제도 있어서 몇 번 상담을 해 보긴 했지만. 현재 전혀 마음을 열지 않고 있어요."

니이마 선생은 연지색 넥타이를 쓰다듬으며 더 나이든 사람이 보여줄 법한 지친 웃음을 지었다.

"이이누마 군 아버지는 뭐라고 하시던가요?"

"집에서는 거의 말이 없고 자기 방에 틀어박혀서 제대로 대화할 수 없다고 합니다. 1학년 때 삼자면담에서는 아버지처럼 의사가 되겠다고 해서 아버지도 기뻐했습니다만."

교직원실 여기저기서 의자 소리가 들리자 니이마 선생이 손목을 수평으로 쳐들어 시계를 들여다보았다. 어느새 5교시 수업에 들어가야 할 시간이었다.

"마나베 선생, 기회가 있으면 그 아이와 대화해 보시겠어요?"

"제가요?"

"나이도, 가깝다고 할 정도는 아니지만 그래도 선생 중엔 제일 가깝고, 좋아하는 과목을 가르치는 선생님이라면 조금은 다를지도 모르니까."

다른 교사의 부탁을 받기는 처음이었다.

"마나베 선생은 생물부 고문이죠?"

"네."

"이이누마가 1학년 때 생물부였어요. 어머니 사고가 있고 나서 그만두었지만."

달려들어 방해했고 결국 혼자서만 잡혔다.

"물론 나도 이이누마 군에게 물어보기는 했지만, 함께 있던 사람이 누구였는지 완강하게 말하지 않아요. 우리 학교 학생인지 아닌지도 알 수 없고요. 그 아이에게는 조금 어려운 문제가 있어서, 나도 제대로 지도할 수 없네요."

"어려운 문제가, 뭐죠?"

"아까 '이런저런 일도 있어서'라고 했잖아요."

2학년이 되기 전 봄방학 때 어머니를 여의었다고 한다.

"교통사고였는데, 두 명이 타고 있던 오토바이에 치였어요. 운전한 아이도 뒤에 탄 아이도 이제 겨우 열여섯 살 청소년이었는데…… 우리 학교 졸업생은 아니지만 중학교 졸업 후 고교에 진학하지 않고 밤마다 놀러 다녔대요. 그날도 오토바이를 타고 돌아다니다가 해안 도로에서 횡단보도를 건너던 이이누마의 어머니를 치어서."

기억난다. 마침 이듬해부터 교사로 일하기로 결정된 시기여서 그 뉴스가 매우 인상적이었다.

"이이누마 아버지가 일하는 구급병원으로 실려 갔지만 이미 늦었다고 해서."

"아버지가 의사인가요?"

"네, 구급의사…… 그래서 아이가 좀처럼 집에 있기가 힘들었겠죠."

집안 사정 때문에 밤거리를 돌아다니게 된 것일까?

"이런 일에 잘 대처할 수 있는 교사여야 하는데, 어렵네요. 이

"아뇨, 방금 하신 말씀이……."

"아뇨, 아뇨, 그냥요."

얼버무리는 모습을 보인 니이마 선생은 주위를 힐끗 살피고, 비행청소년이에요, 라고 속삭였다.

"지난달 밤중에 시내에서 경찰이 단속하다가 집과 학교에 연락을 했대요. 학교에 연락이 온 것은 이튿날이었지만. 뭐 음주나 흡연을 한 건 아닌 모양인데, 만일을 위해 연락한 것 같아요. 뭐랄까, 흔히 말하는 노는 애들이랑 같이 있었다고 하던데."

"그렇게 보이지는 않던데요."

말하고 나서 순간적으로 아차 싶었다. 신참 교사로서 이 학교에 채용된 이래 조금이라도 아는 척을 하면 보란 듯이 코웃음과 냉소가 돌아온다는 걸 깜빡했다. 교사 17명 전부가 그런 것은 아니지만 거의 대부분이 그렇다고 해도 좋았다. 결혼 사실을 알린 뒤로는 더 심해진 느낌이다.

그러나 니이마 선생은 "그게요"라고 한숨 섞인 말을 흘리고 고개를 끄덕였다.

"3학년 학년회의에서 이야기가 나왔었는데, 전체 직원회의에서는 거론하지 말라는 교감의 지시가 있었어요. 뭐 특별히 비밀까지는 아니지만."

"이이누마 군이 나쁜 사람들과 어울리고 있나요?"

"뭐, 어떤 인간들인지는 모르지만요."

밤거리에서 경찰이 그들을 발견했을 때, 함께 있던 몇 명은 재빨리 도망쳤다고 한다. 경찰이 즉시 뒤쫓으려 했지만 가즈마가

4

"이이누마는요, 1학년 3학기까지 성적이 우수했어요."

급식 후 점심시간, 직원실에서 니이마 선생과 이야기했다. 눈동자섬에서 보았던 이이누마 가즈마의 담임이며 사십대 후반의 고참 영어 교사. 볼이 몹시 홀쭉해 학생들 사이에서 '해골'과 '뉴스페이퍼'라는 두 개의 별명으로 불린다.

"학력평가시험에서는 현에서도 상위권이었어요. 2학년 때부터는 뭐 이런저런 일도 있어서 성적이 떨어지고 말았지만."

"이과 과목은 늘 만점이어서 다른 과목도 다 잘하는 줄 알았어요."

이과 과목 성적은 내가 매기므로 그의 성적은 파악하고 있었다. 그러나 그의 성적표는 담임교사가 아니면 볼 기회가 없다. 이과 과목에 관한 한 이이누마 가즈마는 늘 5'수우미양가'의 '수', 'ABCDF'의 'A'에 해당하는 가장 높은 점수였다. 지금까지 시험에서 한 문제도 틀린 적이 없고 주관식 문제에서는 내가 모르는 지식이 답안지에 적혀 있기도 했다.

"이과는 그렇죠. 좋아하는 거겠죠. 이이누마가 무슨 잘못이라도?"

탐색하듯 내 얼굴을 살핀다.

"어제 어디서 우연히 봤는데, 그런데, 무슨 사고라도 칠 만한 아이인가요?"

"네?"

지난 아이들이지. 그래서 새로운 환경에 친숙하게 만드는 게 엄청 어렵다고. 그런데 당신들은 생후 세 달짜리 강아지를 구했잖아. 더구나 이렇게 똑똑하고 순한 강아지를. 당신들이 얼마나 운이 좋은지 알기나 하나!"

알고 있, 하고 말하려는 남편의 목소리를 에조가 막았다.

"알긴 뭘 알아! 당신들, 자기가 누린 행운을 이해할 리 없어. 그러니까 겁도 없이 외간남자 이름을 붙여주고, 그걸 알고 섬에 갖다버리고, 생각을 고쳐먹고 다시 데려오게 할 수 있었겠지. 그런 놈들에게 개 이름을 붙여줄 자격 따위는 애당초 없는 거다. 당신들이 마음을 고쳐먹기 전까지 저놈은 '개'야. 똑똑하고 순하고 귀여운 '개'라고. 지금 당신들은 이름 지어주는 것은 고사하고 키울 자격도 없어. 이렇게 귀하고 사랑스러운 강아지…… 내가 데려가고 싶을 정도야."

부부는 내내 입을 다물고 있었다. 그러나 곧 무언의 합의에 다다랐는지 두 사람은 모두 고개를 들었다. 아무 말도 나누지 않고 의견을 일치시켰으니 이 부부는 어쩌면 앞으로 잘 살 수 있지 않을까. 남편 목소리를 들으며 나는 그런 생각을 했다.

"……이 강아지, 드릴까요?"

와 거실에서 잠자던 개를 베란다 문으로 데리고 나가 눈동자섬까지 버리러 갔다. 세이치와 에조에에게 수색을 의뢰한 까닭은 걱정하는 모습을 보여주기 위해서였으며, 두 사람이 루크를 찾아낼 리 없다고 확신하고 벌인 일이었다.

"당신이 너무 울어서…… 내가 이렇게 오늘, 이 사람들에게 장소를 알려주고 데려오게 만든 건데."

오늘 아침 남편이 세이치에게 전화해서 아는 어부 운운한 것은 물론 거짓이다. 가증스러운 이름을 가진 개를 몰래 섬에 버리고 온 것은 좋았지만, 아내가 예상 밖으로 혼란에 빠지는 바람에 하는 수 없이 개를 다시 데려오기로 하고 그 전화로 장소를 일러주었다. 개 이름은 자연스러운 이유를 대고 바꾸면 될 거라고 생각했겠지. 틀림없이 그렇게 생각했으리라.

"왜…… 그런 심한 짓을."

"심한 게 어느 쪽인데?"

"당신, 인간도 아냐!"

"당신이 더 동물적이지!"

쾅, 하는 커다란 소리가 났다. 에조에가 접수대를 오른손으로 내려친 것이다. '멍멍이 카드'를 끌어당긴 그가 부인 손에서 볼펜을 낚아채더니 애완동물 이름 칸에 '개'라고 적었다.

"당신들이 얼마나 운이 좋은 줄 알기나 해?"

목소리가 분노로 떨리고 있었다.

"블러드하운드는 희소 견종이야…… 일본에서는 번식도 안 되고…… 해외에서 수입해도 들어오는 개는 대개 생후 1년 전후가

"그거…… 어? 설마 내 휴대폰 열어 본 거야?"

"당신이 이제 다시는 그런 짓 하지 않겠다고 해서 나는—."

그제야 그는 우리가 옆에 있다는 사실을 의식했다. 아니, 우리 외에도 대기실에는 애완동물을 데려온 사람들이 다섯 명쯤 있었다. 장의자에 앉아 모두 눈을 동그랗게 뜨고 이쪽을 바라본다. 각자 발밑에 둔 케이지에서 개나 고양이도 귀를 세우고 있다.

"저기요…… 진료 받으러 온 아이들이 놀라거든요."

접수대 너머에서 직원 여성이 속삭였다. 미안해요, 라며 엉뚱하게 세이치가 고개를 숙이고, '멍멍이 카드'를 주뼛주뼛 가리키며 부부를 돌아다보았다.

"강아지 이름은, 일단……."

"당신이 루크를 유괴했어?"

아내가 고개를 숙인 채 입술을 움직이자 세이치는 눈을 휘둥그레 뜨고 경련하듯 도리질을 했다. 하지만 물론 그 질문의 대상은 세이치가 아니었다. 그녀는 고개를 들고 새빨간 눈으로 남편을 노려보았다.

"당신이 루크를 섬에 갖다버린 거야?"

실은 나도 같은 생각을 하고 있었다.

남편은 아내 휴대폰을 훔쳐보고 아내가 루크라는 외국인과 바람을 피운다는 것을 알았다. 뿐만 아니라 자기 부부가 키우기 시작한 개에게 하필 외도 상대의 이름을 붙였다는 사실을 알고 말았다. 분노인지 질투인지, 아니면 양쪽 다인지 그는 이틀 전 저녁, 아내가 주방에서 식사를 준비할 때 직장에서 몰래 집에 돌아채워갔다. 그런데 세 칸을 채우고 났을 때 지금까지 잠자코 있던 남편이 옆에서 카드를 손으로 가리며 말했다.

"이름을 바꿔."

모두 놀란 얼굴로 남편 얼굴을 쳐다보았다.

"이름이 싫어서 집에서 도망쳤는지도 몰라."

"이름이 싫다고 도망치다니…… 그럴 리가 없잖아요."

"그럴 수 있어. 같은 사태가 반복되지 않도록, 혹시 모르니까 확실히 해 두자고. 이름을 비롯해서 전부."

부인의 두 눈에 순간적으로 뭔가가 스치고 얼굴 전체가 경직되었다.

"뭐요? 무슨 엉뚱한 소리예요."

다음 순간 놀라운 일이 일어났다. 남편이 갑자기 그, 그, 그, 하고 큰 소리로 말을 더듬었던 것이다.

"그건 내가 할 대사야!"

남편은 시대착오적인 말을 쏘아붙이고 무엇에 홀린 듯 악을 쓰기 시작했다. 본래 지적인 사람인지 마구 악을 쓰는데도 한 마디 한 마디 똑똑히 알아들을 수 있었고, 내용의 연결도 지나칠 만큼 논리정연해서 우리는 대략 1분 정도 만에 아내가 남편 몰래 바람을 피웠다는 것, 상대가 루크라는 외국인이라는 것, 남편이 그 사실을 사흘 전에 알았다는 것을 파악했다.

"나는 그런 짓―,"

"그럼, 몇 시에 어디서 만나자는 둥 아까는 어메이징했다는 둥 그건 뭐지?"

다. 루크는 내내 에조에 품에서 떨고 있었기 때문에 지금 상태가 어떤지 알 수 없었지만 섬에서 오랜 시간을 보낸 것이 분명했다. 하룻밤이나 이틀 밤. 건강이 걱정되고 병에 걸렸을 수도 있다.

의뢰인 부부는 스가야 펫 클리닉에서 만나기로 했다. 우리가 항구에 세워 둔 세이치의 경차를 타고 이곳에 도착하니 부부의 하얀 BMW가 이미 주차장에서 기다리고 있었다.

돌아온 개를 보자 부인은 일그러진 얼굴로 차에서 뛰어나왔다. 그대로 양손을 내밀며 다가왔지만 루크는 그녀의 모습에 놀라 에조에 품에 꼭 안겼다. 마치 낯선 사람의 접근에 놀란 것처럼. 키우기 시작한 지 얼마 지나지 않았으니 주인 얼굴을 확실하게 기억하지 못한 것일까.

—그럼, 일단 안으로.

세이치가 걱정하는 목소리로 말하자 다섯 사람은 건물로 들어갔다. 1층 접수대에서 상황을 설명하니 마침 쉬고 있던 수의사가 있었는지 루크를 즉시 안쪽 진료실로 데려갈 수 있었다.

"여기에 기록해 주시겠어요?"

접수처 여성이 접수대에 볼펜과 카드 한 장을 내놓았다. 진찰권 같은 것인지 '멍멍이 카드'라고 적힌 명함만 한 종이였다. 채워야 할 빈 칸은 네 군데. 보호자 성명, 전화번호, 애완동물 종류, 그리고 애완동물 이름.

"제가 쓰죠."

아직 흥분이 가라앉지 않은 표정으로 부인이 볼펜을 잡더니 위에서부터 차근차근 어린 아이 같은 동글동글한 필체로 빈칸을

3

오후에 우리는 스가야 펫 클리닉 접수처에 있었다.

시내 북동부의 2층 건물에 있는 동물병원이다.

행방불명된 루크는 그때 에조에가 무사히 확보했다. 나와 세이치가 소귀나무 열매를 먹으며 기다리는 곳에 그가 루크를 안고 나타난 것이다. 섬에 도착하고 한 시간쯤 지나서였다.

에조에에 따르면 루크가 있던 곳은 섬 북쪽으로, 애초에 그가 예상하던 부근이었다. 쓰러진 커다란 나무 그늘에 겁먹은 모습으로 숨어 있었다고 한다. 발견하기까지 걸린 시간은 30분 정도였다. 에조에가 다가가자 루크는 놀라서 도망치려고 했다. 그래서 안정시키는 데 다시 30분이 걸렸다. 그 이야기를 하는 에조에는 거의 빈틈이 보이지 않을 정도로 온몸이 흙과 낙엽으로 범벅이 되어 있었지만 어떻게 루크를 차분하게 만들었는지는 알 수 없었다.

눈동자섬은 이동통신 전파가 닿지 않아 의뢰인에게 루크를 찾았다고 보고한 것은 선착장 보트하우스에 돌아오고 나서였다. 세이치의 전화를 받은 의뢰인 부인은 곁에 있는 내 귀에도 들릴 만큼 환호성을 질렀다.

—그럼 지금 곧 댁으로 찾아뵙겠습니다.

첫 업무에 성공했다는 만족감에 가득한 얼굴로 세이치는 그렇게 말했지만, 먼저 동물병원에 데려가는 게 좋지 않겠느냐고 내가 제안했다. 주제넘은 참견이라고 생각하면서도 걱정이 되어서

나는 나무들 사이로 돌아가 가즈마가 있었던 곳으로 짐작되는
부근으로 가보았다. 그러자 이내 땅바닥 한쪽에 시선이 빨려들
어갔다. 그 자리에만 잡초가 없었다. 직경 1미터가 될까 말까 하
는 자리—마치 뭔가를 파묻은 것처럼 검은 흙이 드러나 있었다.
그 옆에는 미나리과 식물이 잎을 펼친 채 작고 하얀 꽃을 피우고
있었다.

자 으깨어진 열매는 명백히 신발에 짓밟힌 것이었다. 삐져나온 빨간 즙이 아직 마르지 않았다.

역시 방금 이곳에 누군가 있었던 모양인데.

상체를 펴고 나무들 안쪽으로 들어가 보았다. 스니커 밑에서 잔가지가 부러지지만 뚜둑 하는 감촉이 전해져 올 뿐 소리는 들리지 않았다. 마침내 섬 반대쪽에 닿자 눈앞에 새하얀 바다가 펼쳐지고 햇빛이 송곳처럼 눈을 찔렀다.

손차양을 하고 좌우를 둘러보았다. 우리가 상륙한 지점과 마찬가지로 이쪽에도 모래밭이 펼쳐져 있었다. 왼쪽으로 보이는 노란 타원형 물체는 튜브일까. 아니, 고무보트였다. 눈이 부신 탓에 거리감이 제대로 잡히지 않는다.

그때 보트 옆 덤불에서 중학생이 나타났다. 티셔츠에 반바지. 등에는 배낭. 중학생임을 안 것은 우리 학교 학생이었기 때문이다. 3학년 이이누마 가즈마. 이과 시험에서 늘 만점이어서 풀네임을 바로 떠올릴 수 있었다.

이런 곳에서 뭘 하는 걸까.

멈춰 서서 바라보는데 그 학생은 고무보트에 은색 물건을 던져 넣었다. 얼핏 보았을 뿐이지만 아무래도 작은 삽 같았다.

"이이누마 군."

불러 보았지만 가즈마는 보트를 바다로 밀어내고 얼른 올라탔다. 내 목소리가 들리지 않는지 듣고도 무시한 것인지. 그는 익숙지 못한 동작으로 노를 저어 조금씩 멀어지더니 마침내 섬 가장자리를 돌아 시야에서 사라졌다.

나뭇가지 밑으로 들어가니 더위가 조금 누그러졌다. 나무에 걸러진 햇빛이 바닥의 풀들을 얼룩덜룩 물들이고 있다. 첫눈에 알아볼 수 있는 수종은 감탕나무, 소귀나무, 대왕참나무, 해송. 역시 시내 숲에 비해 바닷바람에 강한 수종이 자라고 있다. 소귀나무의 빨간 열매는 태반이 바닥에 떨어져 있지만, 아직 가지에 남아 있는 것들은 익을 대로 익어서 맛있어 보였다.

소귀나무 아래 걸음을 멈추고 데이팩 배낭에서 비닐봉지를 꺼냈다. 식물이 풍부한 곳에 갈 때는 늘 이렇게 봉지를 준비해 간다. 나무열매뿐만 아니라 신선초, 꽃마리, 수송나물, 쇠비름도 채집한다. 어떤 계절에나 식용식물을 볼 수 있다.

이 섬에 학생들을 데려오면 기대 이상으로 의미 있는 시간을 보낼 수 있을 것 같다. 생물부 활동뿐만 아니라 언젠가 이과 야외수업도 가능하지 않을까? 식물을 설명하면서 식용 열매나 나물류를 가르치고 채집한 것들을 가사 실습실 주방에서 요리해 보여주는 것도 좋다. 그럴 수만 있다면 나를 보는 학생들의 시선도 조금은 달라질지 모른다.

공상 속 학생들과 함께 나는 소귀나무 열매를 땄다. 과일은 손가락 끝으로 살짝 건드리기만 해도 손바닥으로 도르르 굴러 들어왔다. 시큼한 냄새가 진하게 풍기는 건 바닥에 떨어진 열매 탓이다. 이런 냄새 하나로도 발효의 구조나 술 빚는 방법 등을 가르칠 수 있을 것이다. 바닥에 자라는 풀 사이를 살펴보니 짓이겨져서 새빨간 잼처럼 되어 버린 것도 있었다. 거기에 꼬인 큰검정파리가 내 기척에 당황한 듯 날아간다. 바닥에 얼굴을 가까이 대

"낚시꾼이라도 있나 보지."

그래도, 하고 말하려는데 세이치가 쓴웃음을 지으며 말렸다.

"일단 에조에의 능력을 믿어 보자고."

아무런 대화도 없었다는 듯 에조에는 그 자리에 쪼그리고 앉아 눈앞에 펼쳐진 나무들을 바라보기 시작했다. 그는 정말로 세이치가 말하는 '능력'을 갖고 있을까? 방금 전에는 덤불이 움직인 것을 내가 먼저 알아차리자 못마땅해서 그런 식으로 반응했던 게 아닐까? 세이치는 에조에가 '초능력 비슷한 것'을 갖게 된 경위를 본인에게 들어서 알고 있다고 했지만 나는 아직 모른다. 세이치에게 물어 봐도 본인에게 들어야 더 재미있을 거라며 결국 말해 주지 않았다.

"어디 숨어 있는지는 모르지만…… 있는 것은 분명해."

에조에의 말에 세이치가 주먹을 불끈 쥔다. 벌써 루크를 발견한 얼굴이다.

"그럼 가서 찾아올게. 요시오카는 여기서 기다려. 강아지가 겁먹으면 곤란하니까."

나한테는 아무 말도 안 하고 에조에가 자리에서 일어나더니 오른쪽을 향해 걸어갔다. 무성한 풀을 헤치고 들어가는 그 수척한 등은 금세 나무들 사이로 사라졌다.

"아까 그게 자꾸 신경 쓰이니까 가서 보고 올게."

세이치도 따라와 줄 줄 알았지만 그는 에조에가 시킨 대로 그 자리에 남았다. 하는 수 없이 나 혼자 아까 덤불이 움직이던 왼쪽을 향해 걸어갔다.

이죠.

　단독주택에서 사라진 개가 어째서 눈동자섬에 있을까. 그 섬은 생후 3개월 강아지가 헤엄쳐 건너갈 수 있는 곳이 아니다.

　어쨌든 세이치는 즉시 에조에게 연락해서 선착장의 보트하우스에서 만났다. 그 참에 나도 같이 가게 해 달라고 부탁해서 이렇게 셋이서 눈동자섬으로 건너온 것인데.

　"이런데, 찾을 수 있겠어요?"

　처음 상륙해 본 눈동자섬은 상상 이상으로 식물이 우거져 있었다.

　물론 면적은 체육관 정도밖에 안 된다. 하지만 어디나 나무들이 울창하고 어지럽게 엉킨 나뭇가지 밑에는 키 큰 잡초가 빈틈없이 자라고 있었다. 개만 한 물체가 어디서 움직인다고 해도 어지간히 가깝지 않으면 알 수 없을 것 같았다. 상대가 가만히 있다면 더욱 그렇다. 게다가 유지매미 소리가 점점 커져서 이제는 섬 전체를 들들 끓일 것처럼 으르렁거리고 있었다.

　"아."

　정면 왼쪽에서 덤불이 희미하게 움직였다.

　"봐요, 저기."

　"개는 아냐."

　에조에가 보지도 않고 말했다.

　"어떻게 알아요?"

　"소리."

　"소리 같은 건 들리지도 않았어요. 개였을지도 모르잖아요."

직일 수 없다고 믿었던 것이 잘못이라고 했다.

부인은 놀라서 마당으로 뛰어나갔지만 루크는 어디에도 없었다. 근처를 찾아보아도 보이지 않았다. 저녁에 귀가한 남편에게 상황을 설명하자 남편은 전문 업자에게 부탁하는 편이 좋겠다고 제안했다. 마침 그날 편지함에는 세이치가 배포한 '펫 탐정 에조에&요시오카' 홍보 전단지가 들어 있었다. 그걸 보고 부인이 전화를 걸었던 것이다.

첫 수색 의뢰에 세이치와 에조에는 크게 기뻐했지만, 기쁨을 감추고 부부의 집으로 찾아가 이야기를 들었다. 그제 밤의 일이다. 그 후 세이치와 에조에는 집 주변을 수색하고, 성과가 없자 사무실로 돌아와 수색용 포스터나 전단지를 만들다가 아침을 맞았다. 그래서 잠도 거의 자지 못하고 본격적인 수색에 나섰다.

어제 세이치는 하루 종일 포스터를 붙이고 전단지를 배포했고, 에조에는 여기저기 돌아다니며 수색했다. 그러나 밤늦게까지도 성과가 없었다. 세이치는 녹초가 되어 내 아파트로 귀가해 함께 먹기로 했던 화이트스튜를 다시 덥혀 먹으며 첫 일거리의 진행 상황을 들려주었다.

오늘도 두 사람은 어제와 같은 작업을 계속할 요량이었다. 그런데 아침에 세이치가 내 집에서 사무실로 출근하려고 할 때 의뢰인의 남편이 전화를 걸어 왔다. 방금 아는 어부에게 연락을 받았는데 눈동자섬에서 강아지를 보았다는 것이다. 더구나 그 강아지의 특징을 물어 보니 루크와 정확히 일치했다.

—왜 그런 무인도에…… 아아, 그렇죠, 그거야 알 수 없는 일

2

"그럼, 찾아 볼까."

모래밭으로 끌어올린 보트를 에조에가 가까운 나무에 로프로 묶어두었다.

수색 대상은 블러드하운드라는 종의 개다. 왠지 언짢은 울림이 있는 이름이지만, 여기서 블러드는 '순혈'이란 뜻 같다. 오래전 유럽에서 번식되어 온 유서 깊은 견종이며, 마법의 코를 갖고 있다고 할 만큼 후각이 예민해서 사냥개로 길러져 왔다. 털은 전체적으로 짧고 귀는 늘어지고 볼이 축 쳐져 있다. 수색 의뢰를 받은 개는 이제 겨우 생후 3개월이라지만, 블러드하운드는 대형견이므로 이미 어른 시바견만 하다고 들었다.

의뢰 전화를 한 사람은 삼십대 초반의 전업주부였다. 집은 만북쪽에 있는 고급주택가. 결혼하고 겨우 1년쯤 되었지만 부부의 벌이가 좋은지 호화로운 신축 단독주택이라고 한다. 그 부부가 최근 수입업자를 통해 블러드하운드 강아지를 구입했다. 그러나 키우기 시작한 지 불과 며칠 만에 행방불명되고 말았다. 부인이 루크라는 이름을 지어 준 그 강아지는 갈색에 수컷이다.

세이치에 따르면 루크가 사라진 경위는 다음과 같다.

그제 저녁, 루크가 소파에서 잠에 들자 부인은 주방에서 저녁식사를 준비하기 시작했다. 그때 환기를 위해 거실 베란다 문을 조금 열어 놓았는데, 잠시 후 살펴보니 베란다 문이 더 넓게 열려 있고 루크가 보이지 않았다. 무거운 창문이어서 강아지가 움

피할 수 있었다. 하지만 그냥 개업만 했을 뿐 의뢰가 들어온 것은 이번이 처음이다.

부모님에게는 아직 설명하지 않았다. 비료 제조사가 도산했을 때는 세이치가 새 직장을 찾으면 말할 생각이었다. 아버지는 메이저 전력회사의 사무직이고 어머니는 주5일 파트타임으로 일한다. 두 사람 모두 안정이 곧 인생의 행복이라고 믿는 타입이어서 세이치의 실업 사실을 고하면 결혼에 반대할 거라고 생각했던 것이다.

그런데 난데없이 펫 탐정 이야기가 나오고 어영부영하는 사이에 개업을 하고 말았다. 그래서 부모님은 지금도 세이치가 비료 제조사에 근무하고 있는 걸로 알고 있다. 언제 말해야 좋을까. 피로연은 1년 후 칠석으로 잡아 두었는데.

"하지만 첫 의뢰가 요따위라면 앞날이 훤하네."

세이치가 아니라 내 얼굴을 쳐다보며 에조에가 입가를 휘어올렸다. 눈동자섬 바로 앞까지 다다라 보니 나무들 사이로 유지매미가 맹렬한 소리를 지르고 있었다.

치거나 산책 중에 놓치거나 행방불명된 경우도 많다고 해. 그래서 그렇게 잃어버린 애완동물을 찾아주는 업자가 꽤 많은데, 여러 가지로 조사해 보니 어디나 발견율이 60퍼센트 정도래. 하지만 그 녀석은 자기라면 더 높은 확률로 찾을 수 있다고 말했어.

—말했어라니…….

그 말만 믿고 사업을 시작한다니, 정말 놀랐다.

—창업자금이 많이 필요한 일도 아니고, 어차피 한 번 사는 인생이니까 하고 싶은 일에 도전해 볼까 해.

망설인 끝에 나는 고개를 끄덕였다. 받아들이고 말았다. 나 때문에 세이치가 이 도시로 돌아왔다는 미안한 감정도 있었다.

—실패하면 내가 세이치를 먹여살릴게.

이번에는 내가 먼저 그의 결단을 받아들이자고 생각했다. 교사 생활이 겨우 2년차지만 내게는 안정된 월급이 있다. 세이치의 사업이 실패해도 굶지는 않을 것이다.

게다가 그가 파트너로 택했다면 그 에조에라는 사람은 믿을 수 있는 인물일 것이다. 아직 만나 본 적이 없는 에조에에 대하여 나는 슈트를 단정하게 차려입고 두뇌가 뛰어나 보이는 남자를 상상했다. 며칠 뒤 그를 소개받고 그 이미지가 깨끗이 뒤집힌 순간, 안 그래도 불안이 가득하던 가슴이 당장 터져 버릴 것 같았지만 이미 엎질러진 물이었다.

두 사람은 지체 없이 시내의 낡은 빌딩에 있는 사무실을 하나 빌려 '펫 탐정 에조에&요시오카'를 개업했다. 혼인신고 서류를 내기 직전이었다. 덕분에 무직자와 결혼하는 것은 아슬아슬하게 고등학교 동창인데 나이가 다른 것은 2학년 때 세이치가 한 학년을 꿇었기 때문이다.

지금은 완치되었는데 세이치는 뇌척수액감소증이라는 병을 앓은 적이 있다. 목숨이 위험할 정도로 중증이었던 것은 아니지만 매일 두통과 어지럼증, 이명에 시달리고 학교에 결석하는 날이 많아 2학년 때 출석일수를 채우지 못했다. 그 후 치료를 통해 증상은 깨끗이 사라지고 다시 2학년으로 학교에 다니기 시작한 세이치에게 한 살 아래 급우들은 서먹해하며 접근하지 않았다. 지루하고 외롭던 참에 아무렇지도 않은 얼굴로 말을 걸어온 것이 에조에였다고 한다.

—그렇게 건방지게 구는 놈은 내 동갑들 중에도 없었어.

두 사람이 고등학교를 졸업하고 다시 만난 것은 바로 3개월 전. 슈퍼마켓 특매품 매장에서 우연히 마주쳤다고 한다. 세이치는 일하던 회사가 도산하여 어쩔 줄 모를 때였다. 한편 에조에는 아르바이트로 지낸 지 6년째였다.

두 사람은 그 자리에서 잠시 이야기를 나누다가 땡처리중인 식자재를 구입하여 에조에 집으로 가서 오코노미야키를 만들어 먹었다. 두 판째를 다 먹었을 때는 애완동물 수색업체를 창업하자는 이야기를 하고 있었다.

—고교 시절에 듣기는 했지만 놈은 초능력 같은 걸 갖고 있어. 동물의 행동패턴을 읽을 수 있다고 한다.

—전국의 애완동물은 개와 고양이만 해도 전체 중학생 수의 6배 정도는 된다는 거야. 엄청나게 키우고 있으니까 집에서 도망

내가 마음먹고 말하자 말이 끝나기도 전에 세이치가 힘 있게 고개를 끄덕였다.

—알았어.

결국 헤어지고 말겠구나 생각했다. 그러나 아니었다. 그는 그 때까지 해 오던 취직활동을 접고 이 도시에서 취직하는 것으로 방향을 바꾸었다. 그러더니 곧 종업원이 20명쯤 되는 비료 제조 사에 입사하여 대학을 졸업하자마자 고향집으로 돌아와 회사에 다니기 시작했다.

세이치로서는 어린 시절 내가 실감했던 감정과 비슷한 기분을 느끼지 않았을까. 부모의 전근 탓에 눈동자섬 모험을 포기했던.

하지만 그는 자기 의지로 나에게 인생을 맞춰 준 것이다. 미 안하면서도 진심으로 고마웠다. 반년쯤 전 떠듬거리는 말로 프 로포즈 할 때도 이 사람이라면, 하며 망설임 없이 고개를 끄덕였 다.

물론 그때는 비료 제조사가 다음 달로 도산할 줄 몰랐을뿐더 러 이후로 세이치가 행방불명된 애완동물을 찾는 '펫 탐정'이라 는 사업을 시작할 줄은 더더욱 짐작하지 못했다. 더구나 이 에조 에라는 거칠고 품위 없고 턱없이 오만한 남자를 파트너로 삼을 줄이야.

"어이, 요시오카, 개가 어디쯤에 있었다고?"

"몰라. 하지만 여하튼 분명히 봤대."

"그게 뭐야. 좀 제대로 들어 뒀어야지."

늘 이런 식으로 말하지만 에조에는 세이치보다 한 살 어리다.

사실 그것은 거짓말이 아니었다.

"전임 고문교사도 몇 번 했다고 들어서."

"사전답사인가?"

"네."

"섬에는 변소도 없는데."

말없이 고개를 끄덕이는 나에게 세이치가 땀에 젖은 얼굴로 웃었다.

"처음 의뢰받은 일이 성공하는 순간을 리카에게 보여주고 싶었는데 마침 잘됐어. 새신랑이 갑자기 이런 사업을 시작한다고 해서 걱정이 많았을 테니까."

세이치와 만난 것은 도쿄에서 대학에 다닐 때였다. 교내 SSC 라는 식물채집서클에서 만났는데, 고향이 같아서인지 처음부터 이야기꽃을 피웠다. 이후로 우리는 어둠 속을 더듬거리듯 서로의 감정을 가늠하며 거리를 좁혀 나갔다. 하지만 어느 쪽이나 첫 연인이어서 교제에 이르기까지는 1년이 걸렸다.

대학 3학년 때 내가 이 도시에서 취직할 생각이라고 말했을 때 세이치는 에둘러 반대했다. 그는 도쿄 도내에 있는 회사에 취업하려고 준비하고 있었기 때문이다. 하지만 나는 10년 이상 도시에 살았어도 도무지 도시가 좋아지지 않았다. 이 지역은 근무 희망이 쉽게 받아들여진다는 소문도 들렸으므로 대학 졸업과 함께 고향 학교에서 일하기 시작하는 내 모습을 벌써부터 또렷이 그리고 있었다.

—그럼 장거리 연애를 해야 하나. 그런 거야?

젓는 보트를 빌려 부모와 함께 섬에 건너가 모험을 했다는 아이가 몇 명 있었다. 여자애들의 역할은 그런 이야기를 듣고 "대단하다"며 맞장구쳐 주는 것이었는데, 나는 그것이 싫었다. 그래서 5학년 여름방학 때 부모에게 부탁해서 보트를 빌려 직접 가 보기로 했다. 다만 학급 남자애들처럼 부모와 함께 건너가는 것은 아니다. 물가에서 아빠 엄마의 전송을 받으며 혼자 출발해서 섬으로 건너갈 작정이었다. 섬에서 아무도 모르는 식물을 많이 발견하고 반 친구들에게 얘기해 줘야지, 하며 의욕에 차 있었다. 하지만 여름방학이 오기 직전에 아빠의 전근이 결정되었다. 온 가족이 도쿄로 이사하게 되었고, 이사 준비로 경황없는 부모에게 섬에 가 보고 싶다는 말을 차마 꺼내지 못한 채 그 마을을 떠나는 수밖에 없었다. 텅 빈 집을 뒤로 하고 차에 올라탈 때, 분풀이하듯 도어를 쾅 닫았다가 아빠에게 꾸중을 들었다.

결국 그대로 대학 시절까지 부모와 도쿄에서 지냈고, 이른바 유턴 취직으로 이 도시의 중학교 교사가 된 것이 1년 3개월 전이었다.

첫 눈동자섬 여행이 이런 모습이 될 줄은 상상도 못했지만 그래도 가슴은 설렜다. 에조에가 없었으면 더 설렜겠지만, 그들의 업무에 동행하는 것이니 어쩔 수 없었다.

"그런데 그쪽은 왜 따라오는 거지?"

에조에가 쌍안경을 치우며 나를 빤히 쳐다보았다.

"생물부 고문교사라서 이번에 부원들을 인솔하고 섬에서 식물 채집을 하려고요."

편에서 몇 번이나 보았던 매력적인 장면이 본편의 거의 마지막 순간까지도 나오지 않았을 때 느꼈을 법한 초조한 날들이었다.

"이제 거의 다 왔겠지……."

통통한 손목으로 안경을 고쳐 쓰고 세이치가 섬을 돌아다보았다. 티셔츠는 땀에 젖어 아무것도 입지 않은 듯 보일 만큼 피부에 착 들러붙어 있다.

"노 젓는 거, 교대할까?"

"아니, 아니, 우리 첫 일이니까."

우리가 향하는 곳은 학교 체육관만 한 크기밖에 안 되는 무인도이다. 일본 전도에는 대개 올라 있지 않지만 지역 지도에서는 확인할 수 있다. 이름은 없고 통칭만 있는데, 그 통칭도 부르는 사람의 연령대에 따라 달랐다. 선배들은 '생선눈'. 우리 또래는 '눈동자섬', 학생들 사이에서는 그냥 '섬'으로 통하는 모양이다. 지도에서 보면 만이 도시 서쪽에서 갈고리 형태로 파고들고, 그 가운데 섬 하나가 콕 찍혀 있어서 마치 오른쪽을 향하고 있는 물고기의 눈처럼 보인다. 무인도라 해도 만화에 나오는 야자수 한 그루만 서 있을 법한 곳은 아니고 풀과 나무가 우거진 숲을 이루고 있다.

"잠깐만 더 저으면 돼."

세이치가 다시 노를 저었다. 에조에는 쌍안경을 눈에 댄 채 변함없이 고물에 유유히 기대어 있었다.

초등학생 시절 눈동자섬으로 건너갈 계획을 세운 적이 있다. 당시 남자애들 사이에서 유행이었다고 한다. 보트하우스에서 노

들리기도 한다. 중학교 이과 교사인 만큼 인상이 좋은 이름인지 아닌지 알 수 없는 풀네임이었다. 물론 에조에가 말하지 않더라도 선배 교사나 학생들 사이에서 이미 헤아릴 수 없을 만큼 입방아에 올랐고, 때로는 웃음거리가 되기도 했다.

"학교에서는 지금도 그 성을 써요. 행정 절차가 번거롭기도 하고 이름의 분위기도 학생들에게는 부정적 효과보다 긍정적 효과가 더 많은 것 같아서."

생각해 보면 내가 교사가 된 것도 이 이름이 계기였다.

초등학교 3학년 때 담임이던 후지사와 선생은, 너는 꼭 이과 교사가 되라고 했다. 물론 농담이었겠지만 나는 그 말을 곧이곧대로 들어 이과 수업에 특히 열심이었다. 덕분에 제일 자신 있는 과목이 되었다. 후지사와 선생도 나의 좋은 성적을 뿌듯한 얼굴로 교단에서 언급해 주었다. 쉬는 시간이면 교실에서 친구들의 질문도 받게 되었다. 도취라는 단어는 몰랐지만 아마 그런 상태였을 것이다. 나는 언젠가 교사가 되어 제자들의 신뢰를 한 몸에 받으며 일하는 날들을 꿈꾸게 되었다. TV에서 학원드라마를 보다가 제자와 진심으로 부대끼는 교사 역에 미래의 내 모습을 투영해 보기도 했다.

제자의 마음을 열려면 인격이라는 것이 필요하다는 사실을 나는 미처 몰랐다.

교사가 된 지 2년. 요즘 나는 학생들에게 이과를 가르치는 사람에 지나지 않는다. 내가 긴장한 탓도 있겠지만 학생들이 마음을 열어 주지 않는다는 것을 매일같이 피부로 느낀다. 영화 예고

7월의 쨍하는 볕이 사정없이 내리쬐고 있었다.

일요일 10시가 지나서 우리 셋은 보트를 타고 만에 떠 있는 작은 섬으로 가고 있었다. 최근 붙은 군살을 흔들며 어색하게 노를 젓는 것은 세이치. 장마가 한창일 때 혼인신고를 하고 아직 한 달도 지나지 않았지만, 우리는 동거도 시작하지 않았고 식도 올리지 않았다. 나를 가운데 두고 반대편에서 쌍안경을 눈에 대고 드러눕다시피 고물에 기대고 앉은 것은 에조에 마사미. 세이치의 고교 동창이며 현재 같이 일하는 파트너이기도 하다. 체구는 세이치와 대조적으로 영양실조에 걸린 것처럼 비쩍 말랐다.

에조에라는 남자를 나는 좋아하지는 않았다. 그때까지만 해도. 오만한 말투와 행동거지. 색 바랜 티셔츠에 더러운 청바지. 머리카락은 늘 푸석푸석하고, 늘어뜨린 앞머리 사이로 삼백안이 나를 쳐다볼 때마다 뭔가 낯선 생물에게 응시당하는 기분이었다. 사람 외모를 두고 이러쿵저러쿵 말할 일은 아니지만, 그는 남편의 공동경영자이므로 나에게 싫어할 권리 정도는 있을 것이다.

"거기, 요시오카랑 결혼하길 잘했지."

쌍안경을 눈에 댄 채 에조에가 기분 나쁘게 웃었다.

"이전 성은 너무 건방졌거든."

결혼 전의 내 이름은 마나베真鍋 리카²⁰²¹년 노벨 물리학상 수상자의 이름

이 마나베 슈쿠로이다. 한편 '리카'는 '이과'와 발음이 같고, '마나베'는 '공부하라'라는 명령문처럼

매달 한 번 하는 통장정리를 위해 빗속을 걸었다.

아무도 없는 ATM 박스에 들어가 핸드백에서 통장을 꺼낸다. 이렇게 종이통장을 쓰는 사람은 나와 같은 삼십대 후반일 테고, 이미 소수파인지 모른다. 요즘은 인터넷뱅킹을 이용하는 사람이 당연히 더 많다.

헤진 통장 표지에 요시오카 리카吉岡利香라는 내 이름이 인쇄되어 있다.

이름이란 과연 무엇일까. 각진 서체로 적혀 있는 네 글자를 바라보며 생각한다. 나를 비롯하여 결혼하면서 성이 바뀐 사람은 많지만 퍼스트네임은 대개 평생 바뀌지 않는다. 그리고 그 이름은 본인이 미처 의견을 갖지 못한 시기에 누군가에 의해 주어진다.

이름은 거기에 담긴 누군가의 '생각'이나 '바람'일 수 있지만, 그 자체의 본질은 아니다. 이름 자체가 중요한 경우는 거의 없으며 인생에 중대한 영향을 미치는 것에는 대체로 이름이 없다.

13년 전, 내가 마신 독에도 이름 같은 것은 없었다.

그런데 이렇게 지금도 온몸을 흐르고 있다.

오늘 먼저 떠난

떨어지지 않는 마구와 새

야구 재능을 타고난, 이름이 한 글자만 다른 쌍둥이가 등장하는 만화가 있다고 한다.

주인공 형제가 모두 야구선수라고 하면 어른들은 대개 그 제목을 대며 아는 척한다. 하지만 나와 형은 쌍둥이도 아니고 야구 재능에도 커다란 차이가 있는 것이 분명하며, 이름도 한 글자만 다른 정도가 아니라 히데오와 신야인 데다, 그 만화에서는 동생이 이야기 중간에 죽어 버리지만 나는 현재 살아 있다.

살아 있지만—.

"죽어 버려."

그날 아침 대뜸 그 말을 들었다.

어두운, 감정 없는 목소리로.

그로부터 닷새 동안 나는 많은 생각을 했다. 왜 그녀는 그런 말을 했을까. 대체 무슨 생각을 하고 있었을까. 무슨 짓을 하려고 했을까. 그리고 가장 중요한 것으로—그저 야구 훈련에 열중하고 있었을 뿐인데 왜 죽어 버리라는 잔혹한 말을 던져야 했을까.

금요일 이른 아침, 맑음.

던진 공이 매트에 부딪혀 에너지를 잃고 땅바닥에 떨어져 데굴데굴 굴러온다. 발밑으로 돌아온 공을 주워 다시 매트를 향해 던진다.

—빡! 툭. 데구르르.

"실버워크란 이름, 누가 지었지?"

제방 가장자리에서 낚싯대를 쥐고 있는 니시키모 씨가 턱을 돌려 이쪽을 돌아다보았다. 새하얀 단발머리, 볕에 그을린 주름투성이 얼굴 탓에 나이보다 훨씬 늙어 보인다. 이것은 어디까지나 인상이고 실제로 몇 살인지는 모른다. 적어도 현대사회 수업 시간에 배운 '전기 고령자$_{65\sim74세}$'에는 속할 것이다.

"왠지 노인 주간이란 말처럼 들리잖아."

적당히 고개를 끄덕여 주고, 되돌아온 공을 검지와 중지로 잡고 엄지와 약지로 밑에서 받쳐준다. 형이 전수해 준 포크볼 파지법. 툭 떨어지는 마구.

빡! 툭. 데구르르.

"그런데 형도 그렇지만 동생도 열심이네, 이렇게 아침 일찍부터…… 오!"

입질이 왔는지 니시키모 씨가 재빨리 낚싯대를 쳐들었다. 그러나 수면에서 나온 것은 빈 바늘뿐 물고기는 매달려 있지 않았다. 니시키모 씨가 낚싯줄 끝을 잡아 바늘에 뭔가를 하고 다시 천천히 물에 가라앉힌다. 바다 반대편에서 얼굴을 내민 태양은 아직 낮아서 니시키모 씨의 그림자는 제방 저쪽까지 길게 뻗어 있다.

"형은 3학년이니까 벌써 은퇴했나?"

"네, 여름에."

물론 형뿐만 아니라 3학년은 모두 두 달 전 여름 대회를 끝으로 은퇴했다. 지금은 2학년과 우리 1학년으로만 팀이 구성되어 있다.

봄에 신입부원으로 야구부에 들어간 나는 에이스 고미나토 히데오의 동생이라고 해서 감독과 선배들에게 상당한 기대를 모았고, 구원투수 도노자와 선배는 야구부실에서 나를 슬쩍 노려보기도 했다.

하지만 나는 모두의 기대를 멋지게 배반하고 도노자와 선배의 기대에만 부응하여 현재 투수 지망 보결 부원에 지나지 않는다. 아니, 보결은 결원을 보충한다는 의미이므로 엄밀하게는 보결도 아니다. 내가 시합에 나가려면 대체 몇 명의 결원이 필요할까. 부원은 2학년생이 10명, 1학년생이 15명이나 된다. 레귤러 선수가 일제히 설사를 하더라도 나는 여전히 벤치를 지키고 있을 게 틀림없다.

"형씨 형님이 여름 대회에서 반드시 고시엔구장에 가겠다고 했었지."

니시키모 씨는 나를 '형씨', 형을 '형님'이라고 불러서 헷갈린다.

"고시엔이라니, 대단하잖아. 목표가 굉장해. 이 동네에서 고시엔 출전한다는 얘기는 내 생전 들어 본 적이 없는데, 정색을 하고 말하더군. 젊은 거지."

"고시엔 직전까지는 올라갔었어요."

내가 일러주자 니시키모 씨 입이 떡 벌어졌다. 어느 먼 나라에서 창을 든 사람들이 쓰고 있는 목조 가면처럼 보인다.

"……진짜?"

"네, 지방대회 결승이요."

빡! 툭. 데구르르.

"거기서 이겼으면 고시엔이었던 게로군."

히데오英雄라는 이름대로 형은 이 마이너한 도시에 있는 마이너한 고교 야구팀을 고시엔 직전까지 이끈 영웅이다. 길을 걸을 때 고교야구 팬이라면 어김없이 손가락으로 가리키며 수군거릴 정도로.

2학년 여름까지는 구원투수조차 아니었는데 그해 가을 포크볼이라는 강력한 무기를 익힌 뒤 삼진을 대량 생산하게 되자 형은 같은 학년의 도노자와 선배를 밀어내고 마침내 에이스가 되었다. 팀 타력은 변함없이 약했지만 애초에 점수를 거의 빼앗기지 않으니 1점이라도 얻으면 대개 팀 승리로 이어진다. 아무도 안타를 치지 못했지만 포볼과 데드볼로 얻은 밀어내기 1점을 끝까지 지켜내서 이긴 적도 있었다.

올해 신입부원이 많았던 것도 형의 그런 활약이 있었기 때문이며, 당연히 투수 지망생뿐이었다. 현재 내가 마운드에 오르는 것은 훈련이 끝나고 그라운드를 정비할 때 정도이다. 형제인데 이렇게까지 다른가, 하고 나도 놀란다.

애초에 신야普哉라는 이름이 좋지 않은 탓이다. 히데오에 비해 그다지 성공하지 못할 것 같은 분위기를 풍긴다.

언제였나 텔레비전에서 나와 발음이 같지만 이름에 '普넓을 보. '보통'을 연상시킨다'가 아니라 '晋나아갈 진'이라는 한자를 쓰는 탤런트가 자기 이름의 유래를 이야기하는 것을 보았다. 특별한 사람이 되었으면 좋겠다는 바람을 담아 부친이 '晋'자를 붙여 주었다는 것이다.

내 아버지에게는 그런 배려가 없었던 걸까. 내가 태어난 날 있었던 일들을 예전에 부모에게 들었는데, 그 이야기에서도 주인공은 형이었다. 형은 갓 태어난 내가 입을 벌린 것을 보고 이가 다 빠진 줄 알고 몹시 놀랐다고 한다.

"그래? 아깝게 지고 말았군. 하지만 대단한걸. 내가 바다에 나가 있는 동안 그런 일이 있었다니. 이야 정말이지 우라시마 타로 우라시마 타로라는 이름의 어부가 거북이를 구해 준 보답으로 용궁에 초대받게 되는데 3년이 지난 뒤 고향으로 돌아오자 인간 세상은 이미 300년 세월이 지나 있었다는 설화가 따로 없군."

니시키모 씨는 원양어선에서 가다랑어를 잡아 온 사람으로, 고향인 이 도시에 돌아오는 것은 2개월이나 3개월에 한 번이다. 그런 생활을 벌써 30년 가까이 계속해 왔다고 한다. 가족이 있는지 어떤지는 모른다. 늘 제방 가장자리에 홀로 앉아 바다를 향해 낚싯대를 드리우고 있다. 이것도 전부 형한테 들은 이야기이고,

사실 나는 니시키모 씨를 20분쯤 전에 처음 만났다.

본래 이 항구에서는 형이 투구 연습을 했었다.

포크볼은 팔꿈치에 부담이 커서 형은 훈련할 때 지나치게 많이 던지지 말라는 충고를 시모이 감독에게 듣고 있었다. 하지만 그 충고에 따르는 척하며 매일 여기서 새벽마다 훈련을 계속했다. 그렇지 않았다면 팀이 지방대회 결승까지 올라가는 것은 도저히 불가능했으리라.

항구 안쪽 커다란 창고 뒤. 형이 발견한 비밀 훈련 장소. 바다에서는 보이지만 도로 쪽에서는 보이지 않아 시모이 감독이 항구 옆을 지나가도 문제없다. 형은 사전에 어업조합 사람에게 분명하게 양해를 구해 두었다. 그 조합 사람이 마침 야구팬이어서 얼마든지 훈련해, 조합에는 내가 잘 말해 둘 테니까, 하고 오히려 크게 기뻐하며 허가해 주었다고 한다.

형이 니시키모 씨와 처음 만난 것은 그렇게 새벽 훈련을 시작하고 사흘째 되는 날이었다. 첫날과 둘째 날, 형은 볼을 창고 벽을 향해 던졌는데, 딱딱한 공이 콘크리트를 부숴 버리지 않을지 걱정돼서 몇 번 던지고 나면 벽으로 걸어가 확인하지 않을 수 없었다.

제방에서 낚시를 하며 그 모습을 보던 사람이 니시키모 씨였는데, 그가 문득 일어나 자취를 감추었다 싶더니 매트 한 장을 메고 왔다. 체육관에서 사용하는 견고한, 본래는 하얬던 것으로 짐작되는 매트로, 운동 이외의 어디에 쓸 일이 있을지 알 수 없었다. 여하튼 니시키모 씨는 그 의문의 매트를 어디선가 가져와,

이게 있으면 좋을 거야, 하며 벽에 세워 주었다. 그 매트를 향해 형은 매일 공을 던졌고 지금은 내가 이렇게 던지고 있다.

니시키모 씨라면 별난 성이지만 어떤 한자를 쓰는지는 형도 모른다고 했다. 일본인치고는 코가 높아 외국인일 가능성도 없지는 않다.

"그거, 포크볼?"

"……어떻게 아셨어요?"

나의 포크볼은 솔직히 말해 전혀 떨어지지 않는다.

"아니, 형님이 그 볼만 연습했거든. 그거, 공이 중간에 툭 떨어지는 거 아닌가? 날개도 없는데 공중에서 휘어지다니 대단하더군. 형님 공은 진짜 툭 떨어졌거든."

"툭 떨어졌죠."

이 자리에서 마구를 연습하며 마치 청춘만화처럼 약소 팀을 고시엔 직전까지 끌고 간 형. 그 형을 따라 같은 시간 같은 장소에서 포크볼 비슷한 공을 던지고 있는 동생. 형한테 배운 파지법으로 형의 투구 폼을 의식하며 던지지만, 아무리 던져도 떨어지질 않아서, 현재까지는 마구는커녕 그냥 속도만 떨어지는 직구일 뿐이다.

"형님은 은퇴하고 뭐해?"

빡! 툭. 데구르르.

"대학야구 하겠다고 했었죠."

시모이 감독이 야구로 특례입학 권리를 획득해 주었으므로 물론 야구를 하지 않는다는 선택지는 없었다.

"그래? 실은 나도 어제부로 은퇴해서, 참고가 될까 해서 말이지."

빡! 툭. 데구르르.

"그래요?"

"응, 돈도 적당히 모았고, 이제 바다에 안 나가도 되겠다 싶어서. 하지만, 그래? 대학야구란 말이지…… 이쪽 업계엔 그런 게 없고…… 어쩌나……."

고민스럽다는 듯이 짧은 백발머리를 긁적였지만, 혹시 정말로 고등학생의 진로를 참고로 하려고 생각했던 것일까.

"오, 왔다, 왔어."

니시키모 씨가 손차양을 하고 바다를 바라보았다. 아침 해를 받으며 날아오는 것은 갈매기 무리였다. 여기서 투구 훈련을 하고 있으면 어김없이 찾아온다.

"형님도 저 녀석들한테 빵을 줬나?"

"네, 주긴 했죠."

형이 여기서 투구 훈련을 하던 시절, 오는 길에 편의점에 들러 반드시 아침식사용 빵을 하나 사서 훈련 후 먹는 김에 갈매기에게도 나눠주었다. 갈매기들이 모여드는 것은 그 때문이다. 나도 형이 하던 대로 같은 편의점에서 빵을 산다. 그제는 미니스넥골드. 어제는 마론&마론. 오늘은 진한 소스야키소바빵.

이렇게 모여든 갈매기들은 제방 가장자리에 나란히 앉아 내가 투구 훈련을 마치기만 기다린다. 똑같은 유니폼을 입고 있어서 어쩌면 같은 사람이라고 생각하는지도 모른다. 신장 차이도 용모 차이도 재능 차이도, 포크볼이 제대로 떨어지는지 어떤지도 갈매기들은 알지 못한다.

빡! 툭. 데구르르.

공이 돌아오는 동안 오른손을 확인한다. 굳은살. 굳은살. 송진 가루로 하얘진 지문. 붉게 상기된 관절. 팔꿈치를 접었다 펴 보지만 전혀 거북하지 않다. 아직 턱없이 부족한 것이다.

빡! 툭. 데구르르.

학교에 갈 시간까지 앞으로 몇 개나 더 던질 수 있을까. 시간을 확인하려고 바닥에 던져 둔 가방을 뒤졌다. 학교에 가져가는 것이 금지된 스마트폰을 꺼내 보니 8시 4분. 창고 뒤에서 학생복으로 갈아입는 것은 1분이면 충분하므로 앞으로 5분 정도는―.

"죽어 버려."

목소리가 들렸다.

돌아다보았지만 니시키모 씨밖에 없다. 바다를 향해 낚싯대를 드리운 채 의아한 듯이 오른쪽을 보고 있다. 그렇다면 헛들은 것이 아니라 역시 무슨 목소리가 들렸다는 말일 텐데, 거기에는 아무도 없었다. 니시키모 씨가 쳐다보는 방향에 있는 것은 갈매기 갈매기갈매기갈매기갈매기― 뭐지, 저건?

"방금 어떤 여자 목소리가 들리지 않았나?"

"아마, 저 새일 거예요."

"응?"

"저기 있는 갈매기……가 아니라……. 어, 저건 무슨 새죠?"

"뭐가?"

저거, 라고 하며 나는 기묘한 새를 가리켰다. 갈매기들 사이에 섞여 제방 가장자리에 앉아 있는 것은 온몸이 회색이고 눈 주위만 너구리처럼— 아니 너구리와 달리 하얀, 처음 보는 새였다. 크기는 갈매기와 거의 같은 정도일까.

"잉꼬…… 치고는 좀 큰데."

"앵무새인가요?"

"앵무새가 저렇게 생겼나?"

"죽어 버려."

또 말했다.

어둡고 감정 없는 목소리로.

나는 들고 있던 스마트폰을 얼른 카메라 모드로 바꾸고 그 새를 확대해서 촬영했다. 촬영하고 나서 비디오로 찍는 게 좋겠다는 생각이 들어 비디오 모드로 바꾸었지만 녹화 버튼을 누르기 전에 니시키모 씨가 힘차게 일어섰다.

"뭐야, 저 녀석, 재수 없는 소리를 지껄이고."

가장 가까이 있던 갈매기가 놀라서 날아오르자, 그다음, 그다음, 그다음으로 시간차를 두며 모두 날아올랐다. 그래도 빵이 먹고 싶은지 갈매기들은 멀리 날아가지는 않고 제방 근처를 선회하기 시작했다. 하지만 그 기이한 새만은 회색 날개를 펄럭이며 멀어져 마침내 시야에서 사라졌다.

"어제, 살인사건이 있었지. 저쪽 주택단지 쪽에서."

니시키모 씨가 태양 쪽을 가리켰다. 그 뉴스는 물론 나도 알고 있다. 평화로운 이 도시에 50년 만에 일어난 살인사건. 오래된 주택단지 한복판에 있는 주택에서 교사 부부가 칼에 찔려 죽었다고 한다. 지금까지 범인이 체포되었다는 이야기는 들리지 않는다.

"그거랑 무슨 관계라도 있으려나."

"설마요."

"하긴 그럴 리야 없겠지만."

2

이튿날인 토요일 새벽, 흐림.

실버위크가 시작되어서 수업은 없지만 동아리 활동은 있다. 집합 시간은 9시 반. 평소 학교 시작보다 늦은 시각이라 보통 때의 두 배 정도는 투구 연습을 할 수 있다. 오다가 들른 편의점에서 더블소프트빵 3매들이를 산 것은 갈매기의 취향을 고려했기 때문이다.

"빵보다는 콩 같은 걸 더 좋아하지 않을까?"

언제나처럼 니시키모 씨는 제방 가장자리에서 낚싯대를 들고 있다.

"비둘기가 아니어도 그럴까요? 하지만 콩은 세쓰분_{입춘 전날. 집 안팎에 콩을 뿌려 귀신을 쫓고 복을 부르는 의식을 치르는 전통이 있다} 때만 파니까요."

빡! 툭. 데구르르.

"땅콩은 팔 텐데."

"짜지 않을까요?"

어제 그 새를 본 뒤 나는 SNS에 그 기묘한 새 사진을 올렸다. '투구 연습을 하고 있는데 나에게 죽어 버리라고 말하는 놈이 등장'이라고 사실대로 올리자 순식간에 많은 댓글이 달렸고 아마 지금도 달리고 있을 것이다.

"평소 갈매기가 먹는 물고기가 더 짜지 않을까."

"아뇨, 이거 먹을 새가 갈매기가 아니라서."

매트를 향해 공 한 개만 던지고 나는 제방으로 돌아섰다.

"니시키모 씨, 혹시 모터보트 갖고 계세요?"

"……왜?"

그 새를 추적해 보고 싶다고 솔직하게 말했다.

"그 녀석, 어느 집에서 도망친 새일 거예요. '죽어 버려'라는 건 아마 주인 여자가 하던 말일 테고, 새가 기억할 정도라면 여러 번 반복해서 말했을 겁니다."

그렇다면 그 말을 듣던 상대는 같은 집에 사는 누군가가 아닐까.

가령 자녀라든지.

"그래서?"

"신경 쓰이지 않으세요? 내가 빵으로 관심을 끄는 동안 니시키모 씨가 보트를 준비해 주시면, 그 녀석이 날아가는 곳으로 쫓아가 볼까 하는데. 어쩌면 주인집으로 돌아가지 않을까 해서요."

"그런 거라면 내가 굳이 보트를 가져오지 않아도 소쿠리 같은 거 밑에 빵을 놔두고 막대기로 소쿠리를 받쳐두었다가―,"

"사로잡아서는 의미가 없잖아요. 너 어디서 왔느냐고 물어볼 수도 없고."

"그런가."

니시키모 씨는 후추 뿌린 소금 같은 덥수룩한 수염을 쓰다듬었다. 그 너머로 비행기가 굉음을 내며 날아간다. 근처에 공항이 있는 것도 아닌데 이 도시의 하늘에는 비행기가 자주 지나간다. 대개 유럽 방면을 오가는 항공편이 통과하는 듯하다.

"뭐, 어쨌거나 나는 보트 같은 건 없지만."

갖고 있을 거라고 멋대로 생각하고 있었기에, 나는 혼자 실망해서 공을 쥐었다. 매트를 향해 포크볼 비슷한 것을 던지고— 빡!— 어?— 툭.

지금 떨어진 것 같은데?

물론 형의 포크볼 정도는 아니지만 조금 떨어진 것처럼 보였다. 돌아온 공을 쥐고 다시 한 번 던져 보았다.

빡! 툭. 데구르르.

안 떨어지네. 게다가 몇 개를 더 던져 봐도 역시 떨어지지 않는다.

팔꿈치를 굽혔다 폈다 해 보지만 거북한 느낌이 전혀 없다. 아직 한참 부족한 것이다. 공을 주워서 다시 던진다. 그냥 느리기만 한 직구. 다시 한 번. 또 한 번. 형이 했던 것처럼 몇 번이고 던진다. 그러다가 콧속이 시큰시큰 뜨거워져서 목구멍에 힘을 주고 턱을 쳐들었다. 얼마 전에 익힌 요령인데, 어떤 원리인지는 모르지만 이렇게 하면 눈물을 참을 수 있다.

잠시 투구를 중단하고 있는데 갈매기 우는 소리가 들려왔다. 몇 개를 더 던지고 제방 가장자리를 돌아다보니 평소처럼 갈매기갈매기갈매기갈매기갈매기—있다. 그 회색 새.

어디서 왔을까.

누가 키우는 새일까.

"저 녀석……."

니시키모 씨는 어디 있지? 조금 전까지 있던 자리에는 낚싯대와 양동이만 남아 있다. 그런 생각을 하는데 오른쪽에서 엔진소리가 들렸다. 굉장한 속도로 모터보트가 다가와 제방 옆을 아슬 아슬하게 스쳐지나간다. 나란히 앉아 있던 갈매기들이 일제히 날아올라 공중에서 선회를 시작했지만 그 회색 새만은 그대로 날아가 버렸다. 보트는 시계방향으로 돌아 요란한 물보라를 일 으키며 돌아왔다. 조종간을 잡은 사람은 니시키모 씨였다. 보트 가 없다는 것은 거짓말이었나.

"빨리 타지 않으면 놓쳐!"

떨어지지않는 마구와 새

3

우리는 아주 큰 저택의 대문 앞에 있었다.

만 북쪽의 고지대에 있는 주택가. 잔교에서 보트를 내려 3백 미터쯤 걸었을까.

"……역시, 이 집 아닐까."

우리 집이 칠판지우개만 하다면 칠판 정도는 되는 훌륭한 2층 저택이었다. 문패에 새겨진 '나가미 Nagami'라는 성도, 내 성인 고미나토에 비하면 훨씬 나은 인상을 풍긴다. 문 너머에는 불필요하게 구불구불한 보도가 현관으로 이어져 있다. 하지만 꼭 그 보도를 따라 구불구불 걷지 않고 곧장 걸어가도 보도를 벗어나지 않도록 되어 있으므로 그냥 장식일 것이다.

"담 위에 담장울이라니, 요즘은 거의 보기 힘든 건데."

귀를 파며 니시키모 씨가 담 위로 시선을 던진다. 거기에는 스페이드 문양을 극단적으로 길쭉하게 늘인 듯한 까만 금속제 막대기가 나란히 꽂혀 있는데, 저것을 말하는 걸까. 니시키모 씨는 내 표정을 보고 닌자의 침입을 방지하는 거라면서 '시노비가에 _{시담장울, '시노비'=닌자, '가에시'=쫓아내기}'라는 이름을 알려주었다. 모처럼 가르쳐 주었지만 이 집 담에 꽂혀 있는 저것에는 좀 더 서양식에 가까운 이름이 있을 것 같았다.

"……이 집일까요."

조금 전까지 둘이 함께 보던 저택으로 우리는 다시 눈길을 돌렸다.

하얀 담 너머에 서 있는 이름 모를 커다란 나무. 가지에는 작고 동그란 열매가 여러 개 달려 있다. 옆으로 뻗어나간 큰 가지에 앉은 그 새가 보였다. 잉꼬 같고 앵무새 같은 회색 새. 아니, 가만히 보니 온몸이 다 회색은 아니고 꼬리 깃털만은 빨갛다.

우리는 조금 전에 있던 제방에서 만을 건너 이곳에 왔다. 지도에서 'ㄱ' 자처럼 생긴 만의 아래 끝에서 선을 따라 위쪽으로 이동한 것이다. 니시키모 씨의 모터보트는 가까운 거리를 이동할 때 잠깐 이용하는 보트보다 훨씬 훌륭한 것으로, 조종석에는 커다란 윈드실드까지 달려 있었다. 차량에 비유하자면 스포츠카랑 비슷하다고 니시키모 씨는 새를 추적하며 자랑했다. 과연 속도도 무섭게 빨라서 시속 200킬로미터는 되지 않을까 느껴졌지만, 니시키모 씨는 "최대한 밟으면 80킬로미터쯤 나오지"라고 말했으므로 착각이었을 것이다.

만 북쪽에 도착하여 니시키모 씨가 보트를 잔교에 대는 동안 새는 일단 시야에서 사라졌다. 그러나 니시키모 씨는 놓치지 않고 있었는지, 저 집 정원으로 들어갔어, 라며 가리킨 것이 이 집이었다.

"……그럼, 나, 돌아갈게."

"네?"

"보트 반납해야 해. 30분만 빌리겠다고 했거든."

"니시키모 씨 거 아니었어요?"

"보트 없다고 했잖아. 전에 나한테 신세를 진 놈이 마침 저 보트를 청소하고 있기에 부탁해서 빌려왔을 뿐이야."

"그럼 저는 돌아갈 때―."

"걸어가지 못할 거리도 아니잖아. 젊은 사람은 걸어야지."

"무리예요."

스마트폰으로 시각을 확인하니 8시 15분. 여기서 내 걸음으로 남쪽 항구까지 돌아가자면 한 시간 반 이상 걸릴 것이다. 직접 학교로 간다고 해도 마찬가지다.

"동아리 활동 있어?"

"네, 동아리 활동도 있고…… 시간 나면 개인훈련도 하려고요."

"이제 곧 비가 올 테니까 양쪽 다 힘들걸."

"비 안 와요."

집을 나설 때 확인한 일기예보에 따르면 오늘은 종일 흐리고 강수확률은 분명 20퍼센트라고 했다.

"뱃사람 말을 믿으라고…… 어?"

니시키모 씨의 시선이 문득 내 뒤쪽으로 향했다. 눈썹이 머리카락 속으로 사라진 것처럼 보일 만큼 고개를 바짝 든다. 순간 목덜미에 바람이 느껴진다 싶더니 날카로운 뭔가가 오른쪽 어깨를 파고들었다.

"……세상에."

그 새가 내 어깨에 내려앉은 것이다. 아니, 무서워서 볼 수 없었지만 아마 그런 듯하다. 니시키모 씨는 제 이마를 찰싹 치고 앙상한 어깨를 흔들며 쓴웃음을 지었다.

"일이 재미있어질 것 같긴 하지만 보트를 반납해야 해. 그러니 나는 이만."

한 손을 쳐들며 등을 돌리고는 그대로 걸어서 사라져 버렸다. 같이 움직이던 고등학생에게 이런 일이 일어났는데 어찌 아무 망설임도 없이 자리를 떠 버릴 수 있을까. 한 마디도 못하고 니시키모 씨 뒷모습만 망연히 바라보고 있는데 귓가에서 딱딱딱 부리 울리는 소리가 났다. 나는 온몸을 긴장한 채 천천히 우향우하여 문기둥의 인터폰을 눌렀다. 야구복 오른쪽 어깨에 회색 새를 앉힌 채.

4

"……야구해?"

보면 뻔히 알 수 있는 것을 지나미는 물었다.

"네."

"투수?"

"어떻게 아세요?"

"야구라면 투수와 포수밖에 모르는데, 왠지 포수처럼 보이지는 않아서."

대화를 하고 있는데도 그녀의 목소리는 지친 사람의 혼잣말같이 말끝이 매번 물에서 끄집어 올린 해조류처럼 맥없이 쳐졌다.

이 방으로 안내받아 들어온 뒤로 나는 내내 방 한가운데 멀거니 서 있었다. 어디 앉아야 좋을지 알 수 없었고 애초에 앉으라는 말도 듣지 못했다. 지나미는 회색 스웨트를 입고 1미터쯤 떨어진 곳에서 책상과 한 세트인 회전의자에 앉아 있었다. 창가에 놓인 금빛 새장에서는 그 새가 홰에 앉아 아까부터 부리를 딱딱 울리고 있다.

몇 분 전 내가 인터폰을 누르자 스피커에서 대뜸 〈아〉 하는 소리가 났다. 인터폰에 카메라가 있어서 어깨에 앉은 새를 보았을 것이다. 바로 문이 열리고 문 틈새로 여자가 얼굴을 비쳤다. 우리 어머니보다 조금 젊은 인상이다. 동그랗게 뜬 눈으로 나를 쳐다보며 그녀는 말없이 손짓했다. 들어오라는 손짓이 아니라 빨리빨리, 하는 인상으로. 그리고 내가 현관으로 들어서기 무섭게

문을 닫았다.

　―세상에, 돌아왔구나, 리쿠 짱!

　새된 목소리로 호들갑스럽게 말하며 앞치마 앞에서 짝, 손뼉까지 쳤는데도 새는 놀라지 않고 내 어깨에 얌전히 앉아 있었다. 그녀는 한껏 높아진 톤으로 '리쿠 짱'의 귀환을 한바탕 반기더니 그제야 나라는 존재를 의식한 듯 얼굴을 쳐다보았다. 하지만 그저 "?" 하며 쳐다볼 뿐이라 나는 어쩔 수 없이 전말을 간추려서 설명했다. '간추려서'라면, 이야기한 내용을 줄인다는 걸까 말하지 않은 부분을 줄인다는 걸까. 이야기한 부분을 줄이는 거라면 나는 거의 줄이지 않았다. 이 집 앞에 서 있는데 새가 날아와 어깨에 앉았다고만 설명했던 것이다.

　―얘가 아주 좋아하네. 자, 리쿠 짱, 이리 와 봐.

　그렇게 말하며 내 오른쪽 어깨로 양손을 내밀었지만 리쿠 짱은 반응이 없었다. 그녀는 어깨를 으쓱하며 두 눈동자를 한쪽으로 쳐드는, 내가 실생활에서 한 번도 본 적이 없는 몸짓을 해보이고는 나와 리쿠 짱을 여기 2층으로 안내했다. 계단을 오르는 동안 나는 리쿠 짱이 1주일 전쯤 창문 밖으로 달아났다는 것, '딸'이 키우는 새라는 것, 딸 이름이 지나미라는 것, 아주머니 목소리 톤이 원래 높다는 것을 알았다.

　―깜놀하게 해 줘야지.

　그런 장난스런 말을 비롯해서 역시 우리 어머니보다 훨씬 젊은 인상이어서, '딸'이라는 아이도 분명 초등학생 전후일 거라고 믿었는데, 끌려가다시피 들어선 방에 오도카니 앉아 있던 것이 지금 눈앞에 있는 여고생인 것이다.

"이 새…… 무슨 종?"

내가 묻자 지나미는 스웨트의 무릎을 모은 채 의자를 빙글 돌려 창으로 몸을 향했다. 아직 이른 시간이므로 그녀가 입고 있는 회색 스웨트는 혹시 잠옷일까. 그렇다면 나는 잠옷 차림 여고생을 난생 처음 보는 셈인데.

"회색앵무."

"무슨 앵무?"

회색앵무, 라고 그녀는 다시 말하고 대형 잉꼬 종류라고 설명했다. 머리에 도가머리라는 장식깃털 같은 것이 있으면 앵무이고 없으면 잉꼬라고 한다. 리쿠 짱 머리에는 과연 장식깃털이 없고 짧은 털이 스포츠형 머리처럼 균일하게 나 있었다.

"하지만 구별하기가 꽤 까다로울지도 모르지. 왕관앵무 같은 애들은 앵무인데도 잉꼬라고 불리고왕관앵무는 일본에서 '오카메잉꼬'라 불린다."

새장을 쳐다보는 그녀의 얼굴에는 리쿠 짱의 귀환을 기뻐하는 기색이 전혀 없었다. 아니, 아무런 표정도 떠올라 있지 않았다. 이렇게 안색이 변하지 않는 사람을 나는 지금까지 살면서 딱 두 사람밖에 알지 못한다. 여름 이후의 아버지와 어머니다.

"찾아줘서 고마워."

전혀 마음이 담기지 않은 투로 말하고 지나미는 벽에 걸린 시계로 시선을 향했다. 볼일 끝났으니 그만 나가 달라는 것이 분명했다. 하지만 볼일은 끝나지 않았다. 나는 새를 주인에게 돌려주려고 온 게 아니다. 리쿠 짱이 한 말이 마음에 걸려 여기까지 추적해 왔다. 그리고 이제 나는 리쿠 짱이 한 말이 지나미가 하던 말이라고 확신하고 있었다. 음질은 싸구려 라디오처럼 밋밋했지만 말투가 꼭 닮았기 때문이다. 어둡고 감정이 없는.

방금 전까지 나는 '죽어 버려'라는 그 말은 어느 집 어머니가 자녀에게 던지던 말이 아닐까 상상했었다. 그러니까 학대 비슷한 말이었을 거라고 생각했다. 만약 지나미의 말이었다면 도대체 누구에게 한 말일까.

"회색앵무는…… 사람 말을 따라 하나?"

슬쩍 떠보자 지나미의 눈이 이쪽으로 곧장 미끄러져 왔다. 마치 자를 대고 선을 긋듯이.

"왜?"

"아니 그냥."

"얘가 뭐라고 했어?"

"아니."

무표정한 눈으로 나를 보던 지나미는 이윽고 책상 위의 스마트폰을 집어 들었다. 뭐라고 짤막하게 중얼거리며 '최근 통화'에서 어느 번호를 찾아서 전화를 걸었다. 중얼거린 말이 '중지해야겠네'처럼 들렸는데, 아닌가? 지나미가 귀에 댄 스마트폰에서는, 지금 전화를 받을 수 없습니다, 라는 메시지가 흘러나오고 그녀는 미간을 찡그리며 전화를 끊었다. 스마트폰을 내려놓은 책상에는 예쁜 필체로 글씨가 적혀 있는 노트와, 화학 교재로 짐작되는 책이 펼쳐져 있었다.

"휴일인데, 공부?"

"이제 곧 입시니까."

그렇다면 고3이라는 말이고 형과 같은 학년이다. 키도 작고 머리나 얼굴에도 무신경하달까 그다지 개의치 않는 인상이어서 나랑 같은 학년인가 싶었지만 두 살이나 연상이었다.

나는 "그렇군요"라고 새삼 경어를 쓰며 반대쪽 벽으로 눈길을 돌렸다. 행거에 걸린 교복 블레이저와 스커트. 전차 통학을 해야 하는 머리 좋은 학생들이 다니는 고등학교였다. 참고로 벗어 놓은 여학생 교복을 보는 것도 난생 처음이었다.

"나 이제 공부해야 하니까 그만 실례할까."

"미안해요."

얼떨결에 사과하고 나니 은근히 부아가 치밀었다. 가출한 새를 찾아주었는데 이 태도가 뭔가. 바닥에 둔 스포츠가방을 집어 들며 뭐라고 한 마디 쏘아줄까 망설였다. 그런데 그때 니시키모 씨가 예고한 상황이 벌어졌다. 빗소리가 들리기 시작한 것이다.

창문으로 시선을 향했다. 빗방울이 놀랄 만큼 빠르게 굵어져, 쳐다보는 동안에 바다가 잿빛으로 뿌예지고 있었다. 창문 가까이 있는 리쿠 짱도 그 잿빛에 녹아들어 이내 금빛 새장만 선명하게 시야에 떠올랐다.

"비가 오네요."

하나마나한 말을 하자 지나미는 대답도 없이 잠자코 창문으로 시선을 돌렸다. 피부가 매우 희지만, 흰 피부라고 할 때 상상되는 화사한 느낌이 아니라 태어나 한 번도 외출한 적이 없지 않을까 싶을 만큼 물고기 배를 닮은 창백함이었다. 옆얼굴에는 변함 없이 아무런 표정도 떠올라 있지 않고, 그런 그녀를 바라보고 있 자니 문득 어떤 생각이 떠올랐다. 난데없이.

혹시 그것은 리쿠 짱에게 수없이 던진 말이 아니었을까.

리쿠 짱의 귀환을 전혀 반기지 않는 지나미의 태도. 잘못 짚 은 것은 아닌 모양이다. 이유는 알 수 없지만 지나미는 리쿠 짱 이 죽었으면 좋겠다 생각했고 이를 감지한 리쿠 짱은 틈을 노려 창문 밖으로 도망쳤다. 아니, 아니, 그렇다면 리쿠 짱은 다시 창 문으로 다가오지 않았을 것이다. 어쩌면 지나미는 일부러 리쿠 짱을 놓아주었던 게 아닐까. 이대로 가다가는 자기가 리쿠 짱을 죽여 버리지 않을까 염려돼서. 그런 새를 내가 이렇게 데리고 와 버린 게 아닐까.

"책 좋아하시나 봐요."

조금 더 버티려고 책상 옆 책장으로 시선을 향했다. 소설이 가 득 꽂혀 있었다. 아니, 죽 늘어선 제목들만 보고 그렇게 생각했 을 뿐 소설이 아닐 가능성도 있다.

"지금은 입시가 있으니까 읽지 말래."

"그렇군요."

"소설은, 절대로 만날 일이 없는 사람들 얘기라서 좋아."

소설이라는 것을 한 권도 읽어 본 적이 없는 내가 뭐라고 대답 해야 좋을지 몰라서 가만히 있자 지나미가 일어섰다. 천장의 차 가운 조명을 받은 얼굴이 한층 창백해서 옛날사진 속의 인물처 럼 보였다.

"안 쓰는 우산, 아마 있을 거야."

그대로 방문을 열고 나가 버려서 나도 하는 수 없이 복도로 나섰다. 복도 냄새는 방 안과 조금 달랐다. 그러고 보니 여자 방 냄새를 맡아 본 것도 처음이다.

"리쿠 짱, 아끼는 새예요?"

속을 떠보기 위해 물어보았다.

"왜 묻지?"

"왠지, 돌아왔는데도 기뻐하는 것 같지 않아서."

나는 야구양말을 신고 있었지만 지나미는 맨발이어서 찰싹거리는 발소리가 났다.

"리쿠 짱에 대해서, 뭐랄까―."

단어를 고르지만 얼른 찾을 수 없었다.

"없어졌으면 좋겠다거나, 그런 생각을 하기도 하나요?"

앞서 걷는 지나미의 머리가 거의 알아채지 못할 만큼이지만 희미하게 끄덕였다. 그대로 말없이 계단을 내려가는 그녀가 뭐라고 말을 하려는 것인지 아닌지 알 수 없었다. 여하튼 대답을 기다리는 가운데 우리는 1층에 도착했다.

"오, 벌써 돌아가게?"

아주머니가 주방 쪽에서 몸짓으로만 몹시 서두르는 척 다가온다. 우산은 있느냐고 묻기에 없다고 하자 연습이라도 해 둔 듯한 동작으로 두 눈을 휘둥그레 뜨며 입을 막는 시늉을 했다. 그러더니 내 등을 쓰다듬듯 밀며 현관으로 데려갔다. 문이 W자로 접히는 신발장이 열리자 오른쪽 구석에 우산 몇 개가 꽂혀 있는데,

그중에서 아주머니는 평소 남에게 절대로 주지 않을 법한 우산을 골라 나에게 주었다.

"돌려주지 않아도 좋아요. 정말 고마웠어요."

신발장은 놀랄 만큼 반듯하게 정돈되어 구두코가 전부 이쪽을 향하고 있었다. 3단이고 아버지, 어머니, 지나미에게 한 단씩 배정되어 있음을 한눈에 알아챌 수 있었다. 각 선반에 라벨기인지 뭔지로 인쇄된 이름이 일일이 붙어 있었기 때문이다. 아버지와 어머니 이름은 그다지 인상에 남지 않지만 지나미가 한자로 '千奈海'라는 것을 그때 알았다. 그런데 풀네임을 한자로 쓰면 바다가—.

"엄마가 재혼이어서."

내 생각을 읽었는지 내 시선이 향하는 곳을 보며 지나미가 말했다. 순간 어머니 표정이 변했다. 마치 인형의 얼굴만 갑자기 진짜가 된 것처럼. 틀림없는 진짜 얼굴이 된 것처럼.

어머니 얼굴이 다시 본래대로 돌아갔는지 어떤지는 알 수 없다. 지나미가 현관문을 열고 나를 도망치게 해 주듯 내보냈기 때문이다. 문은 등 뒤에서 바로 닫혔고 나는 빌린 우산을 들고 구불구불한 진입로를 직선으로 걸어서 대문으로 향했다.

대문을 나서서 현관문을 돌아다보았다.

아까 지나미는 '나가미 지나미(永海 千奈海)'라는 풀네임을 보며 내가 속으로 웃었다고 생각했을까. 리쿠 쨩을 그 방에 두고 온 건 정말 잘한 일일까. 지나미가 리쿠 쨩을 죽이진 않을까. 리쿠 쨩이 외는 말을 듣고 말았다고 분명히 밝혀야 했을까. 그리고 지나미는 어떤 심정으로 그런 말을 했는지 물어봐야 했을까. 온 갖 의문이 뒤엉켜 머릿속을 빙빙 도는 동안 가방 속에서 스마트폰이 진동했다. 꺼내 보니 야구부 전체 메일로, 비가 많이 내려 오늘 훈련은 취소한다는 내용이었다.

'죽어 버리라는 말, 어떤 심정일 때 나온 말일까.'

대문을 뒤로 하며 SNS에 접속하고 걸음을 옮기며 그렇게 입력해 보았다.

5

이튿날인 일요일 점심 때, 나는 낯선 빌딩 옆에 숨어 있었다.

어제 내린 비는 그 뒤로도 전혀 개지 않아 오늘은 야구부 훈련도 없고 항구에서 개인 훈련도 할 수 없었다. 방 안에서 멍하니 지나미와 리쿠 짱 생각을 하다 보니 결국 가만히 있을 수 없어서 그녀의 집으로 가려고 버스를 탔다. 그러자 놀라운 일이 일어났다. 지나미 집에 가까운 정류장에서 버스를 내리려고 하는데 그녀가 버스에 올라타는 게 아닌가. 나는 당황해서 좌석으로 돌아가 몸을 웅크렸고, 지나미는 그런 나를 알아채지 못하고 두 정거장 째에서 버스를 내렸다. 나도 뒤따라 내려 뒤를 좇았고, 그녀가 다다른 곳이 이 빌딩이었다.

시내 중심가에서 조금 벗어난 곳. 임대료가 저렴해 보이는 임대 빌딩. 그 어둑한 현관에 서서 지나미는 울고 있었다.

벽에 등을 기대고 양손으로 얼굴을 가리고.

주위에는 가게도 없고 오가는 사람도 거의 없다. 지나미는 무엇을 하러 왔을까. 왜 울고 있을까. 나는 자판기 뒤로 숨어 뇌를 쥐어짜며 생각했다. 리쿠 짱이 외우던 말. 리쿠 짱의 귀환을 반기지 않는 지나미. 어제 그 집을 나설 때 보았던 그녀 어머니의 표정.

──누군가 왔다.

삼십대 중반쯤으로 보이는 마른 체구의 남자. 비닐우산을 들고 건너편에서 걸어오는데, 쳐진 앞머리 때문에 얼굴이 잘 보이지 않는다. 그는 우산을 접고 빌딩으로 들어가려고 했지만 거기서 있는 지나미를 보자 걸음을 멈추었다. 지나미와 그가 마주섰다. 두 사람은 그 자리에서 잠시 대화하고 각자 고개를 젓거나 끄덕이며 뭔가 흥정이라도 하는 듯한 모습이었다. 마침내 그 흥정이 결론에 달했는지 서로 고개를 살짝 끄덕이고 남자가 안으로 사라졌다.

몇 초 뒤 지나미도 뒤를 따라갔다.

나는 발소리를 죽이며 자판기 뒤에서 나와 우산을 깊이 내려쓰고 빌딩으로 다가갔다.

현관으로 들어가 보았다. 콘크리트 바닥에는 구두 밑창에서 자륵자륵 소리가 날 만큼 모래가 깔려 있었다. 바다가 가까워 청소를 게을리하면 이렇게 되고 만다. 눈앞에 보이는 지저분한 계단. 위층 어딘가에서 문 닫히는 소리가 들리고—그 뒤에는 빗소리밖에 들리지 않았다.

괴괴하게 식은 가슴에 좋지 못한 상상이 몇 개씩이나 떠올랐다.

어느 것이나 구체적이지는 않지만 여하튼 안 좋은 것뿐이었다.

계단을 올라갔다. 방금 두 사람이 어딘가 문으로 들어갔는데도 빌딩은 폐허처럼 고요하다. 2층에 올라가 보니 페인트 벗겨진 금속 문이 딱 하나뿐이었다. 방금 전 문소리로 볼 때 두 사람이 들어간 문은 더 위층일까. 3층으로 올라가 보니 역시 같은 문이 하나 있다. 아무래도 층마다 사무실이 하나밖에 없는 듯한데,

주거용인지 회사인지 표찰도 안내판도 걸려 있지 않아서 알 수가 없다.

4층을 향해 다시 계단을 오르기 시작할 때 등 뒤에서 문 열리는 소리가 났다. 나는 까치발을 하고 위쪽 층계참까지 발레리나처럼 이동했다.

열린 것은 방금 전에 본 3층 문이었다. 층계참에 몸을 숨기고 살펴보니 안에서 나온 것은 지나미 혼자였다. 말없이 문을 닫고 계단을 내려간다. 그 발소리가 어느 정도 멀어지기를 기다렸다가 나도 움직였다. 지나미는 빌딩을 나서자 들고 있던 우산을 펴지도 않고 버스정류장 쪽으로 걸어갔다. 뒤쫓는 내 우산이 난타당하는 드럼처럼 울릴 만큼 빗줄기가 거세게 내리고 있는데도.

버스정류장에서 내가 지나미에게 우산을 씌워 주었을 때, 돌아다보는 그녀의 얼굴은 젖어 있었다. 거기 눈물이 섞였는지는 알 수 없었다. 하지만 아마 섞여 있었을 것이다. 표정이 울고 있었기 때문이다. 어제는 아무 표정도 없던 지나미의 얼굴에서 내가 처음 본 표정이 그랬다.

"여기서 잠깐 아는 사람을 만날 일이 있어서…… 니시키모라는 사람인데."

내가 여기 있는 이유를 먼저 설명했다. 실재하는 사람 이름을 댄 것은 진실처럼 들리게 하려는 의도였다. 효과가 있었는지 의심하는 기색은 없었다.

"그쪽은요?"

물어보니 돌아온 말이 예상 밖이었다.

"펫 탐정 사무실."

리쿠 짱이 도망쳤을 때, 어머니가 인터넷으로 '펫 탐정'을 검색해서 그 사무실에 리쿠 짱 수색을 의뢰했다고 한다. 그런 업자가 있다는 것 자체를 나는 처음 알았다.

"리쿠 짱이 돌아와서 취소했어. 어제부터 여러 번 전화해도 통 연결되지 않아서, 직접 와 본 거야."

사실일까. 그렇다면 지나미는 왜 울고 있었을까.

비로 뿌예진 도로 저쪽에 모호하나마 네모난 물체가 나타났다. 그것이 점점 다가와 버스가 되었다. 푸쉬— 하는 한숨 같은 소리를 내며 문이 열렸다. 축축한 냄새가 나는 버스에 함께 올라 지나미는 문 근처 1인석에 앉고 나는 그 옆에 섰다. 서로 입을 다문 채 인형처럼 까딱까딱 흔들리고 있는데 버스가 첫 번째 정류장에서 멈추었다.

"리쿠 짱, 내가 잠시 맡아 키우는, 그런 거 가능할까요?"

버스가 다시 달리기 시작할 때 마음먹고 물었다. 지나미는 얼굴은 들지 않고 앞머리 사이로 나를 올려다보았다.

"왜?"

"실은 언젠가 새를 키워 보고 싶은데…… 그 예행연습이랄까 시험이랄까. 안 된다면 할 수 없지만."

"진심이야?"

"진심입니다."

지나미는 몇 초간 말이 없다가 문득 내 얼굴을 똑바로 쳐다보았다.

"그 아이, 이상한 말을 떠들지 몰라."

드디어 제 입으로 말한다.

"그래도 상관없어요."

정류장이 다가온다. 버스가 속도를 줄이고 운전사의 안내방송이 들렸다.

"오늘 저녁, 공부 끝내고 가져다줄게."

그다지 기대하지 않았는데 의외로 승낙해 주었다.

"고마워요."

주소를 알려달라고 해서 가르쳐주고 지나미가 스마트폰에 입력을 마치는 동시에 버스가 정차했다. 그녀는 자리에서 일어나 내 얼굴은 보지도 않고 버스에서 내렸다. 비는 변함없이 거세게 쏟아지는데도 역시 우산을 쓰려고 하지 않았고, 그 뒷모습이 비에 녹아들어가는 것을 나는 젖은 유리창 너머로 바라보았다. 승객 몇 명이 타고 문이 닫히자 엔진 위에서 운동화 밑창이 진동했다.

지나미는 정말 리쿠 짱을 데려올까. 데려온다면 오늘부터 나는 방에서 그 말을 계속 듣게 될 것이다. 버스는 달리기 시작하고 지나미의 그림자는 희미해지다 사라지고 나는 스마트폰을 꺼내 SNS에 입력했다.

'죽어 버리라는 말을, 자기 방에서 듣는 기분…… 어땠을까.'

6

이튿날인 월요일, 경로의 날.

하늘이 마침내 활짝 개어 동아리 시간까지 다시 투구 훈련. 매트를 향해 사이비 포크볼을 던지고, 굴러 돌아온 공을 주워 다시 던진다.

빡! 툭. 데구르르.

오른손을 보니 굳은살, 굳은살. 하얀 송진가루로 범벅이 된 지문, 굳은살, 벌게진 검지와 중지 안쪽, 못, 못. 팔을 굽혔다 폈다 해 보니 살짝 거북한 느낌이 있다.

"그래서…… 결국 어떻게 된 거야."

니시키모 씨는 낚싯대를 쥐고 있지만 얼굴은 아까부터 내내 이쪽을 향하고 있다. 온몸이 아침 해를 받아 평소와 같이 그림자 연극처럼 제방에 긴 실루엣을 드리웠다. 만 한가운데는 우리가 그냥 '섬'이라고 부르는 무인도가 오도카니 떠 있지만, 그 섬 그림자도 해수면에 길게 드리워져 있을까.

"모르겠어요."

빡! 툭. 데구르르.

"그, 리쿠 짱이라고 했나? 지금도 똑같은 소리를 외고 있나?"

"네, 제 방에서."

리쿠 짱을 잠시 맡아 키우기로 한 것을 비롯해서 모두 이야기해 준 참이다.

"죽어 버려, 라고?"

"맞아요."

지나미는 어제 저녁 약속대로 집에 찾아왔다. 새장에 넣은 리쿠 짱과 '새모이' 한 봉지, 그리고 돌보는 방법을 꼼꼼하게 메모한 종이를 들고서.

초인종이 울려서 나가 보니 비 갠 현관 앞에 그녀가 서 있고 뒤에 택시가 대기하고 있었다. 지나미는 들고 온 것을 나에게 건네주고 바로 택시를 타 버려서 대화는 전혀 없었다.

"그런 새를 용케 맡겠다고 했네."

"꽤 귀여워요."

지나미의 메모에 '과일을 좋아함'이라고 적혀 있어서 시험 삼아 냉장고에 있던 사과를 잘게 잘라 주자 맛나게 먹었다. 새에게는 표정이라는 것이 없지만, 먹는 동작에서 맛있어한다는 것을 느낄 수 있었다.

"형씨와는 달리, 뭐랄까…… 무슨 생각을 하는지 알 수가 없었지, 형님은."

니시키모 씨는 이를 쑤시며 고개를 갸웃거린 뒤, 어, 하는 소리를 냈다. 입질이 왔나 했지만 그게 아니었다.

"저 친구, 형님 친구 아냐?"

위아래 모두 운동복을 입은 도노자와 선배가 창고 앞을 걸어오고 있었다. 그 표정이 잘 보이기 전에 나는 매트로 돌아서서 다시 공을 던졌다.

빡! 툭. 데구르르.

도노자와 선배는 바로 옆까지 다가왔다.

"잠깐 얘기 좀 할까."

빡! 툭. 데구르르.

"응?"

빡! 툭. 데구르르.

어이, 하며 왼팔을 잡기에 나는 상대를 향해 돌아섰다. 은퇴하고 두 달이 지나 까까머리였던 머리가 부슬부슬 자라 있었다. 도노자와 선배는 니시키모 씨 쪽을 힐끔 보고 나서 내 어깨로 얼굴을 가까이 댔다.

"이쪽으로 와 봐."

등을 돌리고 창고 벽을 따라 걷다가 모퉁이를 돌아 모습이 보이지 않게 되었다. 투구 연습을 하는 장소의 정확히 반대쪽이다.

내가 조금 뒤 그곳으로 돌아선 순간 멱살을 잡혔다. 그대로 콱 떠밀려 등이 벽에 부딪혔고, 내 목에서 윽, 하는 신음이 나왔다.

"너…… 작작해, 그만해."

"뭘 말입니까."

"알잖아."

도노자와 선배의 여드름 얼굴은 새빨갛고 멱살을 쥔 손이 야구복을 비틀듯이 돌아간다. 하지만 말은 더 이상 나오지 않는다.

"고미나토 군."

멀리서 나를 부르는 소리가 들렸다. 귀에 익은 남자의 목소리. 도노자와 선배의 손이 재빨리 떨어졌다. 항구 옆 도로에 서 있는 것은 중학 시절의 교사였다. 영어를 가르쳤다는 것은 기억나지만 이름은 전혀 떠오르지 않았다.

"오랜만이네."

원래 마른 사람이지만 졸업 전에 보았을 때보다 더 수척해져 있었다. 움푹 팬 볼이 한층 깊어져 해골 같은 그 모습을 보니 선생님이 영어 수업 중에 종종 해 주던 괴담 이야기가 생각났다. 어느 이야기나 그다지 무섭지 않은 괴담이어서, 선생님 얼굴이 더 무섭다며 다들 웃곤 했는데. 선생님이 우리에게 들려준 괴담은 모두 일본 이야기였지만, 그 이야기들을 쓴 사람은 외국인이라고 했다. 물론 그 사람 이름도 오래 전에 잊었지만.

선생님은 곁으로 다가와 나에게 웃음을 보이고 도노자와 선배한테도 웃음을 지어 보였다.

"고미나토 군, 잘 지냈어?"

선생님이 금방 자리를 뜰 기미가 없다고 느꼈는지 도노자와 선배는 조금 거리를 두고 상황을 살폈다. 하지만 내가 짐짓 선생님을 마다하지 않는 태도를 보이자 결국 체념하고 돌아서서 항구 옆 도로로 돌아갔다. 마지막에 나를 힐끔 째려보는 것만은 잊지 않고.

"……무슨 얘기를 한 거야?"

선생님이 뒤를 돌아다보았다. 느릿한 말투도 기억에 남아 있지만 역시 이름은 생각나지 않는다. 대신 수업 중에 이런 말투로 누구 하나 웃지 않는 익살맞은 이야기를 들려주던 것이 생각났다.

"별 얘기 안 했어요. 선생님도 실버위크로 쉬시는 날인가요?"

"응, 이제 선생님 아냐."

올해 3월로 퇴직했다고 한다. 그러고 보니 선생님이 곧 정년 퇴직한다고 졸업 전 전교 집회에서 들었던 것 같기도 하고 아닌 것 같기도 하고.

"영어 교사라는 사람이 영어 한 마디 말하지 못하니까…… 학교 측에서도 슬슬 부담스러워할 때가 되었고, 마침 잘된 일이지 뭐."

교실에서는 절대 들을 수 없는 이야기였다.

"너…… 항구에서 뭐 하고 있었지?"

"아침마다 동아리 모임이나 학교에 가기 전에 투구 연습을 해요."

"중학교 야구부 때부터 형이나 너나 훈련에 열심이었지. 늘 교직원실에서 보고 있었다."

사실일까. 특히 형에 관한 이야기는 의심스럽다. 여름 이후로 이런 이야기를 하는 사람을 여럿 만났기 때문이다. 형의 중학 동창, 일삼아 집까지 찾아온 예전 담임교사, 근처 아저씨와 아주머니는 모두 전부터 형의 열정을 알고 있었다고 말했다.

"포크볼을 연습하고 있어요."

시험 삼아 말해 보았다. 형은 중학 시절부터 포크볼을 연습하기 시작했으니 정말로 훈련 장면을 늘 지켜보았다면 뭔가 얘기가 나오지 않을까 싶어서. 선생님은 잠시 내 얼굴을 보다가 눈을 깜박이며 바다 쪽으로 시선을 비켰다.

그러더니 불쑥 이런 말을 했다.

"야구를 제대로 해 본 경험이 없으니까 도움이 될지 어떨지 모르지만…… 고교 시절에 물리 선생에게 들은 얘기가 있다."

그렇게 말머리를 놓으며 선생님이 가르쳐 준 것은 내가 지금까지 전혀 알지 못했던 포크볼의 비밀이었다. 아니, 나만이 아니라 형도 알지 못했을 게 틀림없다. 알고 있었다면 한 번쯤 화제에 올렸을 테니까.

"……정말입니까?"

내가 묻자, 정말이지, 하고 선생님은 광대뼈 불거진 뺨을 쳐들었다.

7

그날 동아리 활동을 마치고 집에 돌아온 나는 선생님이 알려준 포크볼의 비밀에 대하여 생각하며 리쿠 짱의 새장을 바라보고 있었다. 지나미의 방과 마찬가지로 새장은 창가에 두었다.

부모님에게 허락도 구하지 않고 리쿠 짱을 맡았는데도 아버지나 어머니가 아직 아무 말도 없는 것이 놀라웠다. 내 방에 새 한 마리가 있다는 사실을 혹시 아직 모르는 걸까.

아까부터 리쿠 짱은 새장 속에서 새모이를 부리로 쪼다가 종종 어두운 창문 너머로 머리를 향하고 있다. 새는 밤눈이 어두울 텐데 무엇이 보이는 걸까.

아, 그러고 보니 새가 밤눈이 어둡다는 것은 거짓말이라고 생물 시간에 들은 적이 있다. 낮에 활동하는 새가 많아서 그렇게 생각하게 되었을 뿐 사실은 밤에도 사물을 잘 본다.

자리에서 일어나 창유리 너머를 바라보았다. 주택이 밀집한 저렴한 주택가여서 이웃집 벽과 지붕밖에 보이지 않는다. 하늘도 흐려지기 시작해서 별도 달도 없다. 아무것도 없다.

"죽어 버려."

리쿠 짱이 말한다. 나는 새장 가까이 얼굴을 대고 귓가에서 그 소리를 들어 보았다.

"죽어 버려."

새가 언어를 기억하는 원리는 대체 어떤 것일까.

'언어의 의미 같은 건 이해하지 못하고 말하는 거겠지.'

그런 내용을 SNS에 올려 보았지만, 그걸 알고 있는 탓인지 귓가에서 반복적으로 들어도 아무런 느낌이 없다. 이것은 조금 의외였다. 지나미의 말투여서인지도 모르고 표현 탓인지도 모른다.

"죽어 버려."

새장을 향해 짐짓 낮은 목소리로 말해 보았다.

"죽어 버려."

한 번 더.

"죽어 버려."

한 번 더.

하지만 리쿠 짱은 내 말을 따라하지 않았다. 어느 정도 빈도로 말해야 새는 인간의 언어를 기억할까. 고개를 갸웃거리며 얼굴을 드니— 어—?

8

"80킬로미터는 된다고 했잖아요!"

기관총 탄환 같은 빗방울을 얼굴에 맞으며 외쳤다.

"지금 그 속도야!"

니시키모 씨도 외쳤다. 한 손으로 조종간을, 다른 손으로 스로틀 레버를 잡고 속도계를 턱짓으로 가리키지만 눈에 빗물이 들어와 거의 아무것도 보이지 않았다. 속도계는커녕 니시키모 씨 모습도 우글쭈글 찌그러져 보이고 전방 왼쪽에 떠 있을 무인도도 실루엣만 보인다. 모터보트는 만을 곧장 종단해서 지나미가 사는 건너편을 향해 돌진했다.

"방향이 조금 틀어져서 되돌린다!"

니시키모 씨가 보트를 선회시키자 몸이 왼쪽으로 기울었다. 등을 웅크리고 윈드실드를 통해 시선을 앞으로 향하니 흑백 풍경 속에 잔교 그림자가 희미하게 보인다. 그때 이번에는 몸이 오른쪽으로 쏠려서 나는 얼른 니시키모 씨 허리를 붙들고 늘어졌다. 보트는 감속하며 목제 잔교에 정확히 선체를 대고 멈추었다. 바람소리가 그치고 바다를 때리는 무수한 빗방울소리로 변했다.

"고맙습니다!"

잔교로 뛰어내리자 "야아!" 하는 니시키모 씨의 목소리가 뒤쫓아 왔다.

"네?"

"이 보트를 빌린 놈한테 들었지."

그의 눈이 나를 쳐다보지 않고 있다.

"급하니까 담에 보자고!"

고지대 주택가까지 단숨에 뛰어 올라가 골목 모퉁이를 돌아서 달렸다. 오른쪽으로 지나미의 집이 다가온다. 차고 셔터가 열려 있고 마침 거기에서 까만 차가, 빗속에서도 반짝반짝 광택이 나는 승용차가 나오는 참이었다.

차는 골목으로 나서자 궁둥이를 보이며 멀어져 가고 내가 문 앞까지 다다랐을 때는 이미 모퉁이를 돌아 사라졌다. 숨을 헐떡이며 인터폰을 눌렀다. 반응이 없다. 다시 한 번 누르자 스피커에서 지나미의 목소리가 들렸다.

⟨……거기서 뭐 해?⟩

카메라로 내 모습을 보고 있는지, 누구세요, 라는 말도 없이 그렇게 말했다.

"집 안에 누구 있어요?"

⟨없는데.⟩

"한 가지만 확인할 게 있어요."

간밤에 리쿠 짱의 새장을 들여다보다가 깨달은 것. 리쿠 짱이 반복하는 그 말은 대체 누가 누구에게 한 말이었는지, 그 답을 찾아낸 것 같았다. 그리고 밤새워 생각했다. 실제로는 잠깐 자긴 했지만 느낌으로는 밤새였다. 시간이 지날수록 내 생각이 정확한 게 아닐까 하는 마음이 점점 강해져, 동틀 무렵에는 당장 확인하지 않고는 견딜 수 없게 되었다. 집을 나서서 항구로 가 보니 지쳐 보이는 티셔츠 차림의 니시키모 씨가 창고 차양 밑에서 비를 피하며 멍하니 담배를 피우고 있었다. 당장 모터보트를 빌릴 수 없겠느냐고 묻자 역시 당황한 표정이었지만, 너무 급해서요, 라고 부탁하자 차양 밑에서 나와 어디론가 발걸음을 옮겼다. 그가 돌아왔을 때는 키를 들고 있었고, 우리는 항구 옆에 계류되어 있던 얼마 전 그 모터보트를 타고 항구를 출발했다.

"혹시 당신, 죽으려는 건가요?"

목소리가 돌아오기까지 한참 걸렸고, 그동안 내 호흡은 가라앉았다.

〈……왜?〉

그 말도, 기운 없는 말투도, 예스라고 대답하는 것처럼 들렸다.

"문 좀 열어 보세요."

잠시 후 인터폰이 끊기고 빗줄기 너머에서 소리도 없이 문이 열렸다. 나는 불필요하게 구불구불한 진입로를 지나 스웨트 차림의 지나미와 현관 안에서 마주섰다. 그녀는 돌아서 안으로 들어가려고 했지만 내가 따라오지 않자 이내 멈추어 섰다.

"바닥, 빗물에 젖어도 괜찮아."

"여기도 괜찮아요."

흠뻑 젖은 몸으로 나는 마루턱에 쪼그리고 앉았다. 지나미는 바로 옆으로 돌아와 마루턱에 앉았지만, 그대로 아무 말이 없었다.

"아까 한 말, 맞습니까?"

"맞아."

"이유, 말해 줄 수 없나요?"

지나미는 얼굴을 들지 않는다.

"너는…… 그렇구나. 알고 싶단 말이지?"

그 말에 담긴 의미를, 일단은 모르는 척했다.

"너무 시시해서, 실망할 텐데—."

그렇게 말하고 지나미는 죽고 싶은 이유를 의외로 망설이는 기색 없이 이야기했다. 뒤섞이고 헝클어져서 아마 이제는 원래 상태로 되돌릴 수 없게 된 것들을 하나하나 이야기해 주었다.

중1 때 아버지가 병사한 것. 어머니의 재혼. 새아버지가 현 내에 치과를 세 군데나 경영하는 부자였다는 것. 그 아버지가 의대에 진학하라고 권하고 어머니도 적극 권했다는 것. 반강제로 공부해서 가까스로 지금 다니는 고등학교에 합격했지만 주위 아이들이 너무 뛰어나 도저히 학습을 따라갈 수 없었고, 아무리 애써도 소용없었다는 것. 그래도 고민을 상담할 친구가 없었고, 애초에 어렸을 때부터 한 번도 친구라는 것을 가져 본 적이 없다는 것 등을.

시시하지? 라고 물었고, 나는, 모르겠네요, 라고 대답했다. 정말 알 수 없었기 때문이다. 그래도 알고 싶었고 알아야만 했다.

"하지만 결국 가장 큰 이유는 나 자신이야. 그런 시시한 이유로 죽겠다는 생각을 하고 마는 나. 그래서, 죽고 싶다기보다, 내가 죽었으면 하고 바랐어."

아무래도 나의 추리는 정확한 듯했다.

간밤에 내 방 창유리에 내 얼굴이 비친 것을 보고 나는 생각했다. 지나미는 그 말을 다른 누군가에게 하던 게 아니고 하물며 리쿠 짱에게 말하던 것도 아니다. 혹시 자신에게 말하던 게 아닐까. 지나미 방에서 새장은 창가에 놓여 있었다. 그녀는 거기 서서 창유리에 비친 자신을 향해 그 말을 반복했다. 매일매일 말하고 또 말하고. 그것을 리쿠 짱이 기억하고 말았다.

"리쿠 짱이…… 그 말을 기억해 버려서, 놓아준 건가요?"

내가 묻자 지나미는 고개를 저었다.

"내가 죽으면 어차피 아버지가 풀어주거나 뭔가 다른 방법으로 처분해 버릴 테니까 먼저 놓아준 거야. 리쿠 짱은 원래 죽은 아빠가 키우던 앵무새이고, 이름의 유래는 내가 바다여서야_{리쿠}는 한자로 '陸'을 연상시키며, 지나미의 한자는 '千奈海'. 바다와 육지. 새아빠는 그런 게 다 싫은 것 같았고, 엄마와 결혼하고 4년 동안 리쿠 짱이란 존재를 아예 무시했어."

어머니에게는 리쿠 짱을 실수로 놓쳐 버렸다고 말했던 모양이다.

"그러자 엄마가 인터넷으로 그 펫 탐정을 검색해서 연락하라고 해서…… 내가 전화하는 것을 옆에서 지켜보고 있어서, 어쩔 수 없이 그 자리에서 전화했어."

펫 탐정은 리쿠 짱의 사진 등 정보를 구하려고 즉시 이 집을 방문했다. 그러나 펫 탐정이란 사람이 그다지 유능해 보이지 않아 지나미는 내심 안심했다고 한다. 리쿠 짱이 이대로 발견되지 않고 잘 살게 되지 않을까 싶어서. 그런데 며칠 뒤 내가 리쿠 짱을 어깨에 태우고 나타났던 것이다.

"리쿠 짱과 함께 찾아왔을 때, 바로 알아봤어."

지나미는 내 가슴을 쳐다보았다.

"뭘요?"

"네가, 누구인지."

무슨 말인지 모르겠다는 표정으로 얼버무렸다. 지나미는 흰자위와 검은자위의 경계가 분명치 않은 눈으로 내 말을 기다리는 것처럼 입을 다물었다. 내가 아무 말이 없자 스웨트 주머니에서 스마트폰을 꺼내더니 어딘가에 접속해 나에게 화면을 보여주었다. 대강 예상한 대로 거기에는 SNS 내용이 표시되어 있었다.

'언어의 의미 같은 건 이해하지 못하고 말하는 거겠지.'

간밤에 내가 올린 내용이다.

"나, 이 계정이 마음에 걸려 전부터 계속 보고 있었어. 여름방학이 끝날 즈음부터. 매일 들어가서 읽고…… 최근 내용부터 거슬러 올라가 보기도 하고 오래 전 내용부터 차례대로 읽어 보기도 하고. 같은 도시에 사는 같은 고등학생이고, 과연 무슨 생각을 하고 있었는지 알고 싶어서. 그렇게 보고 있는 동안에는 물론 새로 올라오는 글은 하나도 없었지만."

죽은 사람의 계정이니까 새로운 내용이 없는 것이 당연하다.

"그런데 얼마 전에 불쑥 새 글이 올라와서 놀랐어. 더구나 올린 글이 리쿠 짱에 대한 거라서."

지나미는 화면에 그 글을 띄웠다. 항구에 리쿠 짱이 나타났을 때 내가 처음으로 이 계정에 올린 글이다.

'열심히 투구 훈련을 하고 있는데, 나에게 죽어 버리라고 말하

는 놈이 등장.'

"처음에는 죽은 사람 계정에 왜 리쿠 짱 이야기가 올라오는지 전혀 이해할 수 없었어. 하지만 다음날 네가 리쿠 짱을 어깨에 태우고 집에 왔지. 나, 얼굴 보고 금방 알았어. 이 계정에 올라온 네 사진을 여러 번 봤으니까."

형은 SNS에 종종 내 사진을 올려주었다. 손가락으로 V사인을 하자고 했는데 타이밍을 못 맞춰 오른손을 어중간하게 쳐들고 있는 사진. 평소 이발소에서 까까머리로 민다고 친구에게 허세를 부렸는데 엄마가 바리캉으로 내 머리를 밀어 주는 모습을 촬영해서 올린 증거 사진. 그런 것들뿐이지만 나는 기뻤고 자랑스러웠다.

"이유를 듣고 싶어…… 너는 왜, 이런 글을 형 계정에 올렸지? 이, 리쿠 짱 얘기."

"알고 싶어요?"

지나미는 입술을 움직이지 않고, 알고 싶어, 라고 대답했다.

"말하기 싫은 게 아니라면."

"범인을 찾고 싶어서였어요."

"……무슨 범인?"

"형을 죽인 범인."

내 말을 이해하지 못했는지 지나미의 눈이 당황한 듯 흔들렸다.

형은 시모이 감독과 팀 동료들에게도 말하지 않고 그 항구에서 포크볼을 연습하고 있었다. 덕분에 팀은 지방대회 결승까지 올라갔지만 형의 팔꿈치는 결국 망가졌다. 포크볼은 팔꿈치에 부담이 크기 때문에 너무 많이 던지지 말라는 시모이 감독의 말은 옳았던 것이다.

때문에 결승에서는 도노자와 선배가 던져서 1회부터 신나게 얻어맞았다.

팀은 완패했다.

원래 말수가 많은 편이던 형은 그 시합 이래 말을 하지 않게 되었다. 그리고 여름방학이 끝날 무렵 갑자기 죽었다. 그날 아침 문을 부숴 버릴 듯한 어머니의 비명소리에 잠에서 깨어나 방을 나가 보니 형은 야구복 바지를 목에 묶고 그 바지와 계단 난간을 벨트로 연결하여 허공에 매달려 있었다. 소리치듯 눈과 입을 크게 벌린 채. 형 생각이 날 때마다 어김없이 제일 먼저 떠오르는 것이 그 광경이었고, 무수하게 많았을 일상의 소소한 일들은 모두 어디론가 밀려나고 말았다.

"나도 지나미 씨와 마찬가지로 형이 왜 죽었는지, 무슨 생각을 했었는지 너무나 알고 싶었어요."

형 흉내를 내며 새벽에 항구에서 투구 연습을 시작해 보았다. 그 장소에서 포크볼을 연습하다가 형처럼 팔꿈치를 다쳐 공을 던질 수 없게 되면 그 심정을 직접 느낄 수 있지 않을까 해서. 물론 팀을 지방대회 결승까지 끌고 간 형하고는 수준이 전혀 다르므로 만약 팔꿈치가 망가져도 똑같은 심정을 느낄 수는 없을지 모른다. 내가 공을 못 던지게 되었다고 해도 무엇 하나 느낄 수 없을지 모른다. 하지만 달리 할 수 있는 일이 떠오르지 않았다.

떨어지지 않는 마구와 새

무리를 무릅쓰고 던지면 던질수록, 팔꿈치에 거북함을 느끼면 느낄수록 형을 죽게 놔둔 나 자신이 용서받는 기분도 들었다.

"SNS도 다시 살펴보았어요. 그 시합에서 지고 나서 죽을 때까지 혹시 누가 심한 악플이라도 달았던 건 아닐까 해서."

그러나 악플은 없었다. 오히려 동급생이나 같은 도시에 사는 것으로 짐작되는 사람들이 올린 격려하는 말들뿐이었다. 하지만 나는 납득하지 못하고, 악성 댓글을 단 놈이 나중에 삭제한 것은 아닐까, 혹은 메신저로 뭔가 사악한 글을 보낸 것은 아닐까 의심하고—.

"형 계정에 들어가 봤어요."

로그인하기는 쉬웠다. 형이 고등학교에 입학하고 예전에 약속한 대로 부모님께 스마트폰을 선물 받았을 때 형이 내 옆에서 SNS 계정을 만들었기 때문이다.

—패스워드는 이름이나 생일 같은 걸로 만들어도 되나?

형이 거실 소파에 기대어 물었을 때 나는, 그건 위험하지 않을까, 하고 대답했다. 그러나 본인이 나중에 까먹어 버리면 곤란하다고 해서 결국 이름과 생일에 1을 추가하여 패스워드를 정했다. 1은 당시 형이 언젠가 성취하고 싶다고 했고 마침내 실제로 따내게 되는 에이스의 등번호였다.

"계정에 들어가 보고 바로 발견했어요."

내 스마트폰에 그 내용을 띄워서 지나미에게 보여주었다.

자살한 날 밤, 형이 받았던 메시지.

'감독이 하지 말라는 행동을 멋대로 하다가 결국 팔꿈치가 망

가졌지. 너 때문에 시합에 졌다. 그러니 네가 다 책임져라. 죽어 버려.'

그 메시지를 발견했을 때는 이미 발신자의 계정은 존재하지 않았다. 아마 형이 죽자 계정을 없앴을 것이다. 떠오르는 인물이 한 명 있었지만 증거가 없었고 나는 아무것도 할 수 없었다. 바로 닷새 전까지는.

"항구에서 리쿠 짱을 보았을 때, 형 계정에 업데이트를 해 보자는 생각을 했어요."

상대방이 읽기를 바라며. 내가 그 메시지 내용을 알고 있다는 사실을 전하고 싶어서. 죽은 형의 SNS 계정을 동생이 사용하는 게 뭐가 문제인가. 실제로 일어난 일을 올리는 게 뭐가 잘못이냐고 스스로 격려하며.

'열심히 투구 훈련을 하고 있는데, 나에게 죽어 버리라고 말하는 놈이 등장.'

'죽어 버리라는 말, 어떤 심정에서 나오는 걸까?'

'자기 방에서, 죽어 버리라는 말을 듣는 심정…… 어떤 걸까.'

'아마 언어의 의미 같은 것은 알지 못한 채 말하는 거겠지.'

실은 상대방을 더욱 두려움에 빠뜨릴 만한 글을 더 많이 올리고 싶었다. 두려워서 등교도 못하게 만들 글, 집 밖에 나가지도 못하게 만들 글을.

하지만 그럴 용기가 없었다. 이런 글 가지고는 아무 소용도 없는 게 아닐까—그렇게 생각하고 있을 때 도노자와 선배가 항구에 찾아와 내 멱살을 잡았다.

내가 상상하던 대로 그 메시지를 보낸 사람은 도노자와 선배였을 것이다.

"그 사람을…… 어떻게 하려고?"

지방방송에서는 이 도시에서 50년 만에 살인사건이 일어났다는 뉴스로 떠들썩했다. 하지만 실은 이런 식으로 살인은 일어나고 있었다. 형은 보이지 않는 칼에 찔려 죽었다. 나도 같은 칼로 살인자의 가슴을 찌르고 싶었다.

하지만 역시 그럴 용기가 나지 않았다.

"아무 짓도 안 할 겁니다."

어떻게 해야 옳은지, 내 평범한 머리로는 알 수 없다.

"여하튼…… 죽는 건 안 됩니다."

지금 말할 수 있는 것은 그 정도이다. 형이 죽은 뒤 전혀 말을 하지 않게 된 아버지나 어머니, 그리고 나처럼 남아 있는 사람이 있다. 지나미의 마음은 아까 솔직하게 대답한 대로 잘 모르겠고 부모와 그녀의 관계가 실제로 어떤 것인지도 가늠이 되지 않는다. 하지만 그 부모가 계속 살아갈 사람이라는 데는 변함이 없다. 나도 이제 지인이 되었으니 지나미가 죽으면 슬플 것이고 애썼지만 끝내 말리지 못한 만큼 필시 더 슬플 것이다.

"그런 생각이라면 나도 수백 번이나 했지만—,"

딸꾹질이라도 참는 것처럼 지나미는 입술을 다물고 숨을 멈췄다. 그대로 무릎을 안고 그 위에 머리를 대고 고개를 숙였다.

"어쩔 수 없단 말이야. 나, 머리도 나쁘고, 공부도 친구들을 못 따라가고, 새아빠하고는 몇 년이 지나도록 제대로 대화도 안

되고, 애초에 전혀 친근감도 없었어. 게다가 엄마하고도 대화할 수 없게 되었고, 성격이 이러니 앞으로도 친구는 없을 테고, 이런 내가 너무나 싫어서, 역시 세상에서 사라졌으면 하는 생각만 들고, 지워 버렸으면 좋겠다고 생각했어."

얼굴이 무릎에 밀착된 탓에 지나미의 목소리는 둔탁했다. 정수리가 이쪽을 향하고 있어 한가운데 있는 가마나 두피의 빛깔, 머리카락이 한 올 한 올 살아 있는 모습이 또렷이 보였고, 그것이 너무 생생해서 나는 갑자기 아무 말도 할 수 없었다.

집을 감싸고 있던 빗소리는 어느새 그치고 두 사람이 침묵하니 아무 소리도 들리지 않았다. 아직 하고 싶은 말이 있는 것 같은데 언어가 입 안에서 점토가 되어 버린 것처럼 전혀 나오지 않았다.

하늘은 이제 활짝 개려나? 동아리 활동이 없는 날, 애들은 무엇을 하고 있을까. 버스나 자전거를 타고 뭘 사러 가거나 친구들과 놀려나. 형이 죽은 뒤로 나는 한 번도 그렇게 놀아 본 일이 없다. 앞으로도 아마 못할 것이다. 가족 중에 자살한 사람이 없는 사람을 부럽게 생각하고, 미워하게 되었고, 웃고 떠드는 것은 도저히 못하게 되었다. 흠뻑 젖은 몸으로 현관 마루턱에 쪼그리고 앉은 채 나는 목구멍에 힘을 주고 턱을 들었다. 형이 죽은 뒤로 터득한 눈물을 감추는 요령이다. 누구 앞에서 우는 것만은 절대로 하고 싶지 않았다. 그리고 어쩌면 지나미도 마찬가지 아닐까 생각했다. 그녀도 뭔가 나름의 요령이 있어서 지금도 그걸 실행하고 있는 것은 아닐까. 펫 탐정 사무실 밑에서 지나미는 울고 있었다. 혼자 있을 때는 그녀도 나처럼 그렇게 몇 번이고 울었는지 모른다.

그때 문 너머에서 목소리가 들렸다.

"어—이."

무릎에서 얼굴을 떼어내듯이 지나미가 고개를 들었다.

"어—이."

"미안해요…… 아는 사람인가 봐요."

일어나서 문손잡이를 잡았다. '아는 사람인가 봐요'가 아니라 아무리 들어봐도 니시키모 씨 목소리였고, 문을 열고 보니 역시 그 사람이었다. 방금 전까지 물속에 숨어 있다 나온 것처럼 숨을 헐떡이고 있다.

"갑자기 찾아와서 미안하지만, 시간이 없어. 굉장한 걸 볼 수 있을지도 모르니까 같이 가자고. 괜찮다면 거기 언니도 같이 가지."

9

니시키모 씨는 잔교에 정박시켜 둔 모터보트에 우리를 태우자 시동을 걸고 급히 출발시켰다. 나와 지나미는 반사적으로 서로의 팔을 잡는 바람에 함께 균형을 잃고 뒤로 넘어졌다.

"괜찮아?"

니시키모 씨가 돌아보지도 않고 물었지만 우리는 일어나느라 경황이 없어 대답할 수 없었다. 대체 어디로 가려는 걸까. 니시키모 씨는 스로틀 밸브를 힘껏 밀었다. 늘 입는 구겨진 티셔츠가 바람에 난폭하게 펄럭이고 보트는 속도를 쑥쑥 올리며 달렸다. 비는 갰지만 하늘은 아직 잿빛 구름이 가득하고 그 빛깔을 담은 바다도 어두웠다.

"이 보트, 반납하지 않아도 돼요?"

"나중에 반납하지."

"그 굉장하다는 게 뭐예요?"

가 보면 알아, 하고 니시키모 씨는 앞쪽을 턱짓으로 가리켰다. 저 멀리 구름에 틈새가 몇 군데 열리고 그곳으로 햇빛이 비껴들었다.

"늘 보고 싶었어. 예전에 딱 한 번 볼 뻔한 적이 있었는데, 그때랑 하늘이 비슷해…… 어쩌면 오늘은 볼 수 있을지 모르겠다 싶어서."

"네? 볼 수 있을지 없을지도 모르는 겁니까?"

"그걸 누가 알아."

달려가는 쪽에 떠 있는 구름에서 틈새가 점차 벌어졌다. 우리가 다가가기 때문인지 구름 틈새가 조금씩 벌어지고 있기 때문인지 그곳에서 바다로 쏟아지는 여러 가닥의 빛줄기가 점점 굵어져가는 것을 알 수 있었다. 빛이 향하는 곳은 만 한복판에 뜬 무인도 바로 앞쪽이다.

"나도, 많은 일을 겪어서."

엔진이 내내 비명을 내질러 니시키모 씨의 목소리는 알아듣기 힘들었다.

"하지만, 나쁜 일이 일어나지 않는 인생이 오히려 특별한 거겠지."

조종간을 쥔 니시키모 씨의 얼굴을 나는 엎드려뻗쳐 비슷한 자세로 올려다보고 있었다. 어떻게 살아 왔는지도, 니시키모라는 이름을 한자로 어떻게 쓰는지도, 어떤 일들을 겪었는지도 모르지만, 주름살 팬 그의 얼굴을 올려다보다가 문득 알게 된 것이 있었다.

항구에서 선생님이 가르쳐 준 포크볼의 비밀.

그때 선생님이 말하고 싶었던 것.

"포크볼이란 거, 거의 떨어지지 않는다고 합니다."

"어?"

"포크볼, 떨어지지 않는다고요!"

휭휭거리는 바람소리에 지지 않으려고 목청을 높인다.

"떨어질 텐데!"

"떨어지지만, 떨어지지 않는 겁니다!"

그것은 자연낙하에 가까운 것이라고 한다. 물론 조금은 떨어지지만, 그 궤적은 지극히 평범한 포물선에 가깝다. 한편 직구는 강한 상향 회전이 걸리므로 거의 떨어지지 않고 뻗어간다. 그 직구와 비교하게 되므로 도리어 포크볼이 뚝 떨어지는 것처럼 보인다는 것이다.

"그러니까, 말하자면 직구야말로 변화구라는 거죠!"

선생님이 실제로 무슨 생각으로 그것을 내게 말했는지 알 수 없다. 우연히 기억이 나서 말했을 뿐인지도 모른다. 하지만 어쩌면 이런 이야기를 하고 싶었던 게 아닐까. 방금 니시키모 씨가 말한 그대로. 아무 일도 없는 인생이—힘들고 슬픈 일이 전혀 없는 인생이 오히려 더 특별한 것임을.

"그거 좋은 말이군!"

니시키모는 깊이 생각하지도 않는 모습으로 말하고 앞쪽을 가리켰다.

"저게 천사의 사다리라는 거다!"

구름 틈새에서 가늘고 직선적인 빗줄기들이 겹쳐지며 발산되고 있었다.

"저 빛을 타고 구름 위에서 천사가 내려온다는 거야!"

"니시키모 씨가 보여주고 싶다는 것이—,"

"저게 아냐!"

그럼 뭘까. 그렇게 생각한 순간, 스로틀 레버가 중립으로 돌아오고 엔진이 꺼졌다. 차량이라면 관성으로 계속 전진할 테지만 물 위에서는 그렇게 되지 않는다. 보트는 금방 속도를 잃고 나와 지나미는 엎드려뻗쳐 자세 그대로 다시 균형을 잃고 앞으로 굴렀다.

"이쪽으로 와 봐."

니시키모 씨는 보트 앞으로 이동하여 윈드실드를 양손으로 잡고 뛰어올라 한 단 높은 이물로 올라섰다. 난간이고 뭐고 없는 그곳에 훌쩍 뛰어오르는 것도, 남에게 빌린 보트인데도 아무렇지 않게 행동하는 것도, 우리가 뛰어오를 줄 믿고 있는 듯한 태도도 전부 놀라웠다. 게다가 지나미가 일어나 윈드실드 테두리를 잡고 다리에 탄력을 붙여 이물로 뛰어올라서 더욱 놀랐다.

"자, 형씨도, 어서!"

하는 수 없이 조심조심 이물로 올라섰다. 물론 지나미와 나는 니시키모 씨처럼 우뚝 서지는 못하고 바닥을 짚고 있었다. 비행기가 상공을 날고 있는지 제트엔진 소리가 다가왔다.

"일어설 수 있나?"

대답도 하기 전에 니시키모 씨가 우리 두 사람의 팔을 동시에 잡고 끌어올렸다. 먼저 윗몸을 일으킨 쪽은 지나미였다. 그녀는 얼굴을 들고 두 눈을 크게 뜨고 천천히 무릎을 폈다. 회색 스웨트를 입은 두 다리가 금방 알아볼 수 있을 정도로 달달 떨리고 있었다. 나도 니시키모 씨 팔에 의지하며 후들거리는 다리로 일어섰다. 갈색 가쓰오부시 같은 그의 팔은 단단했다.

"봐, 저기야."

구름 틈새로 비껴드는 빛줄기─니시키모 씨가 말하는 천사의 사다리가 어두운 해면을 스포트라이트처럼 비추고 있었다. 모두 다섯 개. 둥글고 작은 각 빛은 등간격으로 빛나고 있어서 흡사 오각형의 정점이 빛나는 것처럼 보였다. 그러나 그뿐이었다. 대체 우리에게 무엇을 보여주고 싶었던 것일까. 바람이 불어와 보트가 흔들렸다. 니시키모 씨가 팔을 잡고 있지 않았다면 나나 지나미는 틀림없이 바닷물로 떨어졌을 테고, 잡아주고 있어도 금방이라도 떨어질 듯했다. 우리가 가까스로 중심을 잡았을 때 니시키모 씨가 짤막한 신음 같은 소리를 흘렸다. 그러더니 자기가 데려와 놓고도 이렇게 중얼거렸다.

"세상에…… 말도 안돼……."

실로 그것은 거짓말 같은 광경이었다.

눈앞에 꽃이 피어 있었다. 대략 야구장만 한 꽃. 구름 틈새로 내려온 다섯 줄기 빛이 천천히 퍼져 다섯 장의 꽃잎으로 변해 간다. 수평선도 보이지 않는 잿빛 풍경 한가운데 부드러운 바닷바람 너머에서 빛의 꽃이 새하얗게 피어나 가장자리와 가장자리가 겹쳐지고 연결되어 시야 가득 번지고, 그 눈부심에 나는 거의 눈을 감아 버릴 지경이었다.

"피었어……."

니시키모 씨 목소리가 떨리고 있었다. 우는 걸까. 오래 전부터 보고 싶었다는데, 왜 그렇게 보고 싶었을까. 예전에 딱 한 번 볼 뻔했다고 했는데, 그게 언제였을까. 내 팔을 잡은 손아귀에 힘이 강해진다. 반대쪽 손아귀도 마찬가지일까. 이 꽃이 나타나리라는 것을 니시키모 씨는 정말 하늘만 보고 예상했을까. 변함없이 모를 것투성이다.

지나미는 죽겠다는 생각을 고쳐먹을까? 도노자와 선배는 자신의 등판으로 팀이 패배했다는 회한과 죄책감을 그 메시지로 형에게 퍼부었던 것일까? 실은 형이 죽기를 바란 것은 아니지 않았을까.

지방대회 결승에서 패한 뒤 형의 SNS에는 격려의 말이 많이 올라오고 있었다. 그런 댓글들도 단 한 사람의 말을 이기지 못한 것일까. 이긴 언어는 강하고 패한 언어는 약한 걸까. 승리한 사람은 강하고 패배한 사람은 약한가? 도노자와 선배의 메시지가 없었다면 형은 정말 죽지 않았을까?

아버지와 어머니는 언젠가 다시 온전히 말하게 될까? 나는 친구와 함께 웃을 수 있게 될까? 남은 가족이 소리도 없이 무너져 버리리라는 것을 형은 조금쯤 예상했을까? 화장터에서 어머니는 관에 글러브를 넣어 주었으면 좋겠다고 장례사에게 부탁했다. 하지만 거부당하자 아이처럼 입을 벌리고 엉엉 울었다. 그런 광경을 형은 죽기 전에 상상했을까? 왜 나에게 아무 말도 해 주지 않았을까.

항구에서 공을 던져도 갈매기에게 빵을 던져 주어도 흠뻑 젖은 몸으로 지나미와 이야기해도 무엇 하나 알 수 없다. 언젠가 정말로 팔꿈치가 망가지더라도 아마 알 수 없을 것이다.

초등학생 때 수수께끼놀이가 유행해서 나와 형은 매일같이 여러 문제를 내며 놀았다. 그때는 어느 문제에나 반드시 답이 있었다. 하지만 지금은 그런 게 있는지 어떤지도 모르겠다.

지나미에게 얼굴을 향했다. 그쪽도 나를 보고 있었다. 회색 스웨트를 입은 온몸을 해풍에 드러낸 채 입술을 꼭 다물고 두 눈에 힘을 주고. 나도 같은 표정을 하고 있다는 것을 상대방 얼굴을 보니 왠지 알 수 있었다. 모를 것투성이지만 그것만은 분명히 알 수 있었다.

떨어지지 않는 마구와 새

힘없고 연한 필적으로 거기 적혀 있는 것은 일본에도 많이 서
식하는 어느 나비의 이름이었다.

객에게 동전을 구걸했다. 그 동전을 가계에 보태라고 이모에게 주고 있었다고 한다.

이모에 따르면 그날도 소녀는 집을 나가 어딘가로 갔다. 저녁에 이모가 더블린 시내로 소녀를 찾으러 가 보니 소녀는 역시 종이컵을 들고 여행객을 상대로 구걸하고 있었다. 이모는 소녀를 꾸짖어 차에 태워 집으로 데려왔다.

집에 들어서자 소녀는 평소처럼 상자 뚜껑을 열고 가만히 속을 들여다보았다. 소녀는 거기에 나비 한 마리를 가둬두고 있었다. 어머니의 환생이라면서. 설탕물 적신 화장지를 넣어 두고.

그런데 소녀가 상자를 열었을 때 그 나비가 보이지 않았다. 소녀는 패닉에 빠져 다급한 비명을 지르며 집을 뛰쳐나갔다. 이모가 뒤쫓았지만 그 직후 비명 같은 브레이크 소리와 함께 둔탁한 충돌 소리가 들려왔다. 이모와 주위 사람들이 달려갔을 때 소녀는 이미 숨이 끊어져 있었다.

―아이쏘어호리브르…….

사고가 일어난 것은 내가 소녀와 마지막으로 만난 날이었다.
결코 열어서는 안 되는 상자를 열고 만 그날이었다.
온 몸이 모래처럼 무너져가는 느낌에 빠져들며 어느새 나는 기사 하단에 나오는 그림을 응시하고 있었다. 소녀의 엄마가 그린 나비. 나뭇가지에 앉은 나비 한 마리. 그림 왼쪽 밑에는 그때 내가 미처 보지 못한 것이 있었다.

자기가 제일 좋아하는 저 나비가 될 거라고.

그것이 무엇을 의미하는지는 알 수 없었다. 알 수는 없지만, 생각을 앞지른 어떤 예감이 등 뒤에서 차갑게 덮쳐 왔다. 정체 모를 불길한 무엇으로 내 몸이 순식간에 가득 차고, 거기에 떠밀리듯 다른 기사를 잇달아 찾아보았다. 하나. 또 하나. 잇달아 읽어나가지만 아무것도 없었다. 나에게 답을 가르쳐주는 것이 없었다. 나는 키워드를 영어로 다시 입력하고 검색 버튼을 눌렀다. 화면에 영문 기사가 죽 표시되고, 위쪽에는 나비 사진들이 나열되었다.

그중에 내가 아는 그림이 있었다.

왜 이 그림이 표시되는 거지?

틀림없이 더블린의 아이스크림가게에서 본 그림이었다. 소녀의 엄마가 그렸다는 나뭇가지에 날개를 펴고 앉은 아름다운 나비. 이유를 묻는 목소리처럼 갈비뼈 안쪽에서 심장이 울린다. 커서가 그림 위로 끌려들고 손가락이 마우스 버튼을 누른다. 화면에 영문이 표시되었다. 시선이 그 문자들을 좇는다. 시선이 이해보다 빠르게 움직여서 얼른 처음으로 돌아가곤 하지만, 이내 글을 따라잡지 못하게 되어 다시 처음으로 돌아간다. 몇 번이나 그러기를 반복한 뒤 나는 그제야 내용을 이해했다.

그것은 어느 교통사고를 보도한 기사였다.

그 소녀는 이모와 살고 있었다. 이모가 취직을 못해서 두 사람의 생활은 빠듯했다. 소녀는 조금이라도 생활에 보탬이 되려고 이모가 말리는데도 혼자 버스를 타고 더블린 시내로 나가 관광

'아일랜드' '나비'라고 입력해 보았다. 소녀나 그 엄마가 그린 나비는 대체 어떤 종이었을까. 검색 버튼을 누르자 일본인이 쓴 여행기가 여러 개 표시되었다. 그것들을 일일이 열어 보았다. 몇몇 기사에는 아일랜드에서 보았다는 나비 사진이 실려 있는데, 그 나비와 비슷한 것은 없었다.

더 구체적으로 특징 따위를 키워드로 입력하면 될지도 모른다. 그러나 애초에 단색 그림만 보았으므로 크기도 색깔도 알 수 없었다. 날개 테두리가 까맣게 칠해져 있기는 했지만, 그것만으로 찾아낼 수 있을까. 그런 궁리를 하며 화면을 밑으로 스크롤하는데 어떤 기사가 눈길을 끌었다.

외국의 전승에 대한 기사였다.

읽어 보니 내용 중에 내가 모르는 것이 적혀 있었다. 기사 내용에 따르면 아일랜드에서는 사람이 죽으면 그 혼이 나비가 되어 날아간다고 믿는다는 것이다.

Now I know what Mom said at that time
엄마가 그때 뭐라고 했는지 이제 나는 안다
You wouldn't believe
당신은 믿지 않을 것이다

문득 깨달았다.

소녀의 엄마는 죽을 때 그림을 가리키며 자기는 나비가 될 거라고 말한 것은 아닐까.

무엇도 해 줄 수 없었다.

컴퓨터에 '영어 회화 교실'이라고 입력하고 내가 사는 도시 이름을 추가해 보았다. 검색해 보니 집 가까운 곳에 내가 상상하던 것보다 많은 교실이 있음을 알 수 있었다. 대부분 개인이 경영하는 곳 같았다. 나는 그것들을 위에서부터 차례대로 살펴보고 몇 군데의 이름과 전화번호를 메모해 두었다.

언젠가 그 도시에서 다시 소녀를 만날 수 있을까. 앞으로 열심히 영어 회화를 연습하면 소녀와 재회할 때 엄마 이야기와 이모 이야기, 상자 속 내용물에 대하여 물어볼 수 있을까.

도서관은 고지대에 있어서 창밖으로 만이 바라다 보인다. 여기에 올 때는 우산이 필요했지만 가을비는 이미 그친 듯하다. 구름에 틈새가 생기고 그곳으로 빛줄기가 몇 가닥 바다로 떨어지고 있다. 빛줄기 옆으로 날아가는 비행기는 국제편일 것이다. 유럽 방면을 왕복하는 비행기는 어김없이 저 만 상공을 통과한다. 5개월 전 내가 아일랜드에 갈 때도 돌아올 때도 항공기는 저렇게 이 도시 위를 스쳐지나갔다.

창밖에 나비 한 마리가 날고 있었다.

위태롭게 위아래로 흔들리며 창틀 속을 오가고 있다.

저 나비는 바람을 타고 바다를 건너 소녀가 사는 도시까지 날아갈 수도 있을까. 혹은 소녀의 도시에 있는 나비가 여기까지 날아오는 일도 있을까.

"……나비."

문득 스치는 생각이 있어 다시 컴퓨터 앞에 앉았다. 검색어로

6

도서관 컴퓨터에 'S' 'O' 'S'를 입력하고 '검색' 버튼을 클릭했다.

화면에 검색 결과가 죽 표시되었다.

'SOS는 모스 신호 타전을 위해 제정된 구난 요청 부호'

'기억하기 쉬워서 긴급할 때 타전하기 쉽다'

'〈Save Our Soul〉〈Save Our Ship〉의 약자라고 알려졌지만 이는 속설'

'SOS라는 알파벳 자체에는 의미가 없다'

반쯤 벌어진 입에서 나도 모르게 짧은 한숨이 새어나왔다.

아무래도 나는 오랫동안 허위를 믿고 있었던 것 같다. SOS라는 것은 그저 모스 신호로 타전하기가 쉽고 기억하기도 쉬운 철자 세 개일 뿐이라는 것이다. 아마 학창시절 영어교사도 누구에게 들은 속설을 그대로 믿고 있었을 것이다.

그렇지만 인터넷의 편리함에는 놀라지 않을 수 없다. 키워드만 입력하면 정보를 제공해 주고, 내가 40년 남짓이나 믿어 온 오류도 이렇게 한순간에 교정해 준다.

더블린 거리를 떠난 지 다섯 달이 지났다.

헤어질 때 종이컵에 넣어 준 메모지에는 집주소도 적어 두었지만 소녀에게서 국제우편이 온 적은 없었다.

상자 속에 있던 그 화장지가 무엇이었는지도 알지 못하고 있다. 결국 나는 소녀에게 2유로 동전 두 개만 주었을 뿐 달리 아지 자체였을까. 아니면, 소녀는 그것으로 뭔가를 닦아냈거나 뭔가를 감쌌던 것일까.

　다음날도 그리고 그 다음날도 나는 소녀를 찾아 거리를 돌아다녔다.

　그러나 소녀는 어디에도 없었다.

를 돌아보는 결에 재빨리 주위로 시선을 던졌다. 어제 아이스크림 가게에 나타난 여자가 어디선가 소녀를 지켜보고 있는 것일까. 나도 주위를 둘러보았지만 그런 사람은 보이지 않았다.

상의 안주머니에서 반으로 접힌 종이쪽지를 꺼냈다. 방에서 준비해 온 메모였다. 내가 묵는 호텔 이름과 객실 번호, 그 밑에는 일본 집주소와 풀네임도 로마자로 적어 두었다. 쪽지를 종이컵에 떨어뜨리자 소녀는 의아한 눈길로 들여다보았다.

"아이, 원트, 투, 헬프, 유."

어떤 상황으로부터 어떻게 돕겠다는 것인가. 그러나 여하튼 그렇게 말하자고 작정하고 있었다. 헌이 했던 것처럼 소녀의 슬픔을 떠맡아 주고 싶었다. 아직 10년 안팎밖에 살지 못한 어린 소녀의 불행을 나이든 이 몸이 대신 짊어지고 싶었다.

소녀는 모호한 각도로 고개를 기울이며 돌아섰고, 돌아서는 동작 그대로 내게서 멀어져 갔다. 아무 말도 없었다. 작은 등과 꾀죄죄한 분홍 배낭이 오가는 사람들 너머로 사라져갔다. 그 모습이 보이지 않게 된 뒤에도 나는 복잡한 거리 한쪽에서 움직이지 못하고 있었다. 젊은이 대여섯 명이 시끄럽게 지나갔고, 한 명이 뭐라고 말하자 다른 젊은이들이 몸을 젖히며 웃었다.

내가 상자 속에서 본 것.

—접힌 화장지. 네모나게 접혀 상자 속에 있는 동안 형태가 무너진 듯한 인상이었다. 소녀의 엄마가 죽은 것이 세 달쯤 전이다. 그리고 소녀는 바로 얼마 전, 예전에 살던 집에 갔다가 엄마의 책상 위에서 '무서운 것'을 발견했다고 했다. 그것이 저 화장

었다. 더 가까이서 보고 싶다는 듯이 상자를 잡고 당겨 보자 소녀의 손은 아무 저항 없이 상자를 놓았다.

상자를 왼손에 쥔 채 오른손의 2유로 동전을 소녀에게 내밀었다. 소녀가 종이컵을 이쪽으로 기울일 때 그 가장자리를 겨냥해 동전을 떨어뜨렸다. 2유로 동전은 종이컵 턱에 떨어져 소녀가 짧게 숨을 들이마실 때 땅바닥에 떨어져 데구르르 굴렀다. 소녀가 허리를 구부리고 그 동전을 쫓아갔다.

나는 재빨리 상자 뚜껑에 손가락 끝을 걸고 모서리 부분을 쳐들었다. 뚜껑을 십자로 묶고 있던 두 개의 고무 밴드가 드르륵 소리 내며 어긋나고 상자가 살짝 아가리를 벌렸다. 뒤를 돌아보니 오가는 사람들 너머에서 소녀가 막 동전을 주워드는 참이었다. 나는 상자 쪽으로 돌아서서 3센티미터쯤 벌어진 틈새로 상자 속을 들여다보았다. 마름모꼴 어둠에는 아무것도 없는 것 같았다. 그러나 시선을 모아 보니 모호한 형태이지만 거기에는 분명 뭔가 들어 있었다. 그것이 무엇인지 알아차리자마자 나는 뚜껑을 닫고 소녀 쪽으로 몸을 돌렸다. 소녀는 마치 혼날까 걱정하는 것처럼 뭔가 알아들을 수 없는 말을 중얼거리며 곁으로 돌아왔다. 나는 뚜껑을 고정하던 고무 밴드를 원래 위치로 돌려놓고 짐짓 태연한 얼굴로 상자를 내밀었다.

"두, 유, 원트, 아이스크림?"

이야기하고 싶었다.

그러나 소녀는 미리 작정한 것처럼 고개를 젓고 종이컵을 가슴에 품더니 등을 돌렸다. 나도 모르게 팔을 건드리자 소녀는 뒤

5

이튿날 오후, 비가 그치기를 기다려 호텔을 나섰다.

여전히 젖어 있는 골목을 더듬어 더블린 중심가로 들어가 모퉁이를 몇 번 돌았다.

어제 그 장소에 소녀가 있었다. 지저분한 분홍빛 배낭과 고무밴드로 몇 군데나 묶은 머리. 유리조각이 매달린 수제 목걸이. 입은 옷도 어제와 똑같다. 내가 다가가자 소녀는 나를 알아보고 몸을 돌리며 종이컵을 쓱 쳐들었다. 내가 웃어 보였지만 소녀는 입을 다문 채 표정을 바꾸지 않고 종이컵을 든 팔에 힘을 줄 뿐이다.

마치 지금 처음 만난 듯 그 눈에는 아무것도 떠올라 있지 않았다.

무릎을 구부려 눈높이를 맞추고 어제는 혼나지 않았느냐고 물어보았다. 소녀는 대답도 없이 종이컵만 내 얼굴로 내밀었다.

그때 비로소 깨달았다.

종이컵을 들지 않은 쪽 손에 그 상자가 들려 있었다. 몸 옆으로 늘어뜨린 왼손이 그것을 쥐고 있다. 어제는 배낭에 넣어 두었던 초록 상자가 지금 바로 여기 있다. 나는 어제처럼 지갑에서 2유로 동전을 꺼내고 고무 밴드를 십자로 묶은 상자를 가리켰다.

"디스, 박스, 이즈, 뷰티플."

소녀는 고개를 까딱했다.

다시 한 번 "뷰티플" 하며 동전을 들지 않은 왼손을 상자로 뻗종하지 않으면 편히 죽는다는 것은 결코 허용되지 않으며 슬픔의 절정 속에서 살아가야 하기 때문이다.

우라시마가 구슬상자를 연 것은 과연 올바른 행동이었을까. 하나님도 부처님도 제대로 믿지 않은 나로서는 알 수 없는 일이다. 그러나 한 가지 분명한 것은 만약 막판에 그 상자를 열지 않았다면 우라시마 전설이 이렇게 오랫동안 전해지지는 않았으리라는 것이다.

밖은 벌써 어두워지고 어느새 쏟아지기 시작한 비가 창문을 적시고 있었다. 그 풍경을 멍하니 바라보는데 문득 사방에서 벽이 천천히 다가오는 듯한 질식감을 느꼈다. 라이팅데스크 뒤에 있는 거울로 얼굴을 향했다. 한쪽 눈에 빛이 사그라진 볼품없는 남자가 거기 있었다. 그 모습을 눈에 담으며, 남들 이상으로 뭐 하나 확보하지 못한 내 인생을 생각했다.

학창시절, 헌의 문장을 만나던 시절에 상상한 인생은 이런 것이었을까. 기억을 떠올려 보려 해도 그 시절의 감정은 완전히 이끼에 덮여 이제는 모습조차 분명치 않다. 영어 회화를 못하고 컴퓨터도 제대로 다룰 수 없는 영어교사는 고향마을로 돌아온 우라시마 다로를 닮았다. 주위를 둘러보니 어느새 모든 것이 달라져 있었다.

이대로 나의 이야기를 끝낸다면 어느 누구의 마음도 움직일 수 없겠지.

4

저녁에는 호텔 방에 앉아 메모장을 넘기며, 아이스크림 가게에서 소녀가 그린 그림을 한 장 한 장 들여다보았다. horrible(무서운)이라는 단어가 아무래도 머리에서 떠나지 않았다. 나흘 전 소녀는 전에 살던 집에서—엄마가 쓰던 작업용 책상에서—대체 무엇을 발견한 것일까. 그 상자에는 무엇이 들어 있을까.

떠오르는 것은 전에 읽은 헌의 『The Dream of a Summer Day(여름날의 꿈)』이었다. 수많은 일본의 옛날이야기 중에서 헌이 가장 사랑했다고 알려진 우라시마 전설에 대하여 쓴 에세이다.

그 옛날이야기의 결말에서 우라시마는 용궁성에서 마을로 돌아온다. 기나긴 시간이 흐른 상태였던 마을은 모든 것이 완전히 변해 있다. 전에 보았던 숲도 신사도 사람들도 사라지고 없다. 슬픔에 빠진 우라시마는 공주가 준 구슬상자를 연다. 절대로 열어서는 안 된다고 했던 그 뚜껑을 열고 만 것이다. 다음 순간 이가 툭툭 빠지고 얼굴은 주름살로 뒤덮이고 머리가 새하얗게 세고 팔다리가 오그라들어 우라시마는 힘없이 모래밭에 주저앉는다.

이 결말을 듣고 사람들은 우라시마를 동정하지만 헌은 과연 그 동정은 합당한가, 라고 자문한다. 신의 현신인 공주와 오래도록 행복한 시간을 보냈으면서도 우라시마는 약속을 어겼다. 그런 그가 과연 동정을 받을 만한가, 라고. 헌에 따르면 이 의문은 서양적 사고에 뿌리내린 것이라고 한다. 서양에서는 신에게 순

가게 손님들의 노골적인 시선을 받으며 테이블로 돌아갔다. 내가 앉은 것은 방금 전까지 소녀가 앉아 있던 의자였다. 컬러풀한 노란 플라스틱에는 그녀의 온기가 남아 있었다. 직사각형으로 빛나는 출입구를 쳐다보며 나는 그녀의 불행을—그 모호한 전체상에 대하여 생각했다.

웃지않는 소녀의 죽음

"캔, 아이, 씨?"

내가 봐도 좋겠냐고 묻자 소녀는 두 눈을 홉뜨고 숨이 섞인 목소리로 "노"라고 대답했다. 그 반응에 내가 당황하자 문득 소녀의 시선이 재빨리 내 얼굴 옆으로 움직였다. 내 뒤쪽 가게 출입구 쪽으로.

소녀가 급하게 움직였다. 동전이 든 종이컵과 수수께끼의 상자를 배낭에 넣었다. 그리고 엄마가 그린 나비 그림을 테이블에서 집어 들려고 했지만 손가락이 도화지를 제대로 잡지 못했다. 도화지는 빙글 돌아 그림 면이 바닥을 향한 채 내 의자 옆으로 떨어졌다. 내가 주워든 그것을 소녀는 재빨리 두 장의 골판지 사이에 끼워 넣고 원래대로 고무 밴드로 묶지도 않은 채 배낭에 쑤셔 넣었다. 그리고 일어서면서 "햅고"라고 들리는 소리를 속삭였다. 내가 그것이 'Have to go(가야 한다)'라는 것을 이해하는 순간 뒤쪽에서 여자 목소리가 들렸다.

그것은 아마 소녀의 이름이었으리라.

나는 알아듣지 못했지만 O음으로 시작되는 이름이라는 것만 기억에 남았다. 소녀는 온몸이 긴장해서 배낭을 쥐고 가게 출입문으로 향했다. 태양이 골목 너머에서 강렬하게 빛나고 소녀와 그 앞에 선 덩치 큰 여성의 그림자가 보였다. 나는 일어나려고 하다가 의자를 뒤로 자빠뜨렸다. 당황해서 의자를 일으켜 세웠을 때는 이미 그림자가 모두 사라지고 없었다. 얼른 골목으로 나가 보았지만 어느새 부쩍 늘어난 보행자들 속에서 소녀는 어디에도 보이지 않았다.

I found it on her desk

나는 엄마 책상 위에서 그것을 발견했다

"윗, 디드, 유, 파인드?"

무엇을 발견했냐고 묻자 이번에는 망설임 없는 목소리가 돌아왔다.

"아이소어호리브르……"

그러나 소녀의 말은 거기서 끝났다.

I saw a horrible─무엇이었을까. horrible(무서운)은 horror(공포)의 형용사이므로 그 뒤에는 명사가 올 터였다. 그러나 소녀는 그 명사를 말하지 않은 채 입술을 꼭 다물었고 지금도 다물고 있다.

"호리브르……?"

그녀는 살짝 턱을 당기며 끄덕였다.

I put it in a box

나는 그것을 상자에 넣었다

소녀는 몸을 틀어 배낭을 올려놓고 거기에서 상자를 꺼냈다. 원래는 뭔가 선물이라도 들어 있던 상자인지 전체적으로 녹색 종이가 붙어 있는 튼튼해 보이는 종이상자였다. 한쪽 변이 10센티미터쯤 되는 정사각형이고 뚜껑이 꼭 달혀 있다. 리본이 어울릴 법한 상자이지만 리본 대신 십자를 그리고 있는 것은 두 개의 고무 밴드였다.

만, 내가 문득 눈길을 들었을 때 색채 없는 그 입술이 벌어지며 묘하게 탄력 있는 목소리가 나왔다.

Now I know what Mom said at that time
엄마가 그때 뭐라고 했는지 이제는 안다

"윗, 디드, 쉬, 세이?"

You wouldn't believe
당신은 아마 믿지 않을 것이다

"아이, 윌, 빌리브."

내가 그렇게 말하자 아래로 향하던 소녀의 파란 두 눈이 가볍게 이쪽을 향했다. 속을 들여다보려고 하는 듯한 고요한 눈빛이었다. 가만히 숨을 들이마시는 소리가 들리고, 그 숨은 잠시 소녀 내부에 머물렀다가 목소리로 바뀌었다. 토막토막 끊겨서 느리게 들려온 그 말 하나하나를 나는 아마 영원히 잊지 못할 것이다.

Four days ago
나흘 전
When I went to the old house
예전 집에 갔을 때

십자형으로 묶여 있다. 소녀가 고무 밴드를 벗기자 안에 끼워져 있던 도화지 한 장이 나왔다.

The drawing Mom pointed at
엄마가 가리킨 그림

연필—아니, 목탄일까? 단색으로 그려졌고 그림이지만 육안으로 보는 것보다 더 실물에 가깝다고 느껴질 만큼 생생했다. 호랑가시나무를 닮은, 뾰족한 잎을 가진 나뭇가지. 그 나뭇가지에 날개를 펴고 앉은 나비 한 마리. 날개 테두리가 까맣게 칠해져 있어서 아마도 아까 소녀가 그린 것과 같은 종인 듯하다.

나는 말없이 그림 전체를 잠시 바라보다가 세부를 찬찬히 관subsub찰했다. 날개에 있는 인분鱗粉. 혈관처럼 잔가지를 뻗은 줄기. 호를 그린 더듬이. 가늘지만 강력한 다리 여섯 개. 성냥개비 머리처럼 생긴 동그란 눈이 뭔가 비밀을 알고 있는 듯이 조그만 빛을 반사하고 있다.

"더버터라이스러더모"

음식 이름처럼 들리기도 하지만 그럴 리는 없다. 그 긴 이름을 속으로 외다 보니 'The butterfly she loved the most(그녀가 가장 좋아하던 나비)'라는 말임을 알았다.

죽음을 목전에 둔 엄마는 가장 좋아하는 나비 그림을 가리키며 대체 무슨 말을 했던 걸까. 나는 답을 찾는 심정으로 도화지 위를 눈길로 더듬었다. 소녀 역시 말없이 도화지를 보고 있었지호사가 놀라 실수할 수도 있으므로 소녀는 현관에서 잠시 기다렸다.

소리가 그치자 가만히 엄마 침실로 다가갔다. 그때 자기가 천천히 걸어가는 모습을 소녀는 손가락 두 개로 재현해 보였다. 지금 고개를 숙이고 있는 것은 당시 걸으면서 실제로 그렇게 했기 때문일까 아니면 나에게 설명하면서 뭔가 마음에 걸리는 것이라도 떠올라서일까. 내가 묻기 전에 소녀가 한 손으로 문 여는 시늉을 했다.

Then he smiled at me
그때 그는 나를 보며 웃었다

간호사에 따르면 조금 전부터 어머니의 상태가 악화되었다고 했다. 그 말을 듣고 소녀는 놀라서 침대로 뛰어갔다. 엄마는 멍하니 천장을 응시하고 있었다. 소녀가 말을 건네자 고개를 끄덕이는 듯한 몸짓을 하고 이불 밖으로 한 손을 내밀었다. 그리고 팔을 들어 올려 벽에 붙여 둔 자신의 작업용 책상을 가리켰다. 그 책상에는 그녀가 작업할 때 쓰던 스케치북이 펼쳐져 있었다. 엄마가 스케치북을 가리키며 뭐라고 말했지만 소녀는 알아듣지 못했고, 그게 마지막으로 들은 엄마 목소리가 되었다. 엄마는 그대로 잠들어 다시는 깨어나지 못했다.

그런 이야기를 나에게 들려주고 소녀는 배낭에서 뭔가를 꺼냈다. 직사각형 골판지 두 장이 포개져 있고 지저분한 고무 밴드가

"……와이?"

He never looks sad
그는 슬픈 얼굴을 하지 않는다

메모장에 그려진 간호사를 보니 과연 표정이 부드럽다. 죽어
가는 사람 옆이라는 것이 부자연스럽게 느껴질 만큼 부드럽게
미소 짓고 있다.
"네버?"
"네버."

Even when Mom died, he was smiling
엄마가 죽었을 때도 그는 웃고 있었다

"리얼리?"
소녀는 고개를 끄덕였다. 그리고 방금 전까지와 마찬가지로
그림과 몸짓과 짧은 문장으로 그 당시를 설명해 주었다. 서로 요
령 같은 것이 생겨서 이제는 대화가 꽤 매끄러웠다.
세 달 전 일이었다고 한다.
소녀는 학교를 마치고 집으로 돌아와 평소처럼 현관에 들어섰
다. 그때 엄마 침실에서 딸깍딸깍 하는 소리가 들렸다. 간호사가
주사 놓을 준비를 할 때 들리는 소리였다. 갑자기 문을 열면 간

그러자 그녀는 내 얼굴을 보며,

"아이수쿠리무."

불쑥 그렇게 말했다.

그 발음은 다분히 아시아적이랄까 일본어스러워서, 백인 소녀가 그렇게 말하니 마치 양식 레스토랑에서 엉뚱하게 오차즈케가 나온 것처럼 기묘했다.

"아이수쿠리무."

나도 발음해 보았다. 나로서는 평소와 다르지 않은 발음인데도 몹시 묘하게 들렸다. 나도 모르게 웃음이 나왔다. 소녀도 함께 웃어 줄까 기대했지만 역시 표정에 변함이 없다.

아무튼, 흠, 그렇군. 아까부터 소녀가 나의 일본어식 영어를 알아들었던 것은 간호사가 비슷한 발음으로 말하는 것을 많이 들었기 때문인지도 모른다. 물론 아일랜드라는 나라에서 일하는 간호사이므로 발음은 몰라도 완벽한 영어를 구사할 수 있었을 것이다. 발음은 매끄럽지 않아도 유창하게 말할 수 있는 사람은 세상에 흔하다.

그가 어느 나라 사람인지 물어보려고 하는데 소녀가 입을 열었다.

그래서 나는 지금도 그 남성 간호사가 어느 나라 출신인지를 모른다.

He speaks like you, but he's not like you
그는 당신처럼 말하지만 당신 같지는 않다.

순수한 호기심에서 나는 왜 이렇게 그림을 잘 그리느냐고 물었다. 소녀는 연필을 계속 놀리며 두 마디 간단한 말로 대답했다.

My mom
우리 엄마
Illustrator
일러스트레이터

유전일까. 아니면 소녀도 엄마를 흉내 내며 그림을 그려 온 것일까. 소녀가 연필을 내려놓고 무뚝뚝한 몸짓으로 메모장을 내게 내밀었다. 나는 그것을 받아들고 얼굴에 가까이 했다 멀리 했다 하며 잠시 감상했다. 그러는 동안 다른 그림을 다시 보고 싶어서 메모장을 한 장 한 장 천천히 되넘겼다. 집 안에 나란히 선소녀와 이모. 침대에 누운 엄마와 그 옆에서 주사기를 들고 있는 남성 간호사. 그때 소녀가 테이블 너머에서 손을 뻗어 간호사 얼굴을 가리켰다.

He speaks like you
그는 당신처럼 이야기한다

무슨 뜻이지?
"라이크, 미?"

그것을 보고 만에몬이 말했다.

—이네, 나리께서 네 슬픔을 대신 품어 주신 거란다.

"데이, 아, 베리, 굿."

그림을 칭찬하며 소녀에게 웃음을 지어 보였다. 그러나 소녀는 입술을 일그러지도록 다문 채 모호한 각도로 고개를 흔들었을 뿐이다. 메모장을 한 장 넘겨 놓고 탁자에 엎드리다시피 하더니 새 그림을 그리기 시작했다.

이번 그림은 지금까지와 달랐다. 선의 세밀함을 보면 느낄 수 있다. 솜씨를 봐 주었으면 하는 걸까.

소녀가 그리는 나비의 모습은 놀라울 만큼 실물 같았다. 선이나 음영이 풍부해짐에 따라 마치 폴라로이드 인화지에 나비 사진이 나타나는 듯했다. 아이들이 그리는 나비는 대개 날개가 접혀 있거나 활짝 펴져 있거나 둘 중의 하나지만, 소녀의 나비는 그 어느 쪽도 아니고 날개를 쉬는 순간을 정확히 표현하고 있었다.

그래, 날아오르려는 것이 아니라 날개를 쉬고 있다—구체적으로 무엇이 그렇게 느끼게 했는지는 알 수 없지만 여하튼 그런 모습처럼 느껴졌다. 연필화이므로 당연히 색채가 없다. 날개 가장자리를 에두르듯이 검게 테두리가 그려져 있는데, 무슨 종류일까. 이 나비가 색채를 띤 그림을 보고 싶었다. 그러나 막상 보면 낙담할지도 모른다. 그런 생각이 들 만큼 훌륭한 연필화였다.

"와이, 아, 유, 굿, 엣, 드로잉?"

쓴 『Ningyo-Haka(인형 무덤)』 이야기였다.

에세이풍 소품으로, 만에몬이라는 노인의 집에서 일어난 일이다.

어느 날 만에몬이 한 소녀를 집에 데려왔다. 지금 눈앞에 있는 소녀 또래의 이네라는 여자애였다. 허약하고 메마른 이네는 감정 없는 목소리로 가족의 죽음을 이야기했다. 소녀에 따르면 그녀의 부친은 병을 앓다 죽고 어머니도 남편 뒤를 따르듯 병사했다고 한다. 그리고 오빠도 고열을 내며 일어나지 못하게 되었다. 모친의 사십구재 날 오빠는 자리에 누운 채 손가락으로 허공을 찌르듯 가리키며 외쳤다.

—저기 엄마가 있어!

오빠의 병은 악화되어 마침내 숨을 거두었다.

그런 기묘한 이야기를 하고 이네는 돌아가려고 자리에서 일어났다. 헌은 만에몬에게 무슨 상황인지 물어보려고 소녀가 앉았던 자리로 옮겨 앉으려 했다. 그러자 소녀가 놀라며 만에몬에게 뭐라고 속삭였다. 만에몬이 그것을 영어로 헌에게 전했다.

—앉기 전에 다다미를 털어 달라고 합니다.

헌이 그 이유를 물었다. 만에몬에 따르면 누군가의 체온으로 데워진 자리에 앉으면 그 사람의 슬픔을 전부 빨아들이고 마는데 이를 굳게 믿고 있는 이네는 자기가 앉았던 자리를 털어내야 한다고 말했던 것이다.

그러나 헌은 그 주술 같은 행동을 하지 않고 소녀의 온기가 남아 있는 자리에 앉았다.

My aunt's house

이모 집

집 안에 이모 외에 다른 사람이 그려져 있지 않았으니 독신으로 생활하는 여성일까. 내가 그림을 보고 있자 소녀는 연필을 내려놓고 손가락으로 테이블 위를 걸어가는 시늉을 해 보였다. 그리고 또 연필을 들고 이모 옆에 이번에는 자기 모습을 그려 넣었다.

"리브, 투게더."

"아아…… 리브, 투게더."

3개월쯤 전에 엄마가 병사한 뒤 소녀는 이모가 거두었을 것이다.

소녀의 연필이 다시 움직여 집 내부에 작은 직사각형 하나와 동그라미 몇 개가 그려졌다. 아무래도 지폐와 동전 같다. 소녀는 그것들 위에 크게 ×표를 그리고 슬퍼하거나 체념한 모습도 없이 그냥 밋밋한 목소리로 "노 머니"라고 말했다. 그리고 테이블에 놓인 종이컵을 들어 올려 흔들어 보였다.

So I'm doing this

그래서 나는 이 일을 하고 있다

그 소녀와 마주하는 동안 내 머리에 떠오른 것은 예전에 헌이 하지만 소녀는 거기에 글이 아니라 그림을 그렸다.

어느 그림이나 능숙했다. 아마 그림 그리기를 좋아하는 모양이었다. 그림을 그리는 동안 소녀는 아이스크림도 잊고 입술을 꼭 다문 채 뾰족한 코에서 숨소리를 내며 연필 움직이는 데만 몰두했다. 세 번째 그림에서 젊은 남성을 그릴 때, 소녀는 그 인물의 머리카락을 처음에는 한가운데서 나누었지만, 문득 손길을 멈추고 허공을 응시하다가 7 대 3으로 고쳐 그렸다. 그렇게 그림 하나를 완성할 때마다 소녀는 그림의 세부를 손가락으로 짚어가며 나에게 찬찬히 상황을 설명해서 도리어 내가 아이가 된 기분이었다.

첫 그림은 소녀와 부모.

두 번째 그림은 바닷속으로 가라앉은 아버지.

세 번째 그림은 병에 걸린 어머니와 간호사 남성.

내가 제대로 이해했다면 아버지가 바다에서 목숨을 잃은 것은 소녀가 아직 학교에 입학하기 전이고 엄마가 병에 걸려 죽은 것은 불과 3개월쯤 전이다. 그녀는 추운 겨울날 병원이 아니라 자기 집 침대에서 임종한 듯하다. 구체적인 병명은 소녀도 알지 못했다. 그러나 치료를 받는 동안 머리카락이 다 없어진 적이 있다고 하므로 내 아내와 마찬가지로 암 종류였을까.

지금 소녀는 네 번째 그림을 그리고 있다.

□에 △를 얹은 단순하게 생긴 집.

그 안에 어깨가 제법 넓은 여성이 그려진다. 다 그리자 소녀는 그림을 가리키며 말했다.

3

지금껏 백지였던 나의 메모장에 이제는 그림 몇 점이 그려져 있다.

첫 그림은 머리를 길게 늘어뜨린 여자애와, 그 양 옆에 웃으며 선 남녀.

두 번째 그림은 깊은 물속에 누워 있는 남성.

세 번째 그림은 침대에 누워 있는 야윈 여성과 그 옆에 주사기를 들고 있는 젊은 남성.

가게로 들어가 소녀와 함께 카운터에서 아이스크림을 주문한 뒤, 우리는 각자 컵을 들고 테이블에 마주 앉았다. 나는 초콜릿 아이스이고 소녀는 여러 색이 섞인 데다 작은 레모네이드과자 같은 알갱이가 뿌려진 것이었다.

자리에 앉은 뒤 왜 구걸을 하느냐고 아이에게 몸짓을 섞어 가며 물어보았다. 소녀는 스푼으로 아이스크림을 파 먹으며 순순히 상황을 설명해 주었다. 하지만 순순히, 라는 것은 그냥 문장의 길이를 생각해서 평가한 단어일 뿐, 거의 알아들을 수 없었다. 거리에서는 어느 정도 회화를 나눌 수 있었지만 화제가 구체적이 되자 역시 통하지 않았다. b와 v, l과 r을 전혀 구별할 수 없는데다 모든 단어가 전부 이어진 말처럼 들렸던 것이다.

내가 메모장의 존재를 떠올린 것은 그때였다. 글로 적으면 이해할 수 있다. 소녀에게 글로 써 보라고 할 요량으로 메모장과 연필을 나란히 내밀었다.

"두, 유, 원트, 투, 컴, 어롱?"

같이 갈래, 하고 물어보니 소녀는 몸을 뒤로 빼는 자세로 나를 쳐다보다가 얼굴을 홱 돌려버렸다. 그러나 소녀의 얼굴이 향한 곳은 컬러풀한 가게 내부 쪽이었다.

어울리기 시작한 남학생도 있었다. 교실에서 그 아이들은 모두 아무렇지도 않은 얼굴로 지낸다. 결코 교사에게 먼저 상담을 청하거나 하지 않는다. 아이를 앉혀 놓고 캐물어도 어김없이 입을 꼭 다문 채 아무 말도 하지 않는다. 교사라는 인간을 믿지 않았던 것일까. 아니면 그저 나라는 사람을 믿지 못한 것일까.

다른 교사의 도움을 빌려 사태를 좋은 쪽으로 이끈 적도 있다. 그러나 대부분의 경우 나는 아무것도 할 수 없었다. 갈피를 못 잡고 있는 동안 시간이 흐르고 문제를 안고 있던 학생들은 졸업해 나갔다. 나의 역부족과 태만에 대한 후회는 교사직을 은퇴한 지금도 차가운 응어리처럼 가슴에 남았다. 그 아이들은 아무렇지 않은 듯 고개를 저으면서도 실은 진실을 간파해 주기를 바라지 않았을까. 아니, 간파해 줄 만한 사람이 교사로 일했다면 하고 바랐을 것이다.

눈앞에 서 있는 소녀의 창백한 이마를 보는 동안 가슴 속 응어리가 차갑게 부풀었다. 뭔가 해 주고 싶지만 아마 소녀는 나에게 바라는 게 없으리라. 동전을 종이컵에 넣어 주는 행위 말고는 아무것도.

도망치듯 시선을 비키자 도로 변 간판이 눈에 들어왔다. 3단으로 쌓은 아이스크림을 형상화한 컬러풀한 간판으로, 그 건너편에 보이는 길게 자리 잡은 점포 내부는 더욱 컬러풀했다.

나는 그 가게를 가리키며 생전 처음 영어로 거짓말을 했다.

나 지금 아이스크림을 먹으려고 하던 참이다, 라고 소녀에게 말했던 것이다.

쌓여 간다. 걸인들이 관광객에게 접근하는 것도 아마 그런 이유 때문이리라. 지갑에 동전이 잔뜩 들어 있다는 사실을 그들도 잘 알고 있으니까.

망설이다가 2유로 동전을 꺼내 종이컵에 넣었다. 일본 돈으로 2백 엔쯤 될까.

"윗, 두, 유, 유즈, 디스, 포?"

이 돈은 어디다 쓸 생각이냐고 물어보자 소녀가 고개를 저었다. 영어가 안 통했나 싶었는데, 그렇지 않았다. 종이컵과 아무것도 없는 장소를 번갈아 손가락하며 소녀는 "데오울고투마이언"이라고 대답했다.

"……쏘리?"

"데이, 올, 고투, 마이, 언."

그 영어를 이해하고 나서도 나는 내심 고개를 갸웃거렸다. 'They all go to my aunt(전부 아줌마한테 간다)'—소녀가 모은 동전을 그녀의 이모가 전부 **빼앗**아간다는 말일까.

"유어, 언트?"

"예스."

그게 뭐 어때서, 라는 듯 물기 없는 눈으로 이쪽을 쳐다본다.

나는 왠지 그 얼굴이 낯익었다.

지난 40년 가까운 동안 담임으로 맡았던 학생들 중에 가정에 문제가 있는 아이는 한둘이 아니었다. 부모의 육아 포기로 아동 양호 시설에 맡겨지고, 그곳에서 가혹하게 괴롭힘을 당하는 여학생도 있었다. 모친을 교통사고로 잃고 자포자기하여 불량배와 무릎을 구부려 눈높이를 맞추고 물었다. 소녀의 목에는 수제로 보이는 목걸이가 걸려 있었다. 가죽 끈에 가는 철사가 매달려 있고, 그 철사가 연두색 유리조각을 꼭 쥐고 있다. 소녀가 고개를 젓자 유리조각도 좌우로 흔들렸다.

I'm not a homeless
나는 홈리스가 아니다

말이 느린 덕분에 나도 알아들었다. 소녀가 그토록 정직하게 대답한 것도 의외였지만 더욱 뜻밖이었던 대목은 내 입에서 자연스럽게 영어가 나왔다는 사실이다. 아까 했던 전화 통화로 배짱이 조금 생겼을까. 아니면 꼬마를 상대하자 혀가 풀려 주었을까. 물론 혀가 풀렸다고 발음까지 매끄러워지는 것은 아니지만.

"와이, 두유, 프리텐드, 투비, 어, 홈리스?"

어째서 홈리스인 척하는 거니? 하고 배짱이 생긴 김에 물어보았다. 그러자 소녀의 눈초리가 문득 날카로워졌다. 생각해 보면 당연한 일이다. 소녀는 처음부터 자기는 홈리스가 아니라고 말했으니 홈리스인 척하는 것이 아니었다.

"아임, 쏘리."

불쾌하게 만든 데 대한 위자료라도 주는 기분으로 나는 지갑을 꺼냈다. 동전주머니에 동전이 가득한 것은 레스토랑 같은 데서 요금을 지불할 때마다 잔돈을 받아 두었기 때문이다. 유로와 센트를 구별하기가 귀찮아 그만 지폐를 내고 마니까 거스름돈만 바로 올려다보았다. 종이컵 안에는 유로 동전과 센트 동전이 몇 개 들어 있다.

이런 일이 지난 사흘간 두 번 있었다.

첫 번째는 젊은 남성, 두 번째는 노파.

그들이 입을 맞춘 듯이 하는 말에는 change라는 단어가 있었다. 처음 들었을 때는 종이컵에 있는 동전과 내가 가진 뭔가를 바꾸자는 말인 줄 오해했다. 그러나 곧 change는 동전을 뜻한다는 사실을 알았다. 요컨대 그들은 걸인이며 동전을 좀 달라는 요구였다.

더블린에는 걸인이 많다고 여행 전 도서관에서 읽은 책에도 나왔다. 그들은 스스로를 홈리스라고 하지만 8할은 돌아갈 집이 있다고 한다. 관광객을 상대로 하는 구걸이 꽤 벌이가 좋아 홈리스인 척하는 모양이다. 그런 가짜 홈리스들은 관광객으로부터 모아들인 돈으로 생계를 해결하거나 술을 마시거나 불량한 약물을 사기도 한다. 게다가 그들을 이용하여 돈을 버는 자들도 있다고 들었다. 아침에 버스를 몰아 걸인들을 집에서 시내로 데려다주고 저녁이 되면 다시 수수료를 받고 집으로 데려다준다는 것이다.

하지만 어린아이는 처음이다. 당황하며 얼굴을 내려다보자 소녀는 알기 쉬운 두 단어를 말하며 종이컵을 흔들었다.

"체인지, 플리즈."

길가는 사람들이 이쪽을 힐끔 쳐다보며 지나간다.

"아, 유, 어, 홈리스?"

저작을 전부 재독할 생각이다. 실은 벌써부터 벽장에서 꺼내 방 한쪽에 쌓아 두었다. 그런 노후의 낙에 별미를 더해 주리라 기대하고 홀로 나선 해외여행이었는데, 일본에서 보내던 독거 생활과 전혀 다를 게 없이 사흘째를 보내고 있었던 것이다.

차량이 바쁘게 오가는 도로를 지나자 더블린을 남북으로 양단하는 리피 강에 닿는다. 스쳐지나가는 사람들의 영어를 소음처럼 들으며 좁은 다리를 건넜다. 그곳은 더블린 중심가여서 길가에 작은 주점들이 처마를 나란히 하고 있다. 물론 어느 주점이나 아직 영업 전이었다. 걸음을 멈추고 유리창 너머로 주점 내부를 들여다보았다.

기네스맥주 서버나 아이리시 위스키가 나란히 진열된 선반. 목제 카운터는 희미하게 들어오는 외부 광선을 받아 옛 영화에서 보았던 서양식 장총 같은 광택을 발하고 있었다. 이국적 취향에 새삼 감탄하며 주점 내부를 들여다보는데 등 뒤에서 발소리가 들렸다. 누가 등 뒤로 다가선 듯했다. 그러나 어찌된 일인지 유리에는 아무도 비치지 않았다. 나는 조금 긴장해서 몸을 도사리며 뒤를 돌아다보았다.

눈앞에 하얀 종이컵이 떠 있었다.

밑에서 그 종이컵을 쳐들고 있는 것은 한 소녀였다. 꾀죄죄한 분홍색 배낭을 메고 양손으로 종이컵을 받쳐 들었다. 일본 아이라면 초등학교 고학년쯤 될까. 어중간한 길이의 금발을 필요 이상으로 여러 군데 묶어서 꼬마들이 그리는 태양 같은 꼴을 하고 있다. 솜털이 하얗게 빛나는 양 볼을 쑥 내밀며 소녀는 나를 똑등 훗날 헌에 의해 세상에 널리 알려지게 되는 괴담을 하나하나 꼼꼼하게 맛보았다. 그것들은 모두 요즘 일본인이라면 누구나 아는 이야기들의 원문이었다. 얼마 남지 않은 고교 생활을 원 없이 즐기고 있는 급우들 사이에서 나는 뭔가 세계의 비밀이 기록된 설계도를 혼자만 차지한 기분이었다.

마침내 『Kwaidan』을 독파한 것은 졸업 직전이었지만, 그 즈음에는 이미 나의 일부가 완전히 다른 색깔로 변한 것처럼 느껴졌다. 마침내 대학에 입학하자 헌의 원서를 구할 수 있는 대로 구해서 전부 탐독하고 여러 번 재독했으며, 그때마다 이야기의 아름다움과 일본문화에 대한 통찰력에 감탄했다.

나와 헌의 이력에 놀라운 공통점이 있음을 알고 나서는 그의 문학적 성공이 나 자신의 성공인 것처럼 느껴졌다. 어릴 적에 겪은 부모의 이혼. 아버지에게 버림받고 친척 집에서 자란 것. 헌은 열여섯 살 때 회전그네에서 놀다가 왼쪽 눈을 다쳤는데, 그 때문에 허옇게 변한 한쪽 눈을 늘 의식했다. 사진을 찍을 때도 늘 왼쪽 눈을 손으로 가리거나 오른쪽 옆얼굴을 카메라로 향했다고 한다. 나도 나이가 들어 왼쪽 눈에 백내장을 앓고 보니 그것조차 그와 같다는 생각이 들고, 기쁘기까지는 아니어도 감개무량하게 받아들이는 형편이었다.

사실 나의 백내장은 이대로 방치하면 수술도 어려울 수 있다고 하므로 때를 봐서 치료해야 한다. 수술이 잘되면 글을 읽기 힘들어진 이 눈도 아마 시력을 되찾을 것이다. 예전처럼 시간 가는 줄 모르게 책장을 넘길 수도 있을 것이다. 그렇게 되면 헌의 아일랜드에는 예로부터 켈트 문화가 짙게 남아 있어서 요정이나 영적인 것을 존중한다고 한다. 요즘도 그렇다고 하니 헌이 살던 시절에는 더욱 그랬을 것이다. 그런 문화에서 유소년기를 보낸 경험이 그에게 초자연적인 것에 대한 흥미를 심어 주고 마침내 문학적 성공으로 이끌었던 것은 아닐까, 라고 몇몇 연구서에 쓰여 있었다. 헌은 더블린을 떠나 세계를 돌아보고 마침내 일본에 다다랐다. 그가 일본에 영주하기로 결심하고 국적을 취득하여 고이즈미 야쿠모라는 이름으로 명저 『괴담』을 발표한 것은 메이지 후반이었다.

내가 헌을 만난 것은 결코 잊지 못할 고교 3학년 3학기, 도쿄 아라카와 강변의 숙부 집에서 지낼 때였다. 대학 입시를 거쳐 영문과 진학이 결정된 직후, 헌책방 서양서적 코너에서 『Kwaidan』의 페이퍼백을 발견했다. 마침 그 작품의 염가판 같은 것을 수업 시간에 교재로 읽어 본 참이었다.

숙부 집에 돌아와 거실 구석에서 『Kwaidan』을 읽기 시작했다. 그리고 바로 헌의 문장에 충격을 받았다. 머릿속 한가운데서부터 허리뼈까지가 실제로 저릿저릿한 느낌이었다. 저녁을 먹고 사전을 찾아 가며 열심히 페이지를 넘겼다. 깊은 밤 이부자리에 들어가서도 뭔가의 시작을 고하는 가슴 박동에 내내 잠을 이루지 못했다.

학교에서 수업이 시작되기 전 쉬는 시간에도 나는 책상에 『Kwaidan』 원서를 펴 놓고 읽어 나갔다. 그리하여 『The Story of Mimi-Nashi-Hoichi(귀 없는 호이치 이야기)』나 『Yuki-Onna(설녀)』

2

   지도에서 아일랜드 섬을 볼 때마다 배내옷에 싸인 갓난아기를 연상한다.

   국경선을 경계로 얼굴 부분이 북아일랜드이고 배내옷 부분이 아일랜드이다. 그리고 오른쪽에 그레이트브리튼 섬이 어머니처럼 바짝 다가서서 당장이라도 갓난아기를 안아 올리려 하고 있다. 물론 각 섬의 생김새에서 그런 그림을 떠올렸을 뿐이다.

   일본에서는 벚꽃이 지는 지금, 더블린 거리는 여전히 쌀쌀하지만 양지를 걸으면 태양이 어깨를 데워 주었다. 위도는 홋카이도보다 높지만 추위가 그리 심하지 않은 까닭은 섬 주위를 흐르는 난류 때문이라고 한다.

   여행지로 이 도시를 택한 데는 두 가지 이유가 있다.

   하나는 안전 때문이다. 더블린은 세계에서도 손꼽히는 안전한 수도라고 하며 범죄가 적다. 경관은 권총도 휴대하지 않는다고 한다. 실제로 이 도시에 와서 제복경관을 몇 명 보았는데 그들의 허리춤에는 그런 무기로 짐작되는 것을 볼 수 없었다.

   또 한 가지는 학창시절부터 존경했던 라프카디오 헌 때문이다.

   더블린은 문학의 도시이며 『드라큘라』를 쓴 브램 스토커, 『살로메』의 오스카 와일드도 여기서 태어났고, 『걸리버 여행기』를 쓴 조나단 스위프트도 이 도시의 대학에서 공부했다. 라프카디오 헌도 이 도시에서 유소년기를 보냈다.

수화기를 내려놓는 손을 잠시 그대로 움직이지 못했다. 방금 내가 영어로 대화를 나누었다는 흥분이 온몸을 서서히 채워 가는 것이 눈에 보이는 듯 뚜렷이 느껴졌다.

　하지만 이러고 있을 수 없다. 나우, 라고 대답하고 말았으니 당장이라도 직원이 청소하러 올 게 틀림없다. 나는 얼른 일어나 컵라면 용기를 쓰레기통에 쑤셔 넣고 그걸 감추려고 화장지 몇 장으로 가리고, 화장실에서 재빨리 볼일을 보고 도망치듯이 객실을 뛰쳐나왔다.

데 바로 옆에서 전화벨이 울렸다. 움찔 몸을 도사리며 라이팅데스크 위를 보았다. 그러나 전화기는 없었다. 아니, 데스크 왼쪽 구석에 있었다. 왼쪽 눈에 백내장이 진행된 탓에 시야가 뿌예져서 사물이 똑똑히 보이지 않는다.

호흡을 한 번 고르고 나서 누군가의 손아귀에 위장을 꽉 붙들린 심정으로 수화기를 들었다.

"……헬로우?"

당연한 일이지만 내 목소리가 귓가에 크게 울린다.

전화를 건 사람은 젊은 남성 같았다. 아마 호텔 직원일 텐데, 상냥한 말투였지만 한 마디도 알아들을 수 없는 영어로 뭐라고 말했다. 혀가 굳어 한 마디도 못하고 있자 상대방의 말이 계속되었다. 난처하게도 이번에는 뭔가를 묻는 것이 분명했다.

'왓타이주라이카스투리잉여어루?'

그렇게 들렸다.

"……쏘리?"

"왓타이, 우주라이카스, 투크린, 여어루?"

몇 초 생각하고 나서야 'What time would you like us to clean your room?(몇 시에 객실을 청소하면 좋을까요?)'일 거라고 짐작되었다.

"아아…… 나우, 플리즈."

'Thank you, have a nice day'

알아들었다.

"땡큐."

불과 1주일 머물 예정인데 그제도 어제도 등을 웅크린 채 호텔 주변만 돌아다니는 게 고작이었다. 외국에서 견문을 넓히려고 준비해 온 새 메모장은 여전히 새하얗게 남아 있다.

용기를 쥐어짜 레스토랑에 들어가 봐도 언어가 돌멩이처럼 목구멍에 콱 막혀 음식 주문도 손가락질로 해결할 수밖에 없었다. 머리카락에 빗질 자국이 선명한 웨이터가 빠른 말로 뭐라고 물어서 짐짓 알아듣는 척 예스, 예스, 하며 고개를 끄덕이자 빵을 곁들인 스튜에 또 빵이 서빙되기도 했다.

다 먹지 못한 빵을 포장해 달래서 호텔로 돌아가고 싶었는데, 같은 웨이터가 다가와 또 뭐라고 물었다. working이라는 단어가 살짝 들리기에 업무 차 이 나라에 온 거냐고 묻는구나 싶어서 노, 하고 고개를 저었더니 빵을 싹 치워 버렸다. 애초에 웨이터의 말이 'Are you still working on this?(이거 아직 드시는 중입니까?)'였던 게 틀림없지만, 그걸 깨달은 것은 호텔 방으로 돌아오고 나서였으니 이렇게 딱한 일이 없다.

자신이 점점 초라하고 비참하게 느껴져서 사흘째인 오늘은 결국 호텔 방에서 나오지도 않은 채 문에 〈DO NOT DISTURB〉 패찰을 걸어 두고 일본에서 가져온 컵라면이나 쓸쓸하게 후루룩거리고 있었다. 해외여행을 하면 살이 찐다고들 하는데 나는 아마 빠졌을 것이다. 의사에게 살을 조금 더 찌우는 게 좋겠다는 충고를 듣는 몸인데 더 여위고 말았다.

컵라면 용기를 들여다보았다. 나란히 붙어 있던 'SOS' 세 철자가 바닥에 뿔뿔이 흐트러져 있다. 생각 없이 그것을 들여다보는

부터 아내와 이야기했었다. 함께 이국땅의 공기를 마시고 일본과는 다른 경치를 바라보고 현지인과 어울리고 인생의 황혼기를 어떻게 보낼지 천천히 생각해 보자고. 그러나 2년 전—내가 정년을 2년 앞두었을 때 아내의 대장에서 암이 발견되었다. 그 암이 간 전체에 전이되어 그녀는 지도에 없는 나라로 여행을 떠났다. 자식이 없는 나는 외톨이가 되었다. 집 창가에서 하얀 다섯잎꽃을 피운 화분도 아내가 데려가 버렸는지 금세 시들었다. 그 꽃의 긴 외국어 이름을 끝내 익히지 못했다.

빈 컵라면 용기를 내려놓고 결혼반지인 빛바랜 은반지를 바라본다. 만약 지금 아내가 옆에 있다면 어떤 표정을 하고 있을까. 평생 영어교사로 일한 남편이 공항이나 호텔에서 외국인을 만나면 쩔쩔매고 머릿속에 꽉 차 있을 영문법을 전혀 떠올리지 못해서 쌀쌀한 계절인데도 땀을 뻘뻘 흘리는 모습을 보면.

수업에서 사용하는 교과서는 물론이고 학창시절부터 취미로 영어 원서를 읽어 왔으므로 영어 문장이라면 대체로 이해할 수 있다. 그러나 회화에서는 완전히 벙어리여서 문법도 단어도 전혀 도움이 되지 않았다. 물론 전부터 잘 알고 있었지만 막상 이렇게 혼자 외국에 나와 보니 새삼 회화 실력이 없음을 실감하게 되었다. 애써 천천히 말해 주는 사람도 없는데다 아이리시 악센트가 강해서 단어 하나 제대로 알아듣지 못한다. 아이리시 악센트가 강하다는 사실도 여행을 준비하며 도서관에서 읽은 아일랜드 관광안내서에 소개되어 있었을 뿐, 정말 그런 건지 어떤지도 잘 모르겠다.

1

컵라면 국물을 다 마시자 용기 바닥에 'SOS'가 보였다.

양손으로 컵을 받쳐 든 채 천천히 윗몸을 일으켰다. 노안이 초점을 맞출 수 있는 거리까지 얼굴을 뒤로 물리고 보아도 면 토막은 역시 'S' 'O' 'S' 모양으로 붙어 있었다.

이게 어떤 단어의 약자였지? 입가에 묻은 국물을 닦으며 기억을 더듬었다. 그래, Save Our Souls(저희를 구원하소서)―혹은 Save Our Ship(우리 배를 구해달라)―40년 가까이나 중학교 교단에 섰지만, 생각해 보니 어느 쪽이 맞는지 조사해서 확인해 본 적이 없다.

"사람이(S), 오는구나(O), 살려줘(S)."

헤아리기 힘들 만큼 많은 학생들을 쓴웃음 짓게 했던 말장난이지만 지금은 아무도 없는 호텔 방에 허망하게 울릴 뿐이다. 눈을 드니 데스크 너머로 보이는 거울에 놀라울 정도로 비굴한 얼굴이 비치고 있었다.

태어나 두 번째 해외여행이다. 첫 여행은 20년쯤 전. 조카딸이 하와이에서 결혼식을 올린다고 해서 아내와 함께 여권을 들고 국제 항공편을 탔다. 근속연수로 보면 당시 이미 고참 영어 교사였는데도 하와이에 있는 동안 영어를 거의 한 마디도 하지 않았다. 늘 친척들과 무리 지어 움직였고, 그 행동범위도 좁아서 어디서나 일본어가 통했기 때문이다.

내가 정년퇴직하면 둘이 해외여행을 하자고, 쉰 살을 넘길 때

헌화대가 무수한 꽃다발로 넘쳐났다고 그 기사에는 적혀 있었다.

열 살 소녀는 길가에서 죽었다. 엎드린 자세로 넘어져 있어서, 주위 사람들이 놀라 달려갔을 때는 이미 호흡이 없었다고 한다.

기사에는 생전 사진도 실렸다. 나뭇잎 사이로 떨어지는 햇살을 받으며 이쪽을 바라보고 서 있는 그녀는 장차 자신에게 일어날 일은 까맣게 모른 채 미소 짓고 있었다.

소녀를 죽인 범인을, 나는 안다.

나만 안다.

그러나 나는 이대로 아무에게도 말하지 않고 죽어갈 것이다.

웃지 않는 소녀의 죽음

날지 못하는 수벌의 거짓말

초등학교 4학년 때 집으로 돌아가는 언덕길에서 눈앞을 가로질러 날아가는 수컷 푸른부전나비를 보았다.

파르께한 궤적을 그리는 나비를 나는 냉큼 뒤쫓았다.

하지만 쫓은 시간은 불과 몇 초. 아차, 했을 때는 이미 길가에 심은 나무에 발이 걸려 잡초투성이 비탈을 구르고 있었다.

비탈에는 깨진 한 되들이 유리병이 버려져 있었다. 그 유리조각이 오른쪽 넓적다리에 박혀 스커트가 새빨갛게 물들었다. 겁에 질려 울지도 못하고 있자 지나가던 또래 남자애가 가까운 집에 달려가 문을 두드려 주었다. 나는 구급차로 병원에 실려가 상처를 14바늘이나 꿰맸다.

이튿날은 학교에 가지 않았다. 그러나 저녁이 되기 전에 어머니 눈을 피해 집을 빠져나갔다. 그 푸른부전나비가 다시 언덕길에 나타날지 모른다고 생각했기 때문이다. 목발을 짚고 그곳에 가 보았지만 푸른부전나비는 보이지 않았다. 다만 비탈에 소년이 있었다. 소년은 잡초 속에 흩어져 있는 한 되들이 유리병 조각들을 일일이 주워 지저분한 비닐봉지에 담는 중이었다. 돕고 싶고 고맙다고 말하고 싶었지만 말 건네기가 부끄러워 그냥 말없이 지켜보았다.

—술이라는 거, 이 세상에 없었으면 좋을 텐데.

잠시 후 비탈에서 내려온 소년이 나를 쳐다보지도 않고 그렇게 중얼거렸다.

1

나는 거실 다다미에 주저앉아 다사카가 쥔 칼을 올려다보고 있었다. 얻어맞은 왼쪽 뺨에 댄 손이 하나도 떨리지 않았다. 어제까지는 맞을 때마다 바들바들 떨었는데.

머릿속도 지극히 냉정하여, 왼쪽 뺨의 열기가 마치 온탕에 스펀지를 담근 듯 손바닥에 빠르게 옮겨오는 것이 똑똑히 느껴졌다.

필시 커다란 무언가를 체념했을 것이다. 그것이 내 인생인지 목숨인지는 모르겠다. 어느 쪽이든 두 가지는 그리 다르지 않다.

냉정해진 덕분에 약간의 기묘함도 알아챘다. 다사카의 눈초리나 손발 움직임이 평소보다 더 알코올의 영향을 받고 있었다. 그러나 온몸에서 발산되는 술 냄새가 평소보다 오히려 약하게 느껴졌다. 호흡이 얕은 걸까. 하지만 호흡은 평소와 다르지 않다. 술을 마신 뒤 옷을 갈아입었을까. 아니, 다사카가 입은 가죽 재킷이나 검은 트레이너는 저녁에 가볍게 나갔을 때 차림 그대로이다.

"내가, 무섭냐."

고개를 가로젓자 다사카의 불쾌한 얼굴이 쓱 팽창했다.

고개를 끄덕이는 편이 나았으려나. 조금 전부터 겪어 온 다사카의 행위는 전부 나에게 공포를 주기 위해서니까. 심야에 귀가하여 나를 들깨운 것도. 굳이 조명을 켜고 나서 뺨을 친 것도. 버둥거리지도 벌벌 떨지도 않는 나를 보고 부엌칼을 들고 온 것도.

전부 나의 공포를 보면서 자신이 얼마나 크고 얼마나 강한지를 느끼려는 것이니까.

"너 때문에 다 망했어."

이목구비가 중앙에 쏠린 듯한 형상으로 다사카의 얼굴이 바짝 다가온다. 몸에 힘을 너무 준 탓에 나에게 들이댄 칼끝이 바르르 떨린다.

"네가 내 인생을 이렇게 만들었어."

여기가 아파트 1층이라는 것이 어제까지는 무슨 짓을 당해도 소리를 지르지 못하는 이유였다. 하지만 창문 밖이 바로 골목이므로 소리쳐 도움을 청하면 누군가 경찰에 신고해 주지 않을까, 그런 가능성을 생각한 것은 처음이었다. 물론 누가 경찰에 신고해 준대도 칼에 찔리리라는 사실은 달라지지 않겠지만. 경찰이 도착하기 전에—혹은 소리를 지른 순간, 저 칼이 내 몸에 박히겠지. 날로 심해지는 다사카의 폭력은 선을 넘어 버려서 이제는 스스로도 제어할 수 없을 지경이다.

나는 지금 어떻게 하는 편이 옳을까.

어린 시절에도 학창시절에도, 일터인 대학에서도 뭔가를 생각할 때는 놀랄 만큼 무표정해진다는 소리를 들었다. 생각에 잠겨 거울을 보는 일은 없으므로 그게 대체 어떤 표정인지는 알지 못한다. 하지만 아마 남들 눈에 유쾌한 모습은 아닐 것이다. 분명하지는 않지만 다들 결점을 지적하는 투로 말했었고, 지금 눈앞에서 칼을 꼬나 쥔 다사카도 언제부턴가 얼굴이 노기로 가득 차 있었다.

"너, 이제 그만…… 죽어라."

커다란 덩치가 빠르게 접근해 시야 속에서 확대되었다. 전에 내가 이 몸을 원한 적이 있다니, 거짓말 같았다. 이 몸뚱이 밑에서 가쁜 숨을 쉬고 있었다니. 구타를 당하게 되고부터라지만 나의 내부에 들어오는 다사카의 일부는 그가 휘두르는 손바닥이나 주먹과 아무런 차이가 없었다. 차이가 있다면 상처 입는 곳이 외부인지 내부인지라는 것뿐이었다.

"내가 이렇게 된 것은, 내 탓."

내 목소리가 어딘지 멀리서 들려왔다.

"네가 그렇게 된 것도—,"

우욱, 하는 신음이 들리고 다사카의 왼손이 내 머리카락을 낚아채듯 움켜쥐었다. 시야가 옆으로 흔들리고 칼이 천장 형광등 불빛을 반사하여 그 하얀 빛이 내 배를 향해 일직선으로 다가왔다.

눈을 감고 몇 초, 아무 일도 일어나지 않았다.

눈꺼풀을 들자 경악한 표정을 한 다사카의 얼굴이 눈앞에 보였다. 그의 뒤에는 어느새 또 하나의 얼굴이 있고, 그 얼굴 역시 놀란 듯 두 눈을 크게 뜬 모습이었다. 당연히 나도 두 사람과 비슷한 표정을 하고 있었으리라. 아무런 전조도 없이 낯선 남자가 내 집에 나타나 다사카의 두 팔을 뒤에서 제압하는 중이었으니까.

다사카가 눈동자를 안와 왼쪽 구석으로 바짝 몰아넣고 슬로우 모션 같은 동작으로 고개를 돌렸다. 두 사람의 눈이 지근거리에서 부딪힌다.

그 직후 다사카가 짐승처럼 소리지르며 윗몸을 비틀었다. 상대방과 마주 보려고 한 것 같은데, 남자는 바짝 들러붙은 채 떨어지지 않아 두 사람은 함께 다다미를 쿵쿵 울리며 굴렀다. 작업복 같은 것을 입은 남자의 등이 이쪽을 향했다. 다사카가 다시 으르렁대는 소리를 내며 윗몸을 틀자 남자의 몸이 힘차게 떠올라 벽에 내동댕이쳐졌다. 다사카가 남자의 품 안에서 오른팔을 뽑아냈다. 쥐고 있던 칼이 날아가 천장을 때리고 내 발 밑에 떨어졌다. 오른팔이 자유로워진 다사카가 남자를 떼어내려고 버둥거렸다. 등 뒤에 들러붙은 남자는 마르고 작은 체구여서 당장이라도 구속이 풀릴 것 같았다. 그러면 나는 다시 얻어맞는다. 발길질 당한다. 칼에 찔린다. 도망치지 못한다. 영원히 달라지지 않는다. 내 손이 칼자루를 잡았다.

한순간 뒤 그 칼이 다사카의 왼쪽 가슴에 빨려들고 있었다.

눈앞에서 다사카의 목이 히힉, 하는 소리를 내고 웃음이라도 참는 듯 가슴을 덜덜 떨며 커다란 덩치가 이쪽으로 덜컥 쓰러졌다. 내가 그 몸뚱이에 깔릴 때 나의 양손은 아직 칼자루를 쥐고 있어서 칼끝이 돌이킬 수 없는 깊이까지 파고드는 것을 분명히 느낄 수 있었다.

그림책 페이지를 넘기듯 다음 장면은 시간을 훌쩍 건너뛴다.

다다미에 주저앉아 다사카의 사체를 내려다보는 남자. 회색 작업복의 오른쪽 팔꿈치 주변이 새빨갛게 물들어 있다. 다사카가 남자의 구속에서 도망치려고 팔을 빼낼 때 칼날이 그곳을 그었던 것이다. 나는 다사카의 몸 밑에서 빠져나온 모습 그대로 엎드린 채 낯선 남자를 응시하고 있었다. 들이마신 숨을 토할 수 없었고, 손도 발도 내 것이 아닌 듯 조금도 움직일 수 없었다.

남자 얼굴이 이쪽으로 향한다.

"고맙습니다."

왜, 나한테 고맙다고 할까.

"나, 이자를 죽이러 온 겁니다."

"죽이러……."

내 입은 그렇게 움직였지만, 목구멍에서 새어나온 것은 목을 긁어서 한숨을 쉬는 듯한 갈라진 소리뿐이었다.

남자의 핏발 선 눈이 베란다 창으로 향한다. 그곳을 보니 커튼이 조금 흔들리고 있었다. 떨리는 팔을 뻗어 커튼을 치워 보니 걸쇠 주위만 반달 모양으로 유리가 사라진 상태였다. 그 구멍으로 섣달 밤기운이 소리도 없이 실내로 스며들고 있었다. 다사카의 몸에서 나는 술 냄새가 평소보다 약했던 이유는 저것 때문이었을까.

"놈이 자는 줄 알고 저기로 들어왔습니다. 하지만 현관에서 문 열리는 소리가 나서 얼른 탈의실로 뛰어들어가 숨어 있다가……."

남자는 피투성이 오른쪽 팔꿈치를 손으로 누르며 나에게 고개를 숙였다.

"나 대신 놈을…… 고맙습니다."

대체 어디 사는 누구란 말인가. 왜 다사카를 죽이려고 했을까.

내가 묻기보다 먼저 남자가 비칠거리며 일어나 볕에 그을린 그 얼굴이 형광등 불빛 아래 드러났다. 몇 번을 다시 봐도 역시 만난 적이 없는 사람이었다. 나이는 삼십대가 되었을까 말까.

"이거, 버려도 될까요?"

"무엇을⋯⋯."

남자가 다사카의 사체를 눈짓으로 가리켰다.

"나, 보트를 갖고 있으니까."

2

초등학교 3학년 때 우리 반에 아주 귀여운 여자애가 있었다. 수다 떨기 좋아하고 아이들에게 인기도 많고 머리도 좋고 웃을 때면 늘 어른스러운 몸짓으로 머리카락을 볼에 문질렀다.

눈을 깜빡일 때마다 속눈썹이 파르르 움직여, 그게 꼭 나방 같아서 예쁘다고 말한 것이 시작이었다. 나비 같다고 했으면 조금은 달랐을까.

여하튼 상대방 얼굴에서 이내 웃음이 지워졌다. 그 아이는 나를 똑바로 쳐다보며 한 손을 내 쪽으로 뻗어 보이지 않는 돌멩이를 홱 던졌다. 돌멩이는 탁, 하고 내 발밑에 떨어지고 거기서부터 교실 구석구석까지 사르르 파문이 번져나가 어느새 쥐죽은 듯 조용해진 급우들 모두에게 무엇인가를 빈틈없이 물들였다.

그때부터 외톨이 생활이 시작되었다.

그러나 곧 나는 그 상황이 슬프지도 괴롭지도 않다는 걸 알았다. 공부하는 데는 다른 아이가 필요 없었고 방과 후에는 전처럼 고지대 숲으로 벌레를 잡으러 갔다. 봄여름가을은 포충망을 휘두르고 겨울에는 쓰러진 나무 밑이나 나무껍질 속을 살펴보았다. 잡은 벌레는 종류마다 암수 한 마리씩, 생일선물로 받은 표본작성 키트로 표본을 만들었다. 그 키트에는 돋보기나 주사기와 함께 빨간색과 초록색 약물이 있었다. 빨간색이 살충액이고 초록색이 방부액. 나는 새로운 곤충을 잡을 때마다 그 약물을 순서대로 주입하고 몸에 핀을 꽂아 표본상자를 장식했다. 그렇게 핀을 찔러 장식한 것들은 당시 나에게는 그저 '표본'에 지나지 않았다. 하지만 생각해 보면 그것들은 전부 사체였던 것이다.

어두운 바다에 뜬 모터보트 위에서 남자가 사체의 복부를 칼로 찔렀을 때 나는 그런 생각을 하고 있었다.

"이렇게 해 두면 떠오르지 않아요."

남자는 칼을 뺐다. 달도 없는 밤이어서 표정이 보이지 않고 윤곽도 희미했다. 남자 뒤로 조그맣게 빛나는 것이 고기잡이배의 불빛인지 거리의 조명인지도 알 수 없었다. 만 중간쯤에 떠 있을 작은 섬도 어둠에 녹아들어 보이지 않았다. 엔진을 끈 보트는 조수 탓인지 아까부터 천천히 시계 방향으로 돌고 있었다.

"사체가 부패하면 가스가 차서 나중에 물 위로 떠오릅니다. 하지만 복부에 구멍을 내 놓으면 거기로 가스가 새어나가니까 떠오르지 않죠."

의식에 짙은 연무가 끼어 눈앞의 사건을 온전히 파악할 수 없었다. 조금 전 내가 사람을 죽였다는 사실조차 제대로 인식하기 어려웠다.

남자가 칼을 바닷물에 휙 던졌다. 그 참에 다사카의 양 옆구리에 팔을 집어넣어 보트 가장자리까지 몸뚱이를 끌어올렸다. 다사카의 몸이 뱃머리로 토하는 자세가 되었다.

"이런 인간 때문에 인생을 희생하면 안 됩니다."

남자는 다사카의 바지를 양손으로 움켜쥐고 힘껏 들어올렸다. 사체는 빙글 반회전하며 물속으로 사라졌다. 텀벙, 하는 물소리가 요란했을 텐데 기억에 남은 그 장면은 완전한 무음이고, 그러면서도 그 직후 수면에 보글보글 떠오르는 공기방울 소리만은 왠지 지금도 똑똑히 기억하고 있다.

"너 때문에, 라고 하던데?"

불쑥 날아온 질문에 나는 "에?" 하고 얼빠진 소리로 말했다.

"당신 때문에, 인생이 망가졌다고 했던가, 그런 말을 했잖아요."

나는 입술을 벌렸지만 애초에 짧은 이야기로는 설명이 불가능했다. 그 전에 물어야 할 것이 있었다.

"그쪽은…… 누구시죠?"

"니시키모라고 합니다."

선선히 대답할 뿐 아니라 남자는 보트 바닥에 검지로 '錦茂비단 금, 무성할 무'라고 한자를 써 보였다. 다사카가 그런 성을 말한 적이, 있었나? 드문 성씨여서 전에 들었다면 기억했을 것이다. 연무 낀 머릿속에서 기억을 더듬고 있는데, 자리에서 일어서는 니시키모 목에서 짧은 신음이 새어나왔다. 그래, 이 사람은 많이 다쳤지.

"팔을 치료해야 할 텐데요."

3

태어날 때부터 이 바닷가 도시에서 부모와 함께 살았다. 그러다가 마침 내가 대학 연구실에 취직하기로 정해졌을 때, 보험 영업을 하던 아버지가 간사이로 전근하면서 어머니도 함께 떠났다. 그렇게 하라고 내가 어머니에게 권했다. 아버지는 혼자서는 아무것도 못하는 사람이니까. 하지만 만약 내가 여기서 혼자 살지 않았다면 아마 그 후의 인생도 크게 달라졌으리라.

이 도시가 끼고 있는 만은 거대한 'ㄱ' 모양을 하고 있다. 부모가 이곳을 떠난 뒤 내가 혼자 지내기 시작한 아파트는 그 북쪽에 있었다. 만의 남쪽과 북쪽은 버스로 한 시간이 채 안 걸린다. 배로 건너면 20분도 안 걸릴 것이다. 그러나 북쪽은 남쪽에 비해 지가가 높아서 만 어느 쪽에 사는지로 그 사람의 부를 판단하는 경향이 예전부터 있었다. 집을 구할 때 남쪽에 좀 더 조건이 좋은 물건이 있음에도 북쪽을 택했다. 비싼 집세가 부담스러워 버스정류장에서 멀고 오래된 아파트를 구했다. 그런데도 북쪽을 택한 것은 내가 그 지역에 어울리는 사회생활을 영위할 수 있을 거라고 믿었기 때문이다.

좋아하는 일을 직업으로 삼을 수 있다면 행복할 거라고 사람들은 말한다. 하지만 뭔가를 좋아한다면 그 분야에서 꿈을 꾸게 마련이다. 꿈과 현실이 일치하는 경우가 드물고 대개는 꿈이 더 크고 멋지기에 양자 간의 차이는 그대로 낙담으로 연결된다.

어릴 때부터 벌레를 쫓고 마침내 곤충 공부를 시작하고 공부는 연구가 되고 그 연구가 직업으로 변했을 때 나는 꿈과 현실의 차이에 휘청거렸다.

대학 곤충학 연구실에서 몇 년을 근무해도 조수 업무밖에 맡지 못하고 연구 기재의 개인적 사용조차 허락받을 수 없었다. 내가 하고 싶은 연구를 교수나 조교수에게 전해도 돌아오는 것은 '아직 일러'라는 판에 박힌 말뿐이었다.

그러나 나의 남자 동기는 분명히 단순업무 이상의 일을 맡고 해외 필드워크에도 동행하곤 했다. '아직 일러'라는 말은 분명 '여자한테는'이라는 의미였을 것이다. 쇼와 시대는 그런 시절이었다.

다사카와 우연히 만난 그해, 세상에는 중대한 사건이 잇따랐다. 미국에서는 조지 부시가 대통령에 취임하고 독일에서는 베를린장벽이 무너지고 일본에서는 쇼와 천황이 서거하여 헤이세이 시대가 시작되었다. 헤이세이라는 새 원호가 아직 어색할 때 다케시타 내각이 우노 내각으로 바뀌고 다시 두 달 뒤 가이후 내각으로 교체되었다. 세상은 버블경제 한복판이라 회사원들은 맹렬하게 일해서 돈을 벌고 텔레비전에서는 영양음료 광고가 '하루 스물네 시간 싸울 수 있습니까!'라고 묻고 있었다. 하지만 그런 격동의 시절에 몸을 담고서도 나의 일상에는 아무런 변화가 없었고 어릴 때부터 그리던 꿈과 현실의 틈새에서 금방이라도 익사할 것 같았다.

여름이 끝나가던 수요일 밤늦게 아파트를 나섰다.

걸음은 느리고 얼굴은 분명 '놀랄 정도로 무표정'했을 것이다.

가드레일 너머로 펼쳐진 밤바다에서는 폭죽 불꽃이 몇 개 터지고 젊은 남녀의 목소리가 들려왔다.

그러나 귀로 들어오는 것은 모음뿐이고 왠지 수중에서 듣는 목소리 같았다. 나는 흐린 물속을, 헤엄칠 기력을 잃어버린 물방개처럼 정처 없이 기어갔다.

태어나 처음으로 주점 문을 들어선 순간 내부 소음이 일제히 귀로 날아들었다. 몇몇 남자가 거침없는 눈길을 던지고 그 시선에서 도망치듯 카운터 구석에 앉았다. 주점은 담배 연기와 생선 굽는 연기로 자욱했다.

잠시 기다려도 점원이 주문을 받으러 올 기미가 없어 살짝 뒤를 돌아다보았다. 주인으로 보이는 백발 남자가 객실에서 손님과 웃으며 이야기하고 있었다. 입을 다물고 멍하니 앉아 있자 한 자리 너머 카운터석에 앉아 있던 남자가 바로 옆 스툴로 옮겨 앉았다.

─오징어회가 맛있습니다.

와이셔츠 가슴 쪽에서 울리는 듯한 낮은 목소리였다.

─그다음은 갈치구이. 조림류가 좋다면 돌가자미. 방금 먹어봤는데, 다 맛있더군요.

내가 모호하게 고개를 끄덕이자 남자는 어깨 너머로 돌아보며 큰소리로 주인을 불렀다.

─이분에게 오징어회! 술은 됐고 잔이나 하나 주세요.

자기가 마시는 술을 나눠주겠다는 말로 이해한 것은 주인이 내준 잔에 술이 채워지고 나서였다.

내가 무슨 말을 했는지는 기억나지 않는다. 말이 없는 생물만 상대해 온 탓에 잡담이라는 것을 할 줄 몰라서 거의 입을 열지 않았는지도 모른다.

그날 밤 내가 알게 된 것은 남자의 성이 다사카라는 것. 전차로 두 시간 넘게 걸리는 이웃 현에 산다는 것. 거기 있는 부동산 판매회사에 근무한다는 것. 매주 수요일마다 이 도시의 영업소에 출장 온다는 것. 전에 없는 호경기로 부동산 가격이 폭등하고 있고 그래도 사겠다는 사람이 끊이지 않아 급료는 계속 오르는 중이라고 그는 이야기했다. 듣기 좋은 억양과 다양한 음높이를 가진, 거만함을 전혀 느낄 수 없는 말투였다.

—다음 주에도 여기 올게요.

헤어질 때 주점 바닥을 가리키며 큰사마귀 같은 동작으로 내 얼굴을 들여다보았다. 다음 주에 만나자는 말처럼 들렸지만 확신할 수는 없었다. 그래서 다음 주 수요일 같은 주점으로 걸음을 향할 때는 자못 가볍게 산책 나온 듯한 옷차림을 선택했다. 카운터에서 나를 맞는 다사카의 웃는 얼굴은 아, 하고 기억났다는 표정을 보여주었다.

그리고 매주 수요일 같은 주점에서 만났다. 내 말수는 다사카의 절반까지는 못되더라도 3분의 1 정도까지는 늘어났다. 그런데도 주점을 나와 다사카가 "그럼 잘 자요"라고 말할 즈음에는 목이 칼칼하게 말라 있곤 했다.

다섯 번째로 만난 날은 주점을 나와서 둘이 나란히 내 아파트까지 걸었다.

가로등이 등간격으로 동그란 빛을 떨구는 골목을 별 말 없이 걸으며 나는 이미 각오하고 있었다. 집 안은 깨끗하게 청소해 두었고 어릴 때부터 보관해 온 많은 표본상자도 모두 벽장에 숨겨 두었다. 변하고 싶었다. 바꾸고 싶었다. 마음이, 몸이 인간의 숨결을 원했다.

내가 첫 경험이라는 것을 알고 다사카는 기쁨을 감추지 않았다.

그날 밤 이래 그는 수요일마다 아파트에 찾아왔다. 나는 퇴근길에 슈퍼마켓에서 식재료를 사다가 다사카를 위해 밥상을 차리고 몸을 섞은 뒤에는 한 이불 속에서 아침까지 잤다. 만나지 못하는 날은 전화통화를 했다.

혼자 살아 온 깊은 물웅덩이에 그렇게 사람 냄새와 온기가 깃든 것이 나는 기뻤다. 고요하던 물 밑바닥을 펄떡펄떡 탁하게 만들어 주는 것이 기뻤다. 그 탁함이 마침내 구석구석까지 번져서 물이 다시는 제 색깔을 찾을 수 없게 되리라는 것은 상상도 하지 않았다.

—월급이 아무리 올라도 회사 돈으로는 한계가 있어.

저축을 전부 헐어 주식을 살 생각이라고 다사카가 이야기한 것은 세밑이 다가왔을 때였다.

나는 금융에 대해서는 전혀 알지 못했다. 그래서 다사카의 결정이라면 틀림없을 거라고 생각 없이 찬성했다.

다음 주 수요일 그가 아파트에 왔을 때는 주가가 벌써 크게 뛰었다는 이야기를 들었다. 다사카는 열에 들뜬 눈으로 사상 최고

가라는 말을 몇 번이나 거듭했고, 그 이야기를 들으며 나는 장래에 대한 기대감으로 가슴이 부풀었다.

그러나 해가 바뀌자마자 모든 미디어에서 주가 폭락을 보도하기 시작했다.

다사카는 사람이 변한 것처럼 혼란에 빠졌고 내 아파트에 와서도 텔레비전 뉴스에만 열중했다. 나는 그런 남자의 팔을 쓰다듬으며, 괜찮아요, 괜찮을 거예요, 라는 말만 되풀이했다. 그러나 그것은 필시 나 자신에게 하는 말이었으리라.

주가 하락은 그칠 기미가 없었고 다사카는 말수가 줄었다. 종종 흘리는 혼잣말은 가슴 속에 말벌 떼라도 숨어 있는 듯 낮고 미세하게 진동하는 목소리였다. 내 몸 위에서도 그의 동작은 분노를 터뜨리는 듯한 움직임으로 변했다. 그것은 나중에 시작될 더 구체적인 폭력의 전조였다. 그러나 다사카를 위해 아무것도 해 줄 수 없던 나는 견디는 것이 그를 돕는 일이라고 믿었다.

마침내 버블경제가 붕괴하기 시작했다.

멈출 줄 모르는 주가 하락이 미디어에 떠들썩하게 보도되는 가운데 다사카와 연락이 닿지 않게 되었다. 아파트에 찾아오지 않고 집에 전화해도 받지 않았다. 그러다가 어느 날 저녁에, 불쑥 나타났다. 아파트 문 앞에 서 있었다. 황금연휴 기간이어서 나는 고지대에 있는 도서관에서 자료를 조사하고 돌아온 참이었다.

그는 기우는 해를 정면으로 받고 있는데도 마치 그림자가 서 있는 것처럼 보였다.

다니던 부동산판매회사가 도산했다고 한다.

—지내던 집에서도, 살 수 없게 되었어.

그가 살던 아파트는 회사가 독신사원에게 내준 것이어서 도산과 함께 퇴거해야 했다.

그날 밤 다사카는 동작을 내내 그치지 않았다. 커튼이 허옇게 밝아지기 시작할 즈음에야 아랫배의 통증을 참으며 선잠에 들었지만, 잠든 지 겨우 세 시간 만에 초인종 소리에 깨어났다. 다사카가 부쳐 둔 짐을 택배원이 배달해 온 것이다. 가구 같은 것들은 전부 헐값에 처분했는지, 배달된 짐은 얼마 되지 않았다.

그 뒤로 오랜 시간이 흐른 것도 아니다.

그런데도 처음으로 머리채를 잡힌 일도, 처음으로 따귀를 맞은 일도 어느새 떠올릴 수 없게 되었다. 고통의 기억은 줄연_{연실}

한 가닥에 여러 개의 연을 연결한 연처럼 길게 늘어져 있고 그 가운데 맨 처음 띄운 연은 너무 멀어 잘 보이지도 않지만—그래도 모든 연들은 분명히 내 몸에 연결되어 있고, 그걸 알아챘을 때는 이미 연실이 온몸을 파고든 상태였다. 움쭉달싹 할 수 없었다. 이대로 버티다 온몸이 연실에 잘게 잘려나가든가 내 살점과 함께 연실을 끊어내는 수밖에 없다고 생각했다.

그런데 그날 밤 부엌칼이 눈앞에 떨어진 순간, 나는 또 다른 방법을 발견하고 말았다.

그리고 정신이 들었을 때는 이미 그 방법을 내 손으로 실행하고 있었다.

"도무지…… 이해할 수가 없네요."

날지 못하는 수벌의 거짓말

팔을 건 삼각건 상태를 확인하며 니시키모는 어려운 수수께끼라도 받은 표정으로 나를 보았다. 베란다 창에 뚫린 구멍 탓에 실내는 몹시 춥다.

"왜 그게, 당신 탓이죠?"

"내가, 괜찮아, 괜찮아 하고—,"

"주식 말입니까?"

내가 대답하기도 전에 니시키모가 불쑥 입을 크게 벌리고 웃었다. 등에 걸친 담요가 흘러내려 티셔츠를 입은 상반신이 드러났다.

"도박에서 돈을 날리는 건 다 본인 탓입니다."

주식을 도박이라고는 생각해 본 적도 없었다. 지금까지 나는 다사카가 불운을 만나 사람이 변해 버린 거라고만 생각했다. 그런 사람을 내가 제대로 도와주지 못한 거라고.

"뭐, 아무튼 그쪽이나 나나, 고생했네요."

수척한 볼에 웃음을 남긴 채 니시키모는 담요를 다시 어깨로 끌어올렸다. 이 사람이 정말 방금 사체를 칼로 찌르고 바다에 던져 버린 사람이 맞나. 옆에서 지켜봤는데도 그게 믿기지 않을 만큼 너무나 태연한 모습이었다. 나는 니시키모의 상처에 소독약을 바를 때도 붕대를 감을 때도 삼각건에 팔을 걸어 줄 때도 온몸이 떨리는 것을 주체할 수 없었고 지금도 계속 떨고 있는데.

"골판지 같은 거, 없어요?"

니시키모가 구멍 난 베란다 창을 턱짓으로 가리켰다.

"저기, 막아 두게요. 추우니까."

나는 벽장을 열고 여름옷을 담아 둔 박스를 끌어냈다. 니시키 모는 박스 뚜껑 부분을 왼손만으로 찢어내어 창문에 난 구멍에 대고 청테이프로 고정했다. 창밖은 산울타리여서 임시로 막아 둔 자리가 골목에서 들여다보이지는 않을 것 같았다.

"왜…… 다사카를 죽이려고 했죠?"

겨우 물어볼 수 있었다.

"그 사람하고 뭐가 있었나요?"

니시키모는 창가에 선 채 가볍게 시선을 비켜 위를 올려다보았다. 장난하다 들킨 꼬마가 얼버무리려는 듯한 모습으로.

"그건 말 못합니다."

"말해 주세요."

"당신이 알아도 방법이 없어요."

"그렇다면 최소한 당신이 어떤 사람인지—,"

"어떤?"

"그러니까, 직업이라든가……."

"가다랑어를 잡습니다."

구체적으로 특정 직업을 예상하고 있던 것도 아니다. 그러나 너무나 뜻밖의 대답이었다. 물론 부상을 처치해 줄 때부터 티셔츠 입은 상반신이 탄탄하다는 것은 알고 있었고, 모터보트를 조종할 때도 바다에 꽤 익숙한 모습이기는 했지만.

"거의 매일 배에서 지내지만, 지금은 휴어기라서 뭍에 있습니다."

그렇게 말하고 니시키모는 왠지 창가에 털썩 주저앉았다. 마치 두 다리가 사라져 버린 듯한 갑작스러운 동작이었다. 초점이 풀린 눈을 하고 있었다. 혹시나 해서 이마를 짚어 보니 사람 체온이 이렇게 높을 수 있나 싶을 만큼 뜨거웠다.

"누워 보세요."

다친 곳에서 염증이 일어나는 탓이겠지. 처치할 때 오른팔이 뜨겁다고 느끼긴 했는데, 아무래도 고열이 온몸으로 퍼진 모양이다.

"아니, 괜찮아요, 괜찮아요."

그러나 바닥에 깔아 둔 담요로 데려가자 니시키모는 쓰러지듯 누웠다. 담요와 얇은 이불을 덮어 주었지만 아무래도 부족할 것 같았다. 창에 난 구멍을 골판지로 대강 막아 둔 탓에 실내는 여전히 추웠다. 나는 여름이불을 하나 더 꺼냈다. 니시키모는 미안합니다, 라고 중얼거리고 쓴웃음을 지었지만, 그 목소리와 표정을 보니 방금 전까지 애써 자연스러운 척했다는 것이 분명했다.

니시키모가 눈을 감자 마침내 볼에 떠올라 있던 쓴웃음도 서서히 사라지고 금세 잠들어 버렸다.

일어서서 천장 조명을 알전구로 바꾸었을 때, 내가 덮을 이불이 없다는 것을 그제야 알았다. 그 작은 실수가 컵 테두리까지 가득 차올라 있던 물에 떨어져, 두 눈에서 불쑥 눈물이 쏟아졌다. 두 다리가 솜처럼 맥없이 무너져 다다미에 주저앉아, 입으로 호흡해서 오열을 필사적으로 막았다. 무릎 위에 주먹을 꼭 쥔 양손에 눈물이 똑똑 떨어졌다.

울면서 몸을 뉘고 이불 가장자리로 들어갔다. 지칠 대로 지쳐

버린 팔다리가 이불 속에서 각설탕처럼 녹았다. 나는 아무것도
생각할 수 없게 되어 그대로 잠들었다.

날지 못하는 수벌의 거짓말

4

순찰차를 처음 발견한 것은 날이 완전히 밝았을 때였다.

두 장을 겹쳐 덮은 이불에서 빠져나와 창문 커튼을 열고 보니 해변 도로를 매우 느린 속도로 왼쪽에서 오른쪽으로 움직이는 것이 눈에 들어왔다. 심장이 멎을 듯해서 커튼 자락을 쥔 채 꼼짝할 수 없었다.

"그냥 순찰하는 겁니다."

뒤에서 니시키모가 일어섰다.

"하지만, 이 근방을 순찰차가 저렇게 지나가는 일은, 지금까지 없었어요."

"신경 써서 본 적이 없었던 거겠죠."

다사카의 사체는 정말 바다 밑으로 가라앉았을까. 가슴과 배에 구멍이 난 몸뚱이가 이미 어느 해변으로 밀려와서 경찰이 지금 살인범을 찾고 있는 것은 아닐까. 경찰이 이 집에 찾아오지 않았다고 해서 다사카의 사체가 발견되지 않았다고 장담하기는 어렵다. 다사카가 이 집에서 지낸다는 사실을 아무에게도 말하지 않아서 경찰도 모르는 것일지도.

간밤의 일을 떠올렸다. 내가 다사카의 가슴을 찌른 뒤 니시키모는 보트를 준비하겠다면서 집 안에 사체와 나를 남겨두고 나갔다. 돌아온 것은 30분쯤 지나서였고, 문 앞에는 공사 현장에서 가져왔다는 손수레와 직사각형으로 접힌 파란 비닐시트가 있었다. 니시키모는 사체를 손수레에 싣고 파란 비닐시트를 씌워서 가렸다. 우리는 손수레를 캄캄한 골목으로 밀고 나갔다. 니시키모의 길안내로 가로등 없는 도로를 골라 바다 쪽으로 내려가자 잔교 초입에 모터보트가 있었다. 사체를 바다에 가라앉히고 돌아오자 니시키모는 나를 먼저 집에 보내고, 30분쯤 지나서 다친 팔을 처치하기 위해 아파트에 찾아왔다. 손수레와 파란 비닐시트는 원래대로 공사 현장에 가져다놓았다고 했는데―.

"보트는 어디 있어요?"

"안 보이는 곳에 숨겨 두었어요. 물론 피 같은 건 깨끗이 닦아 놓았으니까 괜찮아요."

텔레비전을 켜고 뉴스 프로그램에 채널을 고정했다. 잠시 화면을 노려보고 있었지만, 변함없이 경제 불황만 보도되었다. 다사카의 사체는 발견되지 않은 걸까. 아니면 아직 미디어에 전해지지 않았을 뿐일까. 혹은 해변에 사체가 떠밀려오는 사건은 너무 사소해서 대대적으로 보도하지 않는 것일까.

"당신은, 일단 평소처럼 지내야 합니다."

벽에 걸린 시계를 보니 이제 출근해야 할 시간이었다. 나는 서둘러 몸단장을 했다. 아파트를 나설 때 니시키모에게는 이 집을 나가지 말라고 말해 두었다. 아직 열이 떨어지지 않아서라고 했지만, 실은 귀가했을 때 나 혼자 있게 될까 봐 두려웠기 때문이다.

저녁 퇴근길에 약국에서 진통제를 사서 아파트로 돌아왔다.

현관을 들어설 때 골목 모퉁이를 돌아 들어오는 순찰차가 보였다.

"뭐, 근처에 도둑이라도 들었나 보죠."

이불 속에서 니시키모가 얼빠진 눈으로 웃어 보였다.

"항구 마을에는 남자 없는 집이 많아서 다른 지역보다 야간 절도 사건이 잦다고 합니다."

하지만 그의 눈에 떠오른 어두운 빛이 고열 때문만은 아님을 쉽게 느낄 수 있었다. 지금 생각해 보면 그때 니시키모는 이미 자기가 저지른 실수를 알고 있었는지도 모른다.

"상처, 소독할게요."

구급상자를 열고 소독액과 새 붕대를 꺼냈다. 담요 옆에 무릎을 꿇고 양손을 내밀자 니시키모는 순순히 목에서 삼각건을 풀어냈다.

"여기는 지대가 꽤 높던데…… 바다에 피는 꽃, 본 적 있어요?"

나는 고개를 저었다. 뭘 말하는지 모르지만 그런 건 본 적이 없다.

"그걸 뭐라고 해야 하나, 구름 틈새로 빛줄기가 떨어질 때가 있지 않습니까."

"박명광선 말인가요?"

상대가 멍한 표정으로 고개를 갸웃거려서, 천사의 사다리라는 좀 더 일반적인 말로 고쳐 말했다.

"아아…… 그 이름이 낫네요."

니시키모는 입가에 미소를 그렸다.

"내 어머니가 어릴 때 집 창문 밖으로 그 사다리를 보았답니다. 바다 위로 내려오는 그것을. 하나가 아니라 다섯 줄기……
마치, 엄청나게 큰 회중전등이 일제히 바닷물을 비추는 것 같은.
너무 아름다워서 계속 보고 싶었지만 부모님 일을 도와야 해서
체념하고 집 안으로 물러났다더군요."

　깊은 상처에 소독약을 적신 탈지면을 갖다 댔다. 어려서 오른
쪽 넓적다리를 크게 다쳤을 때 나도 간호사에게 이런 처치를 받
았다. 탈지면이 상처에 닿을 때 뼈를 찔리는 듯한 통증이 치달았
던 기억이 나는데, 니시키모는 안색 하나 변하지 않고 움찔거리
지도 않았다.

　"어머니는 내가 아홉 살 때 돌아가셨지만, 빈말로라도 행복
하다고 할 수 없는 인생이었어요. 그 어머니가 돌아가시기 직전
에, 그러셨어요. 만약 그때 집을 뛰쳐나가 아무 배라도 얻어 타
고 그 빛을 향해 갔다면 눈앞에서 빛의 꽃을 볼 수 있지 않았을
까 하고. 그렇잖아요, 빛 다섯 줄기가 바닷물을 나란히 비추고
있으니 잘하면 꽃 모양처럼 보이지 않겠어요? 하나하나가 꽃잎
이고…… 십 엔짜리 동전을 둥글게 놓은 것 같은."

　그럴 가능성은 희박하지만, 절대로 있을 수 없다고도 하기 어
렵다. 그런 것을 정말로 본다면 얼마나 아름다울까.

　"그때 빛의 꽃을 보았다면 내 인생이 조금은 달라지지 않았
을까, 하셨어요. 꿈이라도 꾸는 얼굴로. 그 말을 들으니, 어머
니가 종종 집안일을 하다 말고 멍하니 바다 쪽을 바라보던 이유
를 알 것 같았고…… 결국 어머니는 빛의 꽃 같은 걸 못 보고 불
쌍하게 돌아가셨는데…… 나는, 어린 마음에, 만약 보셨다면 정

말 뭔가가 달라지지 않았을까 하고…… 논리적인 생각은 아니지
만……."

　입술 움직임이 느려져 점점 알아듣기 힘들어졌다. 이마에 손
을 대 보니 아침보다 훨씬 더 뜨거웠다. 니시키모가 소독약의 통
증에 반응하지 않은 것은 고열 때문이었는지도 모른다.

　"나도 온전하게 살아 온 놈은 아니지만, 천사의 사다리라는 걸
볼 때마다 생각을…… 만약 내 눈으로 그런 꽃을 보았다면, 내
인생, 달라지지 않았을까 하고……."

　본 적 있느냐고 묻자 니시키모는 힘없이 고개를 저었다.

5

며칠 동안 니시키모의 고열은 떨어지지 않았다.

나는 방에 니시키모를 뉘어 둔 채 아침마다 출근했다. 대학으로 가는 길에 잡화점에서 신문을 사다가 연구실 구석에서 꼼꼼하게 살펴보았지만 해변에 사체가 밀려왔다는 보도는 없었고 집에서 보는 뉴스 프로그램에서도 마찬가지였다.

거리에는 역시 순찰차가 자주 보였다. 출근길과 퇴근길. 아파트 창밖. 분명 기분 탓이 아니라 지금까지 경험한 적이 없는 잦은 출현이었다.

퇴근길에 슈퍼마켓에서 식재료를 사다가 두 사람 분 식사를 준비했다. 나는 좌탁에서 니시키모는 담요 위에서 상체를 일으키고 밥을 먹었다.

그러는 동안에도 우리는 애써 그날 밤 사건과 무관한 이야기만 나눴다. 어릴 적 꿈. 언젠가 곤충 연구자가 되어 전 세계를 여행하고 싶었던 것. 그 꿈을 실현할 가망이 없어 보인다는 것. 노린재가 가진 취선의 구조. 무당벌레의 집단 월동. 이제는 벽장에서 꺼낼 일도 없어진 어린 시절에 만든 표본을 니시키모는 보고 싶어 했다.

표본상자를 꺼내 다다미에 늘어놓자 그는 소년처럼 눈알을 반짝였다. 나도 추억 어린 표본들을 잠시 넋 놓고 보았다. 나비의 지맥. 갑충의 외골격. 머리빗처럼 생긴 나방의 촉각. 표본의 배치 방식에도 꽤 공을 들였던 것을 나는 간만에 떠올렸다. 가령

네 종류의 곤충을 옆으로 나란히 배치할 때도 놀랄 만큼 다양한 패턴이 있다. 곤충의 수를 자연수=N이라고 한다면, 패턴의 가짓수는 그 계승이 된다. 즉 N이 4라면 4×3×2×1로 총 24가지. N이 5라면 120가지, 6이라면 720가지. 물론 그때는 이런 공식을 알지 못했지만, 아무리 바꾸어 배치해 봐도 여전히 또 다른 배치 방식이 있어서 좀처럼 결정하지 못했다.

니시키모가 들려주는 이야기는 대개 고기잡이에 관한 것이었다. 그가 타는 어선은 종종 호주 근해, 파푸아뉴기니 근방까지 가서 가다랑어를 잡는다고 한다. 고기잡이 기간은 한 달에서 길면 수개월. 그동안 내내 바다 위에 있다고 한다.

"하지만 12월과 1월은 휴어기여서 긴 휴가에 들어가죠."

그 휴어기에 왜 다사카를 죽이려고 했을까. 두 사람 사이에 대체 무슨 일이 있었을까. 묻지도 못하고 시간이 흘렀다.

베란다 창문에 난 구멍은 여전히 골판지로 막아 둔 상태여서 실내는 늘 쌀쌀했고, 우리는 여름이불을 겹쳐 덮은 잠자리에서 서로의 몸 사이에 손바닥 하나쯤 되는 공간을 비워 두고 잤다.

6

열흘쯤 지나서야 니시키모의 열이 떨어졌다.

팔의 상처도 아침저녁으로 소독할 때마다 나아지는 것을 볼 수 있었다.

"너무 폐를 끼쳐서 미안했어요."

그날 저녁, 니시키모는 주방에서 식사 준비를 거들었다. 오른손은 아직 쓰지 못하지만, 음식 솜씨가 좋다는 걸 금방 눈치챘다. 양손을 다 쓸 수 있다면 나보다 나았을지 모른다.

"내일 떠날게요."

튀김기름이 뜨거워지기를 기다리는 동안 니시키모는 내 얼굴을 보며 미소 지었다.

"당신은, 전부 잊을 수 있도록 애써야 합니다."

내가 고개를 모호하게 끄덕이는 것밖에 못하고 있자 무슨 까닭인지 니시키모가 기름을 끓이던 가스 불을 껐다. 잠시 침묵하다가 이쪽을 향해 돌아섰다. 그대로 아무 말 없이 우리는 서로의 눈을 마주 본 채 주방에 서 있었다. 이 좁은 집에서 함께 지내면서도 이렇게 오랫동안 눈을 마주 본 것은 처음이었다.

"한 가지, 부탁이 있습니다."

"제가 할 수 있는 일이라면."

할 수 있어요, 라며 니시키모는 고개를 끄덕였다.

그러나 도저히 실행할 수 없는 부탁이었다.

"그날 밤 일을, 언젠가 혹시 경찰이 알게 되면, 내가 찔렀다고 말해 달라는 겁니다. 내가 몰래 숨어들어와, 찌르고, 사체를 어딘가로 옮겼다고. 당신은 내 협박 때문에 경찰에 신고하지 못했다고."

"그렇게는 못합니다."

당연하지 않은가.

"죽인 건 나고, 사체도 함께 옮겼어요."

"어렵겠지만, 그렇게 해 주세요. 어차피—,"

이내 말끝을 흐렸다.

"조금만 더, 용기가…… 힘이 있었다면, 내가 그자를 죽였을 겁니다."

"니시키모 씨가 그 사람을 왜 죽이려고 했는지도 나는 알지 못합니다. 그런데 어떻게 그런 이야기를 받아들이겠어요."

"그래도, 약속해 주었으면 합니다. 내가 없어진 뒤, 그자와 관련해서, 언젠가 경찰이 뭔가를 파악하고, 여기 찾아올 가능성도 있어요. 그때는 반드시 내 이름이든 인상착의든 알려 주고, 그 남자가 전부 했다고 말해 주세요."

내가 대답하기 전에 초인종이 울렸다.

숨을 멈추고 얼굴을 마주 보았다. 초인종이 다시 울리고 뒤미처 남자 목소리가 들렸다.

"바쁘시겠지만, 실례합니다."

"방문판매원일 거예요."

굳이 그렇게 속삭인 것은 그러기를 바랐기 때문이다. 실제로 이 근방은 세일즈맨이 많이 돌아다닌다. 니시키모가 말했듯이 항구마을에는 남자가 부재한 집이 많기 때문일까.

세 번째 초인종이 울리고 다시 목소리가 들렸다.

"잠시 말씀 좀 드릴 수 있을까요."

가만히 현관으로 다가갔다. 도어렌즈로 내다보니 사십대로 보이는 남자가 서 있었다. 슈트 상의와 바지가 피곤한 듯 구겨지고 분명한 선이 없다. 가죽재킷을 옆구리에 끼고 있을 뿐 가방 따위 없이 빈손이어서 아무래도 세일즈맨 같지는 않았다. 남자는 도어렌즈에 얼굴을 가까이 하고 가볍게 웃어 보였다. 렌즈가 어른거리는 것을 보고 집 안에서 내다보고 있음을 알았는지도 모른다.

"경찰입니다."

온몸이 얼어붙었다.

가까스로 고개만 틀어 뒤를 돌아보았다. 니시키모가 소리 없이 움직여 탈의실로 숨었다.

"……네."

"이 근방 댁들을 일일이 방문하고 있습니다만, 잠깐 좀 확인해주셨으면 하는 게 있어서요."

마음을 다잡고 손잡이를 돌려 문을 밀었다. 그 순간 뒤에서 작은 피리소리가 들렸다.

베란다 창문에 난 구멍과, 그곳을 막은 골판지 틈새로 공기가 빠르게 들어온 탓이다. 귀에 익은 그 소리가 지금은 차디찬 칼날처럼 가슴을 관통했다.

"이거 실례합니다. 식사 중이셨나요?"

"아뇨…… 뭐죠?"

남자는 경찰수첩을 보여주며 자기소개를 마친 뒤 슈트 안주머니에서 사진 한 장을 꺼냈다.

"갑자기 이런 말씀 드려서 죄송합니다만, 이런 사람, 어디서 보신 적 있습니까?"

잠시 사진을 보고 나서 고개를 저었다.

"본 적 없는 것 같아요."

"비슷한 사람도, 본 적 없나요?"

고개를 갸웃거리고 다시 몇 초간 사진을 내려다보았다.

"아마, 없는 것 같아요."

아마, 라고 말한 것은 단언하면 의심을 살 가능성이 있기 때문이다.

형사가 들고 있던 것은 입술을 꾹 다물고 카메라를 똑바로 쳐다보는 니시키모의 사진이었다.

7

경찰이 왜 니시키모를 찾고 있을까. 대체 무슨 짓을 저지른 걸까. 그가 다사카를 죽이려 한 일과 관계가 있을까. 내가 아무리 물어도 니시키모는 고개를 저을 뿐이었다.

"그럼, 니시키모 씨 보트에 사체 흔적이 남아 있어서, 그걸 경찰이 발견한 것은—,"

"그 보트는 예전에 부정한 방법으로 얻은 거라서 설사 경찰이 발견해도 나랑 연결 짓지는 못해요."

그렇다면 역시 다사카의 사체가 바닷가에 밀려온 것은 아닐까. 경찰이 다사카와 니시키모의 관계를 파악하고—어떤 관계인지는 모르지만 니시키모를 살인 혐의로 추적하는 것은 아닐까. 그러나 이 물음에도 니시키모는 고개를 저었다. 만약 칼에 찔려 죽은 사체가 떠밀려 왔다면 벌써 언론에 보도되었을 거라면서.

"경찰이 나를 찾는 것은 전혀 무관한 다른 일 때문입니다. 그러니 안심하세요. 여하튼 더는 폐를 끼칠 수 없으니 떠나겠습니다. 내일이 아니라 오늘밤에라도."

"안돼요."

놀란 얼굴로 쳐다보는 니시키모에게 나는 강한 말투로 덧붙였다.

"여기 있어요."

대체 무슨 일이 일어나고 있는지는 알 수 없다. 하지만 이 집을 떠나면 니시키모는 경찰에 잡히고 만다. 그래서 다사카 살인의 전모가 드러난대도 괜찮다. 내가 한 짓이니 책임도 내가 져야지. 나는 그저 니시키모를 지키고 싶을 뿐이다. 그는 나를 도와주었다. 다사카가 거침없이 칼을 내지를 때 몸으로 막아 주었다. 이 사람이 없었으면 나는 그날 밤 죽었을지 모른다.

"최소한 다친 데라도 다 나을 때까지."

니시키모는 오랫동안 침묵하다가 가만히 말했다.

"내 부탁을 들어주겠다면."

고개를 끄덕이는 수밖에 없었다.

그리하여 이후로도 기묘한 생활이 이어졌다. 니시키모는 집에서 한 발도 나가지 않았고 나는 아침마다 시치미 뗀 얼굴로 출근했다. 출근길에 잡화점에서 신문을 사고 연구실 구석에서 확인하고, 퇴근길에는 슈퍼마켓에서 두 사람 분 식재료를 샀다. 집에 돌아오면 그것을 함께 조리해서 좌탁에 마주 앉아 먹으며 텔레비전 뉴스를 보았다. 밤이면 여름이불 두 장을 겹쳐 덮은 이부자리에서 잤지만, 두 몸 사이에 두었던 손바닥 하나만 한 공간은 점차 아이의 손바닥 정도가 되고, 손가락 네 개가 되고, 그것이 다시 세 개, 두 개, 한 개로 줄어들었다.

8

처음 몸을 포갰을 때, 멀리서 제야의 종소리가 울리고 있었다.

나의 넓적다리에 남아 있는 흉터를, 니시키모는 몸을 떼어낸 뒤 발견했다. 다사카의 폭행 때문이라고 생각했는지 그의 눈빛이 변했고 나는 고개를 저었다.

"더, 더 오래 전에 생긴 흉터예요."

초등학교 4학년 때 학교에서 귀가하다가 푸른부전나비를 발견하고 정신없이 쫓던 와중에 잡초 무성한 비탈을 굴러 떨어졌을 때 생긴 것이다. 푸른부전나비는 일본 어디서나 볼 수 있는 작은 나비로, 밝은 하늘색 날개를 가졌다. 해외에도 많이 서식하여 영어로는 Holly Blue라 불린다. 날개의 푸른색은 개체에 따라 다른데, 당시 귀갓길에 내 앞을 날아갔던 것은 그때까지 보았던 어떤 푸른부전나비보다 색이 진하고 아름다웠다.

"언젠가, 사라졌으면 좋겠어요."

조금 전까지 몸을 포개고 있었는데도 니시키모의 말투는 변함이 없었다. 다만 목소리의 감촉은 달랐다.

"내 잘못으로 생긴 흉터니까 이대로도 괜찮아요."

창밖에서 제야의 종소리가 계속되고 있었다. 잊을 만하면 다시 울리는, 꽤 긴 간격이었다. 귓가에 들리는 니시키모 목소리는 부드러워, 온몸에 파고든 줄연의 실들이 소리도 없이 풀려나가는 것을 나는 느끼고 있었다.

"여기를 나가면, 배를 탈 겁니다."

니시키모가 그렇게 말한 뒤 종소리를 들은 기억이 없는 것은 108번째 타종이 마침 끝나서일까. 아니면 내 귀에 닿지 않았던 걸까.

"하지만…… 경찰이 찾고 있어요."

"탈 겁니다."

이쪽을 쳐다보는 니시키모의 눈동자에 천장의 알전구가 비쳤다. 희미하게 젖은 눈동자 속에서 그 빛은 선향 불빛처럼 가늘게 배어나오고 있었다.

"배를 타면, 얼마나, 돌아오지 못하나요?"

"몇 개월일 수도 있고 더 길지도 모르죠."

"돌아오면, 여기로 오세요."

진심인지 어떤지 확인하려는 듯 니시키모가 내 얼굴을 들여다보았다.

"꼭 오세요."

9

'천사의 사다리'라는 이름은 구약성서에 나온다. 어느 날 야곱이 꿈에서 하늘을 올려다보니 구름 틈새로 빛의 사다리가 지상으로 내려와 많은 천사가 그 사다리를 오르내리고 있었다는 것이다.

니시키모와 함께하는 생활이 끝을 고하던 날, 나는 그것을 보았다.

1월도 하순에 접어든 일요일 낮이었다. 문득 눈길을 창밖으로 향하자 가느다란 빛줄기가 바다를 향해 내려오고 있었다. 막 비가 그친 하늘에는 온통 회색 구름이 퍼져 그 틈새로 새하얀 박명광선이 쏟아지는 참이었다. 한 줄기가 아니라 바다를 향해 두 줄기, 세 줄기—.

"볼 수 있을지 몰라요."

옆에 선 니시키모가 갈라진 목소리로 말했다.

"어머니가 말씀하시던……?"

고개를 끄덕이는 니시키모의 눈이 크게 벌어져 온전하게 드러난 눈동자가 바다를 향해 똑바로 뻗고 있다. 박명광선이 떨어지는 곳은 만 중간쯤에 떠 있는 작은 무인도 앞쪽이지만, 주택 지붕들에 가려서 어떤 모양으로 해수면을 비추고 있는지는 알 수 없었다. 그러나 분명히 광선은 다섯 줄기였고 모두 같은 곳을 향해 쏟아지는 것처럼 보였다.

"나, 바다로 나갈래요."

느닷없이 창가를 떠나며 니시키모가 말했다. 내가 놀라서 소매를 잡았다.

"안 돼요."

팔의 상처는 아직 낫지 않았고 밖에는 경찰이 그를 찾고 있을지 모른다.

"가게 해 주세요."

니시키모가 힘 있게 돌아보며 크게 뜬 눈으로 나를 보았다. 그러나 표정은 이내 약하게 녹아들고 마치 무슨 커다란 실패라도 자백하는 듯이 입술만 움직여 중얼거렸다.

"내 눈으로…… 가까이서, 보고 싶었습니다."

너무나 바보 같은 말이었다. 설사 다섯 줄기 빛이 바다로 쏟아지고 있다고 해서 그것이 마침 꽃잎 모양을 이루고 있을 리가 없다. 이런 대낮에 군이 안전한 장소를 벗어나 위험한 곳으로, 가망도 없는 것을 위해서 뛰쳐나간다는 말인가.

"왜 그런—,"

"이대로는, 안 되니까요."

"뭐가요?"

"바꾸지 않으면 안 됩니다…… 변하지 않으면."

그때 나는 그게 무슨 말인지 알지 못했다. 니시키모가 바꾸려고 하는 것이 나의 비호를 받으며 지내는 기묘한 날들이라고 생각하니 가슴이 싸하니 차가워졌다.

"꼭 보고 싶습니다."

니시키모가 한 발 물러나 붕대 감긴 오른쪽 팔꿈치 상태를 확인하듯 천천히 움직였다.

"원양어선을 타기 전에 꼭."

그 말을 끝으로 니시키모는 현관문을 나섰다. 내 몸이 움직인 것은 몇 초가 지나서였다. 그를 뒤쫓으려고 문을 열자, 뛰어가는 그의 뒷모습이 막 모퉁이를 돌아 사라졌다. 나는 차마 이름을 부르지 못하고 겨울 골목을 달렸다. 모퉁이에 다다랐지만 니시키모의 모습은 보이지 않았다. 항구를 향해 언덕을 내려가 여기저기 찾아다녔지만 어디서도 볼 수 없었다.

니시키모는 아까 바다로 가겠다고 했었다. 그렇다면 모터보트를 가지러 갔을까? 하지만 대체 어디에 숨겨 두었단 말인가. 그래, 강인지도 모른다. 항구에는 보트를 숨겨 두기가 어렵지만 하구로 들어가 강을 조금 거슬러 오르면 양쪽 강가에 나무가 울창한 곳이 있다. 그 근방이라면 사람들 눈에 띌 일이 없다. 나는 그곳을 향해 달리기 시작했다. 그때 앞에 보이는 네거리를 한 남자가 뛰어서 가로질렀다. 오른쪽에서 왼쪽으로. 바다 쪽을 향해.

나는 달리기를 멈추고 우뚝 멈춰 섰다.

낯익은 남자였다. 틀림없다, 저 사람은 일전에 아파트 현관에 찾아왔던 형사다. 네거리 모퉁이로 사라지기 직전에 형사는 윗주머니에서 뭔가 검은 것을 꺼내 볼에 댔다. 굳어버린 두 발을 간신히 움직여 네거리에 다다르자 달려가는 형사 너머로 바다가 보였다. 잿빛 해수면을 다섯 줄기 박명광선이 비추고 있었다. 그 앞에 모터보트가 보인다. 그 빛을 향해 오른쪽에서 바다 위를 곧장 달려가고 있다.

나는 언덕을 달려 내려갔다. 눈물이 관자놀이를 타고 양쪽 귓속으로 들어왔다. 바닷가에 닿기 전에 형사 모습이 모퉁이를 돌아 어디론가 사라지고 인기척 없는 항구에는 멀어져가는 모터보트 엔진 소리만 울리고 있었다. 그러나 곧 더 요란한 엔진 소리가 그 소리를 지웠다. 바람이 강하게 불자 일그러진 경치 속에서 구름이 빠르게 모양을 바꾸었다. 박명광선이 크게 퍼지고 다섯 가닥이던 것이 한 가닥의 굵은 빛이 되어 서치라이트처럼 모터보트를 비추었다. 오른쪽에서 나타난 배가—모터보트보다 몇 배나 큰 배가 속도를 높이며 같은 방향으로 달려간다.

시야가 위로 쳐들리고 두 무릎이 콘크리트 바닥을 찧었다. 바람은 위력을 더하여 멀어지는 두 개의 엔진 소리와 섞이고 나는 힘껏 외치지도 못한 채 니시키모를 부르는 목소리는 연방 목구멍에 치받혔다가 사라질 뿐이었다.

10

무화과를 한자로 無花果로 쓰는 이유는 꽃도 피지 않고 열매가 맺는 것처럼 보이기 때문이다.

하지만 사실 꽃은 열매 속에 모여 있다. 꽃을 가두는 형태로 열매가 생기는 식물은 매우 드물며, 달리 들어 본 일이 없다.

무화과말벌이라는 작은 벌이 있다. 암컷은 무화과 열매를 발견하면 표면에 구멍을 내기 시작한다. 산란관 끝의 날카롭고 뾰족한 부분으로 과육을 파 들어가 꽃이 모여 있는 안쪽으로 파고 드는 것이다. 암컷은 열매 속에 알을 낳고 그 알에서 수컷과 암컷이 태어난다. 그들은 무화과 속에서 씨를 먹고 자라며 마침내 교미한다. 그 후 수컷은 암컷을 밀실 밖으로 내보내기 위해 안쪽에서 열매 과육을 파 나간다. 암컷은 수컷이 뚫어 준 구멍을 빠져나가 하늘로 날아간다. 한편 수컷은 암컷을 내보내느라 기력이 다하여 열매에서 나오지 못하고 숨진다. 야생 무화과를 쪼개 보면 속에 수컷 무화과말벌이 죽은 상태로 발견되는 것은 그 때문이다.

창밖에 가을비가 조용한 소리를 내고 있다.

실버위크가 시작된 뒤로 뿌리는 비는 내리다 말다를 반복하여 어지러운 날씨가 계속되고 있다. 나들이철인데도 관광지의 인파가 예년보다 훨씬 적다고 오늘 아침 뉴스에서 보도했다.

아파트는 니시키모와의 기묘한 동거가 끝나고 3년 뒤에 철거되었다. 마침 그 시기에 어릴 때 곤충을 잡던 고지대 숲이 개발

되어 아파트가 들어섰다. 나는 그곳의 아파트를 빌렸고 30년 가까이 지난 지금도 같은 곳에서 살고 있다. 오랜 세월이 지나 나도 건물도 폭삭 늙었다.

니시키모가 준 인생을 나는 낭비하지 않았던 것 같다.

그 후로 대학 연구실을 나와 독립행정법인 연구기관으로 옮겼다. 전보다 자유로운 환경에서 도시형 곤충을 전문으로 연구하고 예전에 꿈꾸던 대로 세계 각지에 필드워크를 다녀오기도 했다. 독일, 영국, 아일랜드, 미국, 인도, 중국. 가는 곳마다 현지 연구자와 의견을 나누고 그들의 저서에 이름을 올리는 일도 몇 번 있었다. 직접 책을 쓴 적은 없고 앞으로도 쓸 수는 없을 테지만, 소소한 자부심과 자신감을 품고 지금도 연구직으로 일하고 있다.

오랫동안 살아온 이 집은 데스크 정면에 창문이 있다. 그 창으로 늘 만이 내다보이는데, 지난 30년 가까운 동안 니시키모가 보고 싶어 하던 빛의 꽃은 한 번도 핀 적이 없다.

니시키모는 어떤 사람이었을까.

내가 사실을 안 것은 니시키모가 바다로 나가고 이틀 후였다. 신문 지역 면에 실린 작은 기사가 그의 정체를 알려주었다.

만 남쪽에 사는 남자가 모터보트를 훔쳐 타고 종종 바다를 건너 북쪽 주택가에서 절도 행각을 벌였다. 수사를 계속하던 경찰은 범인이 니시키모라는 절도 전과자임을 알아냈다. 그의 집을 감시했지만 귀가하지 않았고, 행방을 추적하는 가운데 북쪽 주택가에서 그를 발견했다. 그는 보트를 타고 바다로 도망쳤지만 경찰정이 추적하여 해상에서 체포되었다. 그는 오랫동안 절도로 생계를 꾸렸는데, 자신은 가다랑어 잡는 어부라고 주변에 말해 왔다고 한다.

니시키모와 다사카는 대체 어떤 관계였을까.

그 뒤로 니시키모를 만난 적이 없어서 진실은 알지 못한다. 한데 어느 날 내 머리에 한 가지 상상이 떠올랐다. 신문기사를 보고 3년 뒤, 이사 때문에 어머니에게 전화를 걸었을 때였다.

〈네가 늘 벌레 잡던 그 숲 있잖니. 혹시 거기 아파트가 들어서니?〉

딸 인생에 일어났던 사건을 전혀 모르는 어머니 목소리는 평소처럼 밝았고, 나는 그것이 고마웠다. 대화를 좋아하는 어머니는 나의 어린 시절이 그립다는 듯이 이것저것 추억을 끄집어냈고, 그러다가 내가 넓적다리를 크게 다쳤던 일도 떠올렸다.

〈그때는 얼마나 놀랐던지.〉

그때 비탈 밑에서 치마를 피로 빨갛게 물들이고 겁에 질려 울지도 못하고 있던 나를 지나가던 소년이 발견해 주었다. 소년이 가까운 집으로 달려가 문을 두드려서 구급차가 달려오고 나는 병원에 실려가 넓적다리를 14바늘이나 꿰맸다. 이튿날 그 소년이 비탈에서 유리병 깨진 조각을 일일이 주워 비닐봉지에 담는 것을 보았지만, 나는 말 걸기가 부끄러워 잠자코 쳐다만 보고 있었다. 그 뒤 소년을 본 적이 없어 결국 고맙다는 인사도 못하고 말았다. 기억을 끄집어내며 내가 그 이야기를 하자 전화기 너머에서 어머니가 생각지도 못한 말을 했다.

〈니시키모 군 말이구나.〉

잘못 들은 줄 알았다.

흔들리는 목소리를 억누르며 물어보자 어머니는 다시 한 번 그 이름을 말했다.

〈만 남쪽에 살던 아이인데, 우리 집에 생협 물건을 배달하던 아주머니가 그 아이 집 근처에 살았지. 아주머니라고 해도 지금의 나보다는 젊었었지만.〉

예전에 그 여자에게 니시키모 이야기를 들었다고 한다.

〈집안에 무슨 문제가 있었다고 하더라. 아버지가 하는 일도 없이 대낮부터 술이나 퍼마시고. 가정폭력이라고 하나, 그 집에서는 늘 그렇게 물건 깨지는 소리와 비명이 들렸다는데, 주변에서 유명했다지. 아마 니시키모 군이 늘 혼자 자전거를 타고만 반대쪽까지 오던 것도 집에 있기가 싫어서 그랬던 모양이라고…… 그런 이야기를 들은 적이 있어.〉

나는 대답도 못하고 수화기를 귀에 대고 있었다.

〈널 데리고 병원에서 돌아온 뒤 구급차를 불러 준 집에 고맙다는 인사를 하러 갔거든. 그때 네가 다친 것을 제일 먼저 알려준 사람이 마침 거기를 지나가던 남자애라는 이야기를 처음 들었지. 문 앞에서 자기 이름을 밝혔다고 하는데, 그게 니시키모 군이라는 아이라고…… 드문 성씨여서 금방 알았지. 아, 생협 아줌마가 말하던 바로 그 집 아이구나.〉

어머니가 말끝을 흐렸다.

〈다친 딸을 발견해 주었으니 니시키모 군 부모에게도 인사하러 가야겠다고 생각하긴 했지만, 이런저런 들은 얘기가 있잖니. 선뜻 발길이 떨어지지 않아서 미루고 있었는데…… 가 봐야 집에 없을 거라는 말이 들려서.〉

마지막 대목에서 망설이는 듯이 뜸을 두었다.

왜 집에 없다는 거냐고 물어보자 어머니는 짧은 한숨을 토하고 말했다.

〈걔네 엄마가 죽었대.〉

술에 취한 남편이 칼로 아내를 찔러 죽였다는 것이다.

아들이 보는 앞에서.

지금으로부터 50년 전에 일어난 내가 모르는 잔혹한 사건이었다.

〈아버지는 물론 바로 체포되고 니시키모 군은 친척에게 맡겨졌다는데…… 그때는 네가 아직 어렸고 마침 같은 또래여서 말하지는 않았지만, 너무 불쌍하지…….〉

점점 한숨이 섞이는 어머니 목소리에 그날 들었던 소년의 목소리가 겹쳐졌다.

―술이라는 거, 이 세상에 없었으면 좋을 텐데.

비탈에서 한 되들이 술병 조각을 줍던 소년은 이쪽을 보지 않은 채 그렇게 중얼거렸다.

그때 나는 니시키모가 아파트에서 했던 말을 떠올렸다.

―어머니는 내가 아홉 살 때 돌아가셨지만, 빈말로라도 행복하다고 할 수 없는 인생이었어요.

엄마와 통화를 마치고 나는 다다미에 주저앉아 생각했다.

니시키모와 잠시 함께 지냈던 그 집에서 혼자 눈을 감고 오랫동안 생각했다.

─그날 밤 일을, 언젠가 혹시 경찰이 알게 되면, 내가 찔렀다고 말해 달라는 겁니다.

─조금만 더, 용기가…… 힘이 있었다면, 내가 그자를 죽였을 겁니다.

이윽고 이런 상상이 떠올랐다.

모터보트로 만을 건너가 절도를 일삼던 니시키모는 심야에 어느 아파트에 숨어들었다. 주인이 잠들었으리라 생각하고. 그런데 베란다 창문을 따고 들어간 뒤 갑자기 현관문이 열리고 남자가 들어왔고, 그는 당황해서 탈의실에 숨었다. 남자는 들어오자마자 여자를 들깨워 마구 때리고 부엌칼을 들었다. 그 칼이 여자를 향해 내질러진 순간, 그는 재빨리 탈의실을 뛰어나와 남자를 뒤에서 끌어안았다. 그때 방바닥에 떨어진 부엌칼을 여자가 주워 남자 가슴을 찌르고 말았다.

얼이 빠져 버린 여자에게 그는 큰소리쳤다.

─나, 이 남자를 죽이러 온 겁니다.

여자 모습에서 예전 어머니 모습이 보였을까.

죄의식을 조금이라도 덜어주고 싶었을까.

─이런 인간 때문에 인생을 희생하면 안 됩니다.

그리고 그는 남자 사체를 바다에 가라앉혔다. 여자의 죄를 감추기 위해. 그녀에게 새로운 삶을 살아갈 기회를 주기 위해. 여자가 오래 전 비탈 밑에서 치마를 새빨갛게 물들이고 주저앉아 있던 소녀임을 알지 못한 채.

　—당신은, 전부 잊을 수 있도록 애써야 합니다.

　물론 그 아파트에서 니시키모와 지내는 동안 전혀 눈치 채지 못한 것은 아니었다. 처음부터 조금 이상한 점은 있었다. 다사카를 죽이려고 했다는 사람이 흉기 같은 것도 준비해 오지 않았고, 죽이러 왔다고 말했지만 이유는 밝히려고 하지 않았다. 뭔가 거짓말 같다고 생각했다. 그 거짓말이 본인을 위해서가 아니라는 것도 느끼고 있었다. 그러나 설마 그가 단순 절도범이고 다사카와 면식조차 없다는 상황은 짐작도 하지 못했었다.

　건물을 에워싼 빗소리가 어느새 들리지 않았다.

　창가에 서서 비가 그친 바다를 내려다본다. 젖은 유리 너머에는 구름이 펼쳐져 만 전체를 잿빛으로 덮고 있다. 이렇게 여기서 바라보면 종종 모터보트가 해수면을 이동하는 모습이 보인다. 물론 거기 탄 사람의 얼굴까지는 보이지 않지만 나는 늘 그가 니시키모라고 상상한다. 그 사람은 지금 어떻게 살고 있을까. 가다랑어잡이에 해박했으니 실제로 흥미를 느끼고 있었는지도 모른다. 어쩌면 그 뒤에 정말로 가다랑어 어부가 되어 원양어선을 타고 먼 바다로 고기잡이하러 나간 것은 아닐까. 그리고 가끔 돌아와서는 모터보트를 타고 만을 달리는 것은 아닐까. 창밖으로 보이는 저 보트에 타고 있는 것은 아닐까.

　—여기를 나가면, 배를 탈 겁니다.

　적어도 절도 짓은 그만두었겠지.

　—몇 개월일 수도 있고 더 길지도 모르죠.

날지 못하는 수벌의 거짓말

그는 다친 팔이 나으면 경찰에 자수하여 죄를 갚을 생각이었다. 원양어선을 타겠다는 말은 아마 그런 의미였으리라. 만약 그날 니시키모가 아파트를 뛰어나가지 않았다면 그렇게 되지 않았을까. 제 발로 경찰서에 찾아가 죄를 갚은 뒤 나를 찾아와 주었을까. 시간을 거슬러 올라갈 수 있다면 우리는 어디로 돌아가 무엇을 했을까.

밝은 빛을 느끼고 눈길을 들었다.

구름 틈새로 박명광선이 내려왔다. 만에 오도카니 떠 있는 작은 섬 앞쪽에—그 어두운 바다에 새하얀 빛이 내려와 내가 바라보는 동안에도 그 수가 늘어난다. 동그란 빛이 등간격으로 해수면을 비추고—또 하나—또 하나—.

"꽃……."

나는 숨을 삼켰다.

니시키모의 어머니가 그 슬픈 가슴에 그렸다는 빛의 꽃. 니시키모가 꼭 보고 싶어 했던, 그것이 지금 해수면에 커다랗게 피어나려 한다. 감히 형용키도 어려울 만큼 아름다운 다섯잎꽃이 새하얗게 피어나려 한다. 모든 것이 눈부심 속으로 사라지고 내 시야에는 오직 꽃만 남았다. 나는 그 꽃 속에 나처럼 늙은 니시키모의 모습을 그렸다. 같은 광경을 목도하고 있는 그의 모습을 상상하며.

신은 두 개의 기적을 동시에 일으켜 주지는 않는다는 것을 알면서도.

나 곧 구름 틈새로 비껴든 빛임을 알았다. 회색 구름에 생긴 다섯 개의 틈새로 햇빛이 해수면을 비추고, 그 빛줄기가 우연히 아름다운 꽃 모양으로 모여 있는 것이다. 기체의 희미한 진동이 시야를 흔들어, 다섯 개의 빛은 잔상을 테두리처럼 두르고 있다. 해수면에 피어난 꽃은 내가 보는 동안에도 아름다움을 더해갔다.

이런 일이 정말로 일어날 수 있다니.

지금 내가 보는 광경은 실제 풍경일까.

눈부신 빛의 꽃을 내려다보면서 나는 다시 알 수 없게 되었다. 신. 기적. 모래에 묻혀 있던 반달형 시 글래스. 홀리가 그렇게 살아 준 것. 올리아나가 다시 보여준 웃음. 스텔라 집에서 본 사진.

아니, 이제는, 아무렴 상관없다.

마치 요란하게 재채기라도 한 것처럼 후련함이 가슴에 번졌다. 허리를 똑바로 펴니 해수면에 핀 꽃에서 발산되는 빛이 오랫동안 오그라들어 있던 뼈 틈새로 비껴드는 기분이었다.

아무렴 어떠랴. 홀리의 죽음을 극복하고 함께 살기 시작한 올리아나와 스텔라가 아주 가끔이라도 웃으며 지내 준다면, 그것으로 족하다.

진실은 알 수 없다. 본인에게 물어보지 않았으니까. 그러나 나는 그렇게 생각했다.

모니터로 눈길을 돌린다.

확실하지는 않지만 아마 지금 기체는 그 도시 상공을 날고 있으리라.

귀국한다고 연락했을 때 아버지는 변함없이 담담한 말투로 응했지만, 그 목소리에는 분명히 기뻐하는 기미가 섞여 있었다. 이야기하고 싶은 것이, 이야기해야 할 것이 많다. 사죄해야 할 것도. 십 년 가까이나 만나지 않은 아버지와 온전히 대화할 수 있을까. 오랫동안 가슴에 응어리져 있던 말은 제대로 목소리가 되어 줄까.

모니터를 응시하고 있을 때 승객들이 웅성거리기 시작했다.

뭔가에 놀라거나 감탄하는 듯하다.

주위를 둘러보니 옆에 앉은 나이 든 백인 남성도, 통로 너머에 앉은 젊은 일본인 여성도 나와 마찬가지로 의아한 표정으로 주위를 둘러보고 있다. 나는 팔걸이에 두 손을 짚고 살짝 일어나 보았다. 웅성거리는 사람들은 아무래도 창가석 승객뿐인 듯하다. 그것도 내가 앉은 쪽뿐이다.

다시 앉아 창에 얼굴을 가까이 대 보았다.

눈을 의심케 하는 광경이 거기 있었다.

어두운 바다에 빛의 꽃이 피어 있다. 거대한 둥근 빛이 해수면에 다섯 개—그것들이 모여 하나의 거대한 꽃이 되어 하얗게 빛난다. 그 빛의 정체가 무엇인지 처음에는 이해하지 못했다. 그러했을까.

아니, 그런 일은 있을 수 없다.

상상할 수 있는 가능성은 하나.

만약 스텔라가 나와 똑같은 일을 했다면.

보물처럼 아끼던 시 글래스를 잃어버렸다는 것은 거짓말이고, 실은 내내 간직하고 있었던 게 아닐까. 뭔가를 기원하며. 기도하며. 원하는 대로 풀리지 않는 세월에 때때로 기도를 거부당하며.

나와 올리아나가 더블린만으로 가던 밤, 스텔라는 홀리에게 그 이야기를 들었다. 우리가 우라늄 글래스로 만들어진 시 글래스를 찾으러 갔다는 것을. 그 뒤 스텔라도 바닷가에 나타났다. 그녀는 우리를 소리쳐 부르기 전에, 혹은 우리와 이야기한 뒤, 자신의 보물을 모래밭에 던져 두었다. 올리아나가 발견할 수 있도록. 수십 년을 소중히 간직해 온 보물이 모래밭에 묻혀 사라질 수도 있었을 텐데.

그렇다면 기적을 일으킨 쪽은 신이 아니라 스텔라다.

애초에 스텔라가 현관등 밑에서 시 글래스 이야기를 한 이유도 처음부터 올리아나를 바닷가 모래밭으로 보내기 위해서가 아닐까. 그녀가 보물 같은 시 글래스를 잃어버렸다고 거짓말을 한 까닭은 자기 삶이 올리아나에게 어떻게 비치고 있는지를 누구보다 잘 알고 있었기 때문이 아닐까. 만약 그때 스텔라가 지금도 행운의 시 글래스를 간직하고 있노라 말했다면 올리아나는 시 글래스의 힘을 믿지 않았을지도 모른다. 이모의 삶이 어땠는지를 알고 있으니까.

아니었다.

이사를 돕던 날, 나는 어떤 것을 보았다. 종이박스를 안고 맨 처음 스텔라의 집 안에 들어설 때였다. 주방 구석의 낡은 선반에 황록색 유리조각이 놓여 있었다. 내가 소접시를 깨뜨려 만들고 스텔라가 모래사장에서 발견한 가짜 시 글래스였다. 나는 부끄러움과 약간의 기쁨을 느끼며 종이박스를 바닥에 내려놓고 선반으로 다가섰다. 유리조각이 놓인 자리는 나무액자 앞이었다. 액자에 있는 색 바랜 스냅사진에는 나이어린 스텔라와 홀리가 나란히 찍혀 있었다. 홀리는 건강한 모습이고 스텔라는 지금보다 날씬한 것이 두 사람은 잘 어울려 보였다. 잠시 그 사진을 바라보는데 짐을 들고 들어오는 스텔라와 올리아나 목소리가 들려서 나는 아무렇지도 않은 얼굴로 선반 앞을 떠났다. 다시 종이박스를 들고 들어왔을 때는 액자는 보이지 않고 유리조각만 그곳에 남아 있었다. 아마 스텔라가 그걸 보고 어디로 치워 두었으리라. 나는 모르는 척 이사를 도우며 방금 내가 본 것의 의미를 생각해 보았다.

나란히 웃음 짓던 어린 스텔라와 홀리. 스텔라가 자랑스럽게 내민 오른손 검지와 엄지 사이에 작은 유리조각이 있었다. 황록색을 띤 반달형 유리조각. 그날 밤 올리아나가 모래에서 발견한 것과 똑같은 것이었다.

도대체 어떻게 된 일일까. 어린 시절 스텔라가 잃어버린 우라늄 글래스로 만들어진 시 글래스는 어떤 과정을 거쳐 더블린만의 모래밭에 묻혔을까. 올리아나는 또 어떻게 그걸 우연히 발견은 것이었으니까. 홀리가 죽은 뒤 나는 올리아나에게 그렇게 말했다. 그러자 소녀는 시 글래스를 꼭 쥐고 고개를 끄덕이다가 눈물을 참으며 고맙다고 작은 소리로 말했다.

홀리의 장례를 치르고 다음 주에 올리아나는 스텔라 집으로 옮겼다. 이사 업체에 의뢰할 정도로 짐이 많은 것도 아니고 그렇다고 스텔라와 올리아나 둘이서 옮길 수 있는 양도 아니었으므로 내가 자청해서 이사를 거들었다.

스텔라의 집에 마지막 짐을 들여놓자 그녀가 홍차를 타 주었다. 그다지 정갈하지 않은 식탁에 세 사람이 둘러앉아 나눈 이야기는 역시 홀리에 관한 것이었다. 스텔라와 올리아나는 이야기하는 동안 목이 메고 눈물을 많이 흘렸다. 그러나 홍차를 다 마신 내가 작별 인사를 할 때 두 사람의 얼굴에는 미소가 떠올라 있었다.

—우리 엄마를, 잊지 마.

헤어질 때 올리아나는 나에게 도화지 한 장을 내밀었다. 언제 스케치했는지는 알 수 없으나 전보다 더 능숙해진 필치로 온화하게 잠든 홀리의 얼굴이 그려져 있었다.

그 뒤로 그녀들을 만난 적이 없다.

일에 치여 살다 보니 벌써 반년 남짓 지나고 말았지만, 지금은 어떻게 지내고 있는지. 올리아나의 머리는 원래대로 자랐는지. 스텔라하고는 잘 지내는지.

사실 두 사람의 생활에 대한 우려는 오래 전에 가셨다.

동틀 녘 바닷가 모래밭에서 스텔레의 진심을 알고 나서—만은

7

차차 고도를 낮추던 기체가 마침내 구름 밑으로 나왔다.

창에 얼굴을 대고 상공을 내다보았다. 회색 구름이 멀리까지 펼쳐져 있다. 모처럼 실버위크를 맞았는데 아무래도 날씨는 그다지 좋지 않은 듯하다. 빗방울은 보이지 않지만 이제 곧 쏟아지려나. 아니면 비는 벌써 그친 걸까.

눈앞에 있는 모니터에는 주위 지도와 함께 기체의 현위치가 표시되어 있다. 아마 비행기는 곧 고향 위를 통과할 것이다. 유럽 방면을 오가는 항공편 대부분은 국제공항에 도착하기 직전이나 이륙한 직후 그 도시 상공을 지나간다.

모니터의 지도는 축척이 너무 커서 도시의 정확한 위치는 알 수 없었다. 표식이 될 만한 해안선도 지도에는 생략되어 있다. 물론 만 한가운데 떠 있는 작은 섬도 볼 수 없었다.

홀리는 그 뒤 두 달을 더 살았다.

수면과 죽음의 경계가 없는 편안한 최후였다.

동틀 무렵 해변에서 시 글래스를 발견하고 두 달 동안, 올리아나는 홀리 앞에서 수없이 웃었다. 앞머리가 닿을 만큼 얼굴을 가까이 하고 두 사람의 추억을 말하며. 학교에서 있었던 일들을 몸짓을 섞어 엄마에게 보고하며. 서로 머리카락 길이를 비교하며.

홀리가 살아 있는 동안 올리아나는 기적이 일어날 것을 믿고 있었을까. 지금도 여전히 모르겠다. 그러나 적어도 나는 믿고 있었다. 홀리의 상태를 고려하면 그녀가 버틴 시간은 실로 기적 같

각자 발견한 유리조각을 저마다 손에 꼭 쥔 채.

스텔라가 쥐고 있는 것은 내가 소접시를 깨뜨려 만든 가짜였다. 커다란 파도에 쓸려가 버린 줄 알았는데 이런 곳으로 이동해 있었던 것이다. 스텔라가 나와 이야기한 뒤 난폭한 걸음으로 돌계단으로 돌아갈 때 구두 끝에 채여 날아가 버렸는지도 모른다.

그러나 사실을 밝힐 생각은 없었다. 물론 앞으로도 계속.

두 사람의 울음소리가 울려퍼지는 하늘에는 여전히 별이 반짝이고 있었다. 올리아나라는 이름의 어원인 동틀 무렵.

스텔라라는 이름의 어원인 별. 그것들이 겹쳐진 짧고 아름다운 시간이었다.

오른손 손바닥이 위쪽을 한한 채 부들부들 떨고 다섯 손가락은 갈고리처럼 구부러져 있었다. 떨리는 손바닥에 놓여 있는 것은 틀림없이 밝게 빛나는 우라늄 글래스였다.

"찾았어…… 올리아나, 찾았어……."

크게 벌어진 입에서는 거의 언어가 되지 못한 목소리가 울음소리처럼 새어나오고 있었다. 아니, 그녀는 정말 울고 있었다. 파르스름한 빛이 비치는 눈물이 그칠 새 없이 볼을 타고 흘러내렸다. 올리아나가 달려와 바로 옆에 무릎을 꿇고 오른손을 내밀었다.

"나도 찾았어…… 이모, 나도 찾았어."

올리아나가 내민 반달형 시 글래스를 보자 스텔라는 마치 도망치는 상대방을 붙들려는 듯이 양팔로 소녀를 꼭 끌어안았다. 거대한 가슴에 짓눌린 채 올리아나도 두 팔을 뻗어 스텔라 몸에 매달렸다.

"미안해, 올리아나…… 미안해……."

스텔라는 올리아나의 짧은 머리에 눈물에 젖은 볼을 문질렀다. 아이처럼 흐느껴 울면서 그 말을 하고 또 했다.

"네 엄마가 살아야 하는데…… 나는 가진 것도 없고 잘할 수 있는 것도 없으니…… 아무리 애써도, 뭐 하나 잘하는 게 없으니까…… 이렇게 귀여운 올리아나인데, 아마 내가 망가뜨리고 말텐데."

"괜찮아…… 이모, 괜찮아……."

어두운 모래밭에서 두 사람은 목 놓아 울었다.

닥에 올려 놓을 수 있을 만한 작은 크기이지만, 진품 우라늄 글래스로 만들어진 골동품이었다. 아름다운 황록색을 띤 그 소접시를 나는 아파트에서 깨뜨린 다음 파편 하나를 골라 사포로 정성껏 연마했다. 시 글래스처럼 만든 그 유리조각을 바지 주머니에 감추고 올리아나와 함께 여기로 왔던 것이다. 나는 그것을 올리아나가 한눈 파는 틈에 모래밭에 던졌다. 표식으로 꽂은 나뭇가지에서 조금 남쪽에. 스텔라가 나타나기 직전, 그러니까 우리가 만 북쪽을 다 살펴보고 반대쪽으로 이동해서 찾으려고 할 때였다. 올리아나가 발견하게 할 생각이었다. 소녀에게 다시 웃음을 되찾아 주고, 그 웃는 얼굴을 홀리에게 보여줄 생각이었다. 그러나 내가 부린 잔꾀를 커다란 파도가 바다로 쓸고 갔다. 조각을 던져 두었던 곳과 그 주변을 몇 번이나 돌아보았지만 분명히 찾을 수 없었다.

지금 올리아나가 손에 들고 있는 것은 진짜 시 글래스다.

귀하디 귀한 우라늄 글래스로 만들어진 시 글래스였다.

우리 모습이 이상했는지 돌계단 쪽에서 스텔라가 걸어왔다. 어둠 속에서 점차 커지던 그녀의 그림자가 어느 지점에서 우뚝 멈췄다. 뭘 하려는 요량인지 스텔라가 그 자리에 멈춘 채 웅크리고 앉았다. 그 그림자가 천천히 일어섰다가 문득 급하게 움직였다. 걸음을 성큼 대딛더니 그 기세 그대로 모래밭에 쪼그리고 앉는다. 그 직후 그녀가 악을 쓰듯 외쳤다. 올리아나가 뒤를 돌아보았다. 나는 모래를 박차고 그녀에게 달려갔다. 스텔라가 두 팔꿈치를 모래에 묻은 채 왼손으로 오른손 손목을 잡고 있었다. 그

나는 광학 현상. 태양이 낮은 위치에 있을 때, 빛은 지구 표면의 두터운 대기층을 통과해 온다. 그때 대기 중에 포함된 미소한 입자가 빛을 산란한다. 특히 자외선처럼 파장이 짧은 빛을.

즉, 지금 이 어두운 모래밭에 산란된 자외선이 쏟아지고 있는 것이다. 눈에는 보이지 않지만 분명 하늘에서 쏟아지고 있다.

올리아나가 양손을 짚으며 시야 중심에 있는 그것을 놓치지 않으려는 듯이 엉금엉금 기어서 모래밭을 움직였다. 마침내 그 자리에 다다르자 어둠에서 발광하는 그 작은 것을 손가락으로 집어 올렸다. 나는 무릎을 세우고 일어나 소녀 옆으로 뛰어갔다.

"가즈마, 이거―."

"우라늄 글래스다!"

내 말에 소녀는 숨을 흡! 들이마셨다. 그대로 토하지 않은 채 입술 틈새만 점점 벌어져 간다. 올리아나가 두 손가락으로 집고 있는 것은 의심할 나위 없는 우라늄 글래스로 된 시 글래스였다. 하늘에서 쏟아지는 자외선을 받아 어둠 속에 빛나고 있다. 초록 기운을 띤 하얀색 빛을 발산한다. 형태도 매우 아름다워서, 어린 아이가 사람 얼굴을 그릴 때 그 입 모양으로 그려 넣을 법한 반달형을 하고 있었다.

신은, 존재할지 모른다.

태어나 처음으로 나는 그렇게 생각했다.

올리아나는 정말로 발견한 것이다.

우라늄 글래스로 만들어진 시 글래스를 찾으러 가자고 제안했던 날, 나는 인터넷 통신판매 사이트에서 접시를 주문했다. 손바에 스텔라의 모습이 들어왔다. 고개를 숙인 그녀의 실루엣. 양손을 이마 앞에 깍지 끼고 있다. 뭔가를 간절히 기도하는 듯이. 내내 그렇게 기도하고 있었던 것처럼 보였다.

이상한 느낌은 조금 늦게 찾아왔다.

올리아나와 나란히 모래밭을 걸을 때 나는 스텔라 쪽을 몇 번이나 쳐다보았었다. 그러나 양손이 깍지 끼고 있는 그녀의 모습을 한 번도 보지 못했다. 아니, 보이지 않았던 것이다. 어둠 속에서 확인할 수 있었던 것은 그녀가 돌계단에 앉아 등을 구부린 채 고개를 떨어뜨리고 있는 희미한 그림자뿐이었다. 물론 지금도 주위는 어둡지만, 왠지 스텔라의 양손이 내 눈에 희미하게 들어왔다.

바다 쪽으로 얼굴을 돌렸다. 그러자 희미한 수평선이 거기 떠올라 있었다. 태양은 아직 얼굴을 내밀지 않았지만 금방이라도 거리에 새벽이 찾아오려 하고 있었다.

올리아나도 풍경의 변화를 의식했는지 가만히 고개를 들었다.

"가즈마……."

잠에서 막 깨어난 얼굴로 소녀는 입술만 움직여 속삭였다. 그 눈은 모래사장의 어느 한 점으로 향하고 있었다. 나뭇가지를 꽂았던 자리에서 조금 북쪽. 뭔가가 빛나고 있다. 모래에 묻힌 작은 뭔가가.

"자외선……."

내 말이 목구멍에서 갈라졌다.

지금, 눈앞에서 일어나는 일─단순한, 아주 짧은 시간에 일어

동안 꺼져 버렸다. 건전지가 다 된 것이다. 내 블랙 라이트를 소녀에게 건네주고 다시 나란히 걷기 시작했지만, 10분도 지나기 전에 그것마저 꺼져서 주위는 완전한 암흑에 싸였다.

자신의 건전지가 다 된 것처럼 올리아나가 모래밭에 주저앉았다. 모래밭에 앉아 두 무릎에 이마를 대고 죽은 듯 움직이지 않았다. 그곳은 돌계단에서 조금 남쪽으로 걸어야 하는 곳이었다. 돌아다보니 돌계단에는 여전히 스텔라의 실루엣이 있었다. 등을 구부리고 고개를 숙인 채, 처음 그 자세에서 손가락 하나 움직이지 않은 것처럼.

1주일 전, 나는 우라늄 글래스로 만들어진 시 글래스를 찾으러 가자고 올리아나에게 제안했었다. 그 행동에 대한 나의 의구심은 이 해변에서 올리아나의 이야기를 들을 때 사라졌다. 소녀가 속마음을 털어놓았을 때 말이다.

그러나 지금은 가슴에 후회만 가득했다.

올리아나가 무릎을 안고 울고 있었다. 소리 죽여 오열을 참느라 등만 잘게 떨리고 있다. 가슴을 채운 후회가 너무 커서 나는 사죄할 말조차 찾지 못했다. 올리아나만이 아니라 홀리에게도, 스텔라에게도 사죄해야 한다. 홀리는 이대로 올리아나의 웃음을 보지 못하고 떠나 버릴지 모른다. 스텔라는 나에게 분명히 말했다—찾을 수 있을 리가 없다고. 그리고 실제로 그대로 되었다. 지칠 대로 지친 두 다리에 후회와 부끄러움의 무게까지 보태어져서 나는 서 있기도 힘들었다. 모래밭에 양 무릎을 꿇었다. 올리아나의 떨리는 등이 바로 옆에 있었다. 도망치듯이 피한 시선

6

나는 올리아나와 나란히 모래사장을 남하했다.

소녀처럼 나도 블랙 라이트로 모래밭을 비추며.

마침내 더블린만 남쪽에 부두로 에워싸인 던 리어리 항에 도착하자 쥐죽은 듯 조용한 그 항구 바로 앞에서 모래사장은 끝났다. 우리는 항구에 등을 돌리고 발자국 조금 옆자리를 걸어서 표식이 있는 곳으로 향했다. 표식으로 꽂아 둔 나뭇가지는 그 큰 파도가 쓸고 갔는지 어디에도 보이지 않았다. 돌계단 쪽으로 시선을 돌리자 스텔라의 그림자가 거기 있었다. 등을 웅크리고 고개를 숙인 채 가만히 움직이지 않아서, 어두운 풍경과 하나가 된 모습이었다. 우리가 다시 던 리어리 항 앞까지 걸어갔다가 돌계단 옆으로 돌아왔을 때도 여전히 같은 자세로 거기 있었다.

"올리아나, 이제—,"

"돌아가지 않을 거야."

준비하고 있었던 것처럼 올리아나가 냉큼 대답했다.

"가즈마는 돌아가도 돼. 하지만 나는 계속 찾을 거야."

우리는 언제까지고 계속 걸었다. 나뭇가지를 세웠던 곳에서 남쪽으로 던 리어리 항을 향해 모래사장을 몇 번이나 왕복했다. 올리아나는 만 북쪽을 다시 찾아보겠다고 했지만, 나는 희박한 가능성을 기대하며 남쪽을 고집했다.

그러나 시간만 흘렀다.

마침내 올리아나의 블랙 라이트가 불빛이 약해지고, 살펴보는 청바지 자락이 흠뻑 젖었다.

"나는 괜찮아."

소녀는 일어나 엉덩이를 털었다. 다친 것 같지 않아 가슴에 안도가 번졌다. 불과 몇 초 동안 벌어진 일이었다.

우리가 서 있는 자리를 경계로 모래사장이 젖어서 검게 변해 있었다.

방금 닥쳤던 큰 파도가 모래밭 표면을 거칠게 할퀴고 갔던 것이다. 아마 그곳에 있던 온갖 잡동사니를 물속으로 끌어들이며.

"가즈마, 나 괜찮다니까."

"올리아나……."

나는 무릎이 움츠러들려는 것을 간신히 참고 있었다.

"혹시, 여기 있던 시 글래스를 파도가 모두 가져가 버린 건 아닐까 생각한 거야?"

그 말은 사실이었다. 그녀가 짐작하는 것 이상으로.

"하지만, 파도는, 늘 모래사장을 들어왔다 나갔다 하고 있으니까, 괜찮아. 뭔가를 가져갔다면 뭔가를 가져오기도 하겠지?"

목 관절이 굳어버린 듯 도저히 끄덕일 수 없었다. 그래도 어떻게든 턱을 당겨 보이자 올리아나는 몸을 휙 돌려 검게 변한 모래사장을 블랙 라이트로 비추며 걷기 시작했다. 소녀의 등이 아주 조그매질 때까지 내 발은 움직여 주지 않았다. 바다에서 불어오는 바람이 얼굴이나 몸이 아니라 가슴 한복판을 관통해 가는 것처럼 느껴졌다.

가 올리아나의 실루엣 쪽으로 돌아섰다. 신은 없다―물론 그럴 것이다. 신앙이 없는 나도 실은 그렇게 생각하며 살아왔다. 하지만 인간도 영 무능하진 않다. 설사 신이 없어도 우리가 할 수 있는 일은 많다. 누군가의 병을 최대한 치료해 줄 수 있고, 죽어 가는 사람의 심신을 보살펴 줄 수 있고, 그 가족을 걱정해 줄 수 있고, 필요한 물건이 있다면 인터넷으로 구해 줄 수도 있다.

올리아나는 블랙 라이트로 모래밭을 비추며 신중하게 걸음을 옮기고 발소리는 모래밭에 흡수되고 있었다. 소녀의 모습은 푸르스름한 빛과 함께 모래밭을 미끄러지는 것처럼 보였다. 조용했던 파도소리가 아주 조금 커진다. 뒤이어 몰려온 파도는 더 커다란 소리를 냈다. 바다 쪽으로 눈길을 향하자 하얀 파도머리가 높이 뛰어오르며 올리아나 쪽으로 다가가는 것이 보였다.

"조심해!"

내가 외쳤을 때는 소녀도 이미 큰 파도를 의식하고 있었다. 블랙 라이트 빛이 크게 흔들리며 가로 방향으로 움직였다. 도망치는 올리아나를 파도가 뒤쫓고, 당황한 소녀는 짧은 비명을 지르며 모래밭에 넘어졌다. 높이 뛰어오르며 다가오던 파도머리는 소녀 앞에서 빠르게 기세를 잃으며 모래사장을 쳤다. 묵직한 소리가 몸통을 울리고 가느다란 물보라가 바늘처럼 얼굴을 찔렀다. 파도는 무수한 거품이 부글거리는 소리를 내며 멀어지더니 시야에서 사라졌다.

"……올리아나?"

내가 뛰어가자 소녀는 모래사장에 주저앉아 있었다. 스니커와 물론 이런 짧은 설명으로는 소녀의 진심이 전해지지 않을 것이다. 거만하게 되묻는 스텔라에게 나는 올리아나가 들려준 이야기를 충실하게 전했다. 마침내 다가올 엄마의 죽음을 자기 탓으로 돌리고 싶어 하며 이제 누구를 원망하기가 싫다고 하더라는 이야기를 마치자 스텔라는 겨우 들릴 만한 소리로 혀를 찼다.

"찾지 못하기 위해…… 찾고 있다는 건가."

"처음에는 그랬다고 합니다. 하지만, 지금은 달라요. 우라늄 글래스로 만들어진 시 글래스를, 저 아이는 정말로 찾고 싶어 해요. 이 해변에 와서 실제로 찾기 시작하자 그런 생각을 하게 된 거죠."

"그럼, 더욱 한심한 일 아닌가."

우라늄 글래스로 만들어진 시 글래스는 찾지 못할 테고, 결국 올리아나만 낙담하게 될 거라는 말을 하고 싶은 모양이다.

"어쩌면…… 신이 도와주실지도 모르죠."

나는 하늘을 우러렀다. 하늘 가득 흩어져 있는 별들 속에 손톱 끝만큼 가느다란 달이 묻혀 있다.

"없어, 그런 거."

목구멍을 두 번 울리는 듯한 둔탁한 목소리였다. 마치 그런 존재를 믿는 상대방이 자기 말을 들을까 두려워하는 것처럼.

"계실지도 몰라요."

내가 그렇게 말하자 스텔라는 알아듣지 못할 말들을 중얼거리며 등을 돌리고 짐짓 모래를 걷어차는 듯한 걸음으로 처음 모습을 보였던 돌계단을 향해 돌아갔다. 나는 그녀를 잠시 바라보다렸다. 올리아나의 이름을 부르고 있다. 멈춰 서서 주위를 살펴보니 처음 내려왔던 돌계단 근처에 희미한 사람 그림자가 보였다. 그 그림자가 점점 커지며 다가온다.

"여기 있다고 동생한테 들었어."

스텔라가 나를 노려보며 말했다.

"홀리는?"

"깊이 잠들었어."

그녀는 어둠 속에 우뚝 버티고 서서 입을 꾹 다물었다. 나에게 뭐라고 쏘아붙이고 싶어 하는 얼굴로.

"잠깐, 스텔라와 이야기해도 될까."

내가 속삭이자 올리아나는 고개를 살짝 끄덕였다.

"나는 계속 찾고 있을게."

올리아나가 멀어지기를 기다렸다가 스텔라가 입을 열었다.

"찾아낼 리가 없잖아."

"찾을 거라고 확신합니다."

"만약 찾지 못하면, 당신이 책임질 거야?"

나는 대답하지 않고 해변을 멀어져 가는 올리아나의 실루엣을 돌아다보았다.

"저 아이는 홀리의 병이 낫지 않는다는 걸 알고 있었대요. 당신이 말해 주기 전부터."

그래? 하고 무심한 목소리가 돌아왔다.

"알고 있기 때문에 더욱 우라늄 글래스를 찾으러 가자고 생각했다더군요."

올리아나가 다시 모래사장에 걸음을 내디뎠다. 나도 보조를 맞춰 걷기 시작했다. 블랙 라이트로 나란히 지면을 비추며 해변을 똑바로 걸어간다. 모래 속에서 뭔가가 반짝이면 올리아나는 어김없이 웅크리고 앉아 확인했지만, 그게 쓸데없는 쓰레기라도 이제는 한숨 짓지 않았다. 마치 무수히 잡다한 물체들 가운데 보물이 딱 하나 섞여 있다는 사실을 알고 무관한 것을 제쳐 놓을 때마다 보물이 발견될 가능성은 그만큼 높아진다고 확신하는 것처럼.

그런 올리아나 옆에서 나는 그저 지면을 계속 비추고 있었다. 발광하는 것을 발견해도 내가 직접 주워 보거나 하지는 않았다. 보물을 발견하는 사람이 나여서는 안 된다. 올리아나여야 한다.

올 때보다 훨씬 신중하게 살펴보며 우리는 표식으로 꽂아 둔 나뭇가지까지 돌아왔다.

"잠깐 쉴까?"

"괜찮아. 이번에는 저쪽을 찾아보자."

올리아나가 표식 남쪽을 가리켰다. 나는 블랙 라이트로 손목시계를 확인했다. 바늘에 칠한 형광도료가 사이버 느낌의 광채로 시각을 보여주었다. 바닷가에 도착한 지 두 시간쯤일까 생각했지만 놀랍게도 세 시간 이상 지나서 이미 심야에 가까웠다. 나는 블랙 라이트를 왼손으로 고쳐 들고 차게 식은 오른손을 주머니에 찔러 넣었다.

"갈까."

표식의 남쪽을 향해 걷기 시작했다. 그때 멀리서 목소리가 들

"······지금도, 같은 생각?"

그녀는 눈을 깜박이며 고개를 숙였고, 마침내 고개를 저었다.

"찾고 싶어."

그 대답과 함께 눈물이 볼을 타고 흘렀다. 턱 끝에 매달려 흔들리는 눈물을 올리아나는 때리듯이 손바닥으로 닦았다.

"여기 와서, 가즈마랑 같이 찾다 보니 어느새 그렇게 돼 버렸어. 왜냐하면 그걸 찾는 건 기적과 같은 일이잖아? 그런 일이 일어나면 엄마에게도 기적이 일어날지 모르잖아?"

바닷가 모래밭에서 우라늄 글래스로 만들어진 시 글래스를 찾아낸다는 것은 실제로 기적 같은 일이다. 그러나 과연 그런 기적이 올리아나에게 일어나야 하는 걸까. 지금 내가 하는 짓은 올바른 일일까.

"혹시 찾는다면····· 올리아나는 웃어줄 거야?"

그러자 살짝 고개를 젓는다.

"울 것 같아."

이내 갈라진 목소리로 말을 이었다.

"하지만, 그 뒤에, 아마 웃을 거야."

그 웃음의 전조라고도 할 만한 희미한 표정의 움직임이 소녀의 얼굴에 떠올랐다. 보고 있는 동안 사라져 버렸지만, 나는 어디론가 사라진 그것을 쫓고 싶었다. 몸속에서 충동이 뛰어올라와 목소리를 밀어냈다.

"찾아보자."

기다렸다는 듯이 그녀는 크게 한 번 고개를 끄덕였다.

했다면서. 그러나 나는 전혀 알지 못했던 것이다. 홀리도 마찬가지였겠지. 올리아나는 그 작은 가슴으로 홀리나 나의 짐작보다 훨씬 많은 것을 생각하고 있었다. 고통스러워하면서. 제 힘으로 얻을 수 있는 구원을 열심히 찾으며. 엄마가 말기 의료를 받고 있음을 알면서도 올리아나는 웃음을 보여주었다. 학교에서 돌아오면 침대에 누워 있는 홀리와 나에게 늘 미소를 보였다. 엄마가 죽어간다는 사실을 알면서 그렇게 웃는 것은 얼마나 괴로웠을까. 홀리의 병은 낫지 않을 거라고 스텔라가 대놓고 말한 그날부터 올리아나는 웃지 않게 되었다. 그렇게 웃지 않는 것은 또 얼마나 괴로웠을까.

"아빠가 절벽에서 떨어져 죽었을 때, 나, 아빠에게 부딪힌 사람을 원망했어. 똑같이 떨어져 죽었으면 좋겠다고 생각했고, 실은 지금도 그래. 하지만 그게 싫은 거야. 이대로 엄마가 죽으면 엄마 병을 고치지 못한 병원과 의사와 가즈마를 원망할지도 몰라. 그건 싫어."

올리아나는 걸음을 멈추었다.

"그래서, 찾아보자고 마음먹었어. 절대로 찾을 수 없다는 걸 아니까. 엄마가 죽었을 때 그게 누구 탓도 아니고 내 탓이라고 생각할 수 있도록."

육체적 고통을 참는 것처럼 올리아나는 옆에서 봐도 눈치 챌 만큼 온몸에 힘을 주며 입을 꼭 다물고 있었다. 그러나 그 옆얼굴이 여전히 뭔가 말하려 하고 있다. 그게 어떤 말인지 나는 알 것 같았다.

없었어. 그래서 그 단어도 조사해 봤어."

그리고 엄마가 받고 있는 것이 치료가 아니라 말기 의료임을
알았다고 했다.

"가즈마가 우라늄 글래스로 만들어진 시 글래스를 찾으러 가
자고 했을 때, 나, 절대로 찾을 수 없을 거라고 생각했어. 왜냐하
면 이모가 예전에 그걸 찾았다는 이야기를 할 때 가즈마가 크게
놀라는 걸 봤으니까. 그만큼 귀한 거라는 걸 알고 있었으니까.
이렇게 아무리 찾아다녀도 우라늄 글래스로 만들어진 시 글래스
는 찾을 수 없을 거야."

"하지만, 올리아나─,"

"찾을 수 없으니까 찾아보려고 생각한 거야."

처음으로 올리아나가 내 말허리를 잘랐다.

"열심히 찾아봤지만 찾을 수 없었다면 엄마는 나 때문에 죽은
게 돼. 엄마는 내 노력이 부족해서 죽은 게 돼. 나 때문이라면 어
쩔 수 없다고 생각할 수 있어."

올리아나의 하얀 목덜미를 바닷바람이 쓰다듬고 지나간다. 나
는 뭐라고 대꾸하려고 했다. 하지만 들이마신 숨은 목소리가 되
지 못하고 차갑게 굳어 가슴에 묻혔다. 일찍이 중학생이던 나는
어머니의 죽음을 아버지 탓으로 돌렸다. 그 도시의 바닷가에서
아버지에게 잔인한 말을 퍼부었다. 그러나 열 살배기 올리아나
는 엄마가 죽어가는 것을 애써 자기 탓으로 돌리려 애쓰고 있다.

내가 어머니를 여의었으니 올리아나의 심정도 알 수 있을 거
라고 홀리는 말했다. 그래서 나를 재택 말기 간호 담당자로 지명

하수처리장이 나올 것이다. 그런 시설 너머 북쪽에도 모래사장
은 있지만 이쯤에서 발길을 돌려 표식 이남 쪽을 찾아보는 편이
좋을 듯했다.

둘이 함께 뒤로 돌아섰다. 방금 찍힌 우리 발자국에서 육지 쪽
으로 조금 옮겨서 다시 모래사장을 블랙 라이트로 비추며 돌아
갔다. 바닷바람이 조금 불고 있었다. 강한 바람은 아니지만 매우
차가워서, 바람이 속도를 높일 때면 우리는 목깃을 그러쥐고 등
을 웅크렸다.

"가즈마, 솔직하게 말해도 돼?"

몇 번쨴가 바람이 속도를 높였을 때 올리아나가 불쑥 입을 열
었다.

"엄마 병이 낫지 않을 거라는 거, 나, 벌써부터 알고 있었어."

가슴에 쿵, 하고 얼음덩어리가 떨어졌다.

스텔라에게 듣기 전부터, 라는 말일까? 내가 그렇게 묻기도
전에 올리아나는 천천히 고개를 끄덕였다.

"훨씬 전부터 알고 있었어. 처음에 입원했던 병원을 나와서 다
른 병원 비슷한 곳으로 옮겼잖아. 병문안 갔을 때 복도에 있던
어떤 사람이 그곳을 호스피스라고 말하는 걸 들었어. 처음 듣는
말이어서 나중에 사전을 찾아봤어."

올리아나의 눈은 블랙 라이트 앞쪽을 가만히 응시하고 있었
다.

"사전에 'terminal'이라는 단어가 실려 있는데, 비행기나 기차
'터미널(terminal)'밖에 몰랐기 때문에 처음에는 의미를 이해할 수

없었다. 호흡도 잊은 내 목소리를 뒤집어쓰며 아버지는 입을 꾹 다물고 있었다. 그 얼굴이 완전한 무표정이어서 도리어 내가 공격당하는 기분이었다.

의료에 대해 아무것도 모르는 나. 슬픔이나 회한을, 뒤에 남은 유일한 가족인 아버지에게 퍼붓고 있는 나. 부모에게 맞은 적은 한 번도 없었지만 그때 나는 보이지 않는 손으로 난생 처음 얻어맞는 듯했다. 그런 기분을 느낄수록 광기는 더욱 수그러들지 않아, 나는 한밤의 바닷가에서 내가 생각해 낼 수 있는 모든 잔혹한 말로 아버지를 괴롭혔다. 그때 아버지 눈에도 지금 옆을 걷는 올리아나의 눈처럼 펜 라이트 빛이 비치고 있었다.

이후로 나는 아버지와 대화하지 않게 되었다. 아버지가 뭐라고 말해도 안 들리는 척하거나 거칠게 고개를 저었다. 말기 의료에 종사하기로 결정했을 때도, 그것을 위해 공부를 시작할 때도 아버지에게는 아무 말도 하지 않았다. 더블린의 간호대학에 합격한 날, 진학에 필요한 학비에 대하여 처음으로 아버지에게 설명하자 아버지는 축하한다고 말해 주었다. 그 얼굴조차 나는 똑바로 볼 수 없었다. 그러나 학비를 내주기로 약속해 준 아버지에게 고개를 숙이고 내 방으로 돌아가려고 할 때 아버지 얼굴이 한순간 시야 구석에 들어왔다. 거실 소파에 앉은 아버지는 오래 전부터 거기 놓여 있는 아버지를 꼭 닮은 인형처럼 보였다. 인형의 두 눈은 메마른 두 개의 유리였다.

"이제 다시 표식으로 돌아갈까."

앞쪽으로는 모래사장이 끊겨 있었다. 계속 걸어가면 발전소나

1층 차고에 사용하지 않는 낚시 도구가 있는 것은 나도 알고 있었다. 낚시 도구만이 아니라 텐트나 바비큐세트, 커다란 망원경과 고무보트가, 내가 철들 무렵부터 늘 아버지 차 옆에 쌓여 있었다. 어머니가 종종 먼지를 닦고 있는지 언제나 방금 사 놓은 것처럼 보였다. 사용할 시간을 낼 마음도 없으면서 아버지는 인터넷으로 잔뜩 주문해서는 거기 방치해 두었다. 개중에는 포장조차 뜯지 않은 물건도 있었다. 월급이 많은 직업이므로 뭔가 사지 않으면 아쉬웠던 모양이다. 차고에 쌓아 둔 이유도 주변 사람들에게 과시하기 위해서였으리라. 당시 어린 머리로 나는 그렇게 짐작하고 있었다.

—조만간 정말로 시작해 볼 작정이다.

—낚시할 시간 없잖아요.

—일을 줄여 달라고 병원 측에 부탁해 볼 참이야. 그래야 업무 집중력도 높아질 테고. 두 사람이 탈 수 있는 고무보트도 있으니까 너도 같이 해 볼래?

아버지의 목소리는 웃고 있었다.

그 목소리가 내 걸음을 멈추게 했다.

—엄마 때는 집중하지 않았던 거예요?

아버지도 걸음을 멈추고 되묻듯이 돌아다보았다.

아버지에게 잔인한 말을 던진 것은 그때였다. 어머니를 살리지 못한 아버지를 직선적인 말로 공격한 것은. 어머니가 죽은 밤부터 내내 가슴에 숨어 있던 말이 마침내 머리를 쳐들고 부풀어 올라 목구멍을 째고 튀어나왔다. 일단 튀어나오자 나도 막을 수

"인터넷으로 검색해서 화면을 보니 아주 밝았어. 다만 단추나 종잇조각도 못지않게 밝게 빛나는 것 같아."

"그럼, 빛나는 것을 일일이 확인해 나가면 언젠가 우라늄 글래스를 찾을 수 있겠네?"

"그래, 올리아나."

어머니가 돌아가신 뒤 아버지가 밤에 나를 바닷가에 데려간 적이 있다.

우리 집은 만안도로에 면해 있었다. 아버지와 둘이 그 도로를 걸어서 어머니가 오토바이에 치인 횡단보도에서 바다 쪽으로 건넜다. 사고 직후 누군가 공양한 꽃이 아직 시들지도 않고 신호등 기둥 밑에 놓여 있었다. 보도 옆 돌계단을 밟으며 해변으로 내려가자 아버지는 상의 주머니에서 펜 라이트 두 개를 꺼내 하나를 내게 주었다.

―밤에 걸어 보면 해변이 평소와 다르게 보이지 않을까.

아버지는 한낮의 해변을 걸어 본 적도 없으면서 그런 말을 하고 펜 라이트 전원을 켰다. 나도 스위치를 누르고 발밑을 비추어 보았다. 달 밝은 밤이었는데도 그렇게 작은 빛이 켜지자 금세 주위가 캄캄해 보였다. 우리는 꼭 지금의 나와 올리아나처럼 모래사장에 떨어진 타원형 빛을 쫓듯이 모래사장을 걸었다. 다만 좀더 거리를 두고. 나는 바다 쪽을 걷고 있었으므로 종종 바로 옆까지 파도와 별이 함께 밀려왔다.

―낚시를 시작해 볼까 생각했던 때가 있었다. 네가 태어나기 얼마 전에.

"같은 곳을 여러 번 찾는 일이 없도록 이 표식을 중심으로 북쪽과 남쪽을 차근차근 돌아다녀 보자."

"알았어."

우리는 동시에 블랙 라이트의 스위치를 켰다.

파도가 밀리는 자리를 오른쪽에 두고 먼저 북쪽을 향해 걷기 시작했다. 두 개의 조명이 앞쪽 모래사장을 파르스름한 빛으로 비춘다. 빈혈을 연상케 하는 그 빛은 기다란 타원형으로, 두 빛이 서로 닿을락 말락 할 정도로 거리를 두며 우리는 걸었다.

어느 정도는 예상했지만 모래사장에서는 우리가 원하지 않는 다양한 것들이 종종 블랙라이트에 반응하여 발광했다. 5분에 한 번 정도일까. 낚시에 사용하는 찌. 영수증이나 화장지 조각. 플라스틱 진주가 달린 귀고리. 토끼 모양의 헤어클립. 셔츠 단추. 모래에서 반짝이는 것을 발견할 때마다 올리아나는 뛰어들다시피 웅크리고 앉아 손가락으로 집어 올렸다. 그리고 작은 한숨과 함께 그것을 멀리 던져버렸다. 발광하는 물체가 잇달아 발견되었지만 올리아나는 그때마다 잽싸게 주웠다가 한숨과 함께 멀리 던져버리기를 반복했다.

소리도 풍경도 어둠에 녹아들고 있었다. 들리는 소리는 우리의 모래 밟는 발소리와 파도소리 정도였고, 보이는 것은 모래밭을 비추는 두 개의 파르스름한 빛과 수평선의 어선 불빛뿐이었다. 바로 옆을 걷는 올리아나의 표정조차 보이지 않고 블랙 라이트 빛만이 소녀의 눈에 점으로 비쳐지고 있었다.

"가즈마, 우라늄 글래스는 아주 밝게 빛나나?"

5

1주일 후 평소보다 늦게 도착한 스텔라와 교대하고 홀리의 집을 나섰다. 바다를 향해 달리는 차량 조수석에는 청바지에 두꺼운 재킷을 입은 올리아나가 타고 있었다.

시 글래스를 찾으러 더블린만으로 간다는 것을 홀리에게는 사실대로 말했다. 둘이서 블랙 라이트를 비추어 우라늄 글래스로 된 시 글래스를 찾아볼 거라고. 그 이유는 굳이 말하지 않았고 홀리도 묻지 않았다. 다만 홀리는 이렇게 말하며 나에게 올리아나를 데려가도록 허락했다.

—스텔라가 애지중지하던 그게 보고 싶네요.

바닷가 주차장에 차를 세워 두고 올리아나와 함께 돌계단을 내려가 모래사장으로 향했다. 각자 한 손에 신품 블랙 라이트를 들고 있었다. 보이지 않는 바다에서 바닷물 냄새가 밀려오고 캄캄한 밤이 주는 막연한 불안감이 아랫배에 스며들었다. 그에 따라 뒤쪽 도로를 달리는 차량들의 엔진소리가 멀어져 갔다.

"각자 떨어져서 찾아?"

그렇게 묻는 올리아나의 목소리에 파도소리가 섞여 있었다. 벌써 물가가 바로 앞이어서, 어둠 속에 하얀 파도머리만 어른거렸다.

"어두우니까 같이 움직이는 게 좋겠어."

옆에 마른 나뭇가지 하나가 떨어져 있어서 그것을 주워 모래에 꽂았다.

나에게 그렇게 말했다. 가만히 입을 다문 소녀의 표정이 아주 희미하긴 하지만 금세 변해 갔다.

이윽고 올리아나는 고개를 들고 분명하게 말했다.

─찾고 싶어.

컴퓨터 화면을 보며 마우스를 움직인다. 통신판매 사이트의 북마크에 커서를 놓고 클릭한다. 검색워드에 'black light'를 입력하자 열 종이 넘는 제품이 죽 표시되었다. 그 가운데 아이가 한 손으로 들고 오랫동안 걸어 다닐 수 있을 법한 물건을 골라 두 개 구입했다. 재고가 있는 상품이므로 며칠 안에 도착할 것 같다.

내가 하려고 하는 일은 과연 올바른 것일까.

블랙 라이트를 주문한 뒤에도 나는 마우스에 오른손을 얹은 채 오랫동안 화면을 응시하고 있었다.

모습을 지켜보면서.

　하지만 그 소원은 아마 이루어지지 않으리라.

　―아이가 웃는 걸 보고 싶어요.

　침대에서 나즈막이 말하던 홀리.

　―단 한 번이라도.

　포치에서 올리아나와 마주하며 나는 생각했다.

　생각하고, 생각하고, 또 생각했다.

　―찾으러 가 볼까.

　퍼뜩 고개를 든 올리아나의 눈은 크게 벌어져 있었다. 그러나 그 표정은 이내 썰물처럼 흔적도 없이 사라졌다.

　―하지만, 아마 찾을 수 없을 거야.

　나는 무릎을 구부려 소녀와 눈높이를 맞추고 장난을 제안하는 듯한 목소리로 말했다.

　―찾을 수 있는 좋은 방법이 있어.

　블랙 라이트로 모래사장을 비추면 우라늄 글래스가 거기에 반응해 발광하여 스스로 자기 위치를 가르쳐준다. 물론 그 모래사장에 있다면 말이지만. 그러자 블랙 라이트가 무엇이냐는 물음이 돌아와서, 아까 스텔라가 말한 '버그 재퍼'처럼 자외선을 내는 장치라고 일러주었다. 내친김에 자외선에 대해서도 간단히 설명했다.

　블랙 라이트는 회중전등 형태로 팔리는 것이 여러 종류 있다. 밤에 해변으로 가서 회중전등을 이용해서 넓은 범위를 뒤진다면 어쩌면 우라늄 글래스를 찾을 수 있을지도 모른다. 나는 올리아

4

그날 밤, 나는 아파트 방에서 컴퓨터 화면을 보고 있었다.

인터넷에서 우라늄 글래스에 대하여 조사해 보니 역시 매우 귀중한 물건이었다. 다만, 현재는 제조되지 않고 있다는 것은 오해여서, 미국이나 체코에서는 지금도 소량의 우라늄 글래스가 제조되고 수출도 되고 있다고 한다.

—나도, 갖고 싶어.

스텔라가 집 안으로 들어간 뒤 올리아나가 고개를 숙인 채 중얼거렸다. 오렌지색 현관등이 소녀의 그림자를 포치에 선명하게 드리우고 있었다.

—찾으면, 소원이 이루어질지도 모르니까.

—올리아나는, 소원이 뭐지?

대답을 알지만 물었다. 그러나 올리아나의 대답은 나의 상상과는 달랐다.

—엄마 소원이 이루어지는 거.

—엄마가, 무엇을 원한다고 생각하는데?

삼각모자 밑에서 올리아나는 금빛 속눈썹을 내렸다.

—몰라. 하지만…… 뭐든지 이루어지게 해 달라고 빌겠어.

홀리의 소원은 물론 사는 것이리라. 살아남아서, 언제까지나 올리아나와 함께 살아가는 것임에 틀림없다. 올리아나가 성장하고, 뭔가에 기뻐하고 좌절하고 거기서 다시 일어서고, 성숙해 보이는 새 재킷을 입고, 누군가를 사랑하고, 그 사람과 함께 사는 줍다니.

"해질 무렵이면 늘 홀리와 함께 그 시 글래스를 들고 가까운 잡화점으로 갔어. 처마 끝에 매달린 '버그 재퍼_{bug zapper}' 옆에서 시 글래스가 반짝거리는 걸 보려고."

낯선 단어가 나왔지만 문맥상 전기살충기를 말하는 듯하다. 일본에서도 편의점 출입문 앞에서 흔히 볼 수 있었다. 날벌레를 죽이는 장치이다. 벌레들은 자외선을 볼 수 있으므로, 그 자외선으로 유인하여 전기 충격으로 죽인다.

"소중하게 간직하던 것인데 어느새 잃어버렸어. 그걸 지금도 갖고 있었다면—,"

현관등 불빛을 받는 스텔라의 모습이 갑자기 시들어 버린 것처럼 보였다. 그녀는 가만히 한숨을 흘리며 현관문에 손을 댔지만, 들어가기 직전에 짧게 말을 이었다. 마치 내뱉듯이—아니, 그녀는 실제로 내뱉었다. 그것은 땅바닥에 버려도 아무도 줍지 않아서 방치될 수밖에 없는 말이었다.

"이렇게 되지는 않았어."

제품이 흔한 것이다.

"예전에 가끔 홀리와 함께 더블린 만에 나가서 주웠어. 그러다가 엄청 희귀한 걸 발견했지."

"빨간색이나 오렌지색인가요?"

이 두 가지 색이 드물다고 들은 적이 있었다.

"그런 게 아냐. 그보다 더, 훨씬 귀한 거야."

우라늄 글래스로 만들어진 시 글래스라고 한다.

"그렇다면 정말―,"

드물다.

아니, 드문 정도가 아니라 정말로 그런 시 글래스가 존재하는 걸까.

주워들은 지식이지만 우라늄 글래스는 그 이름대로 유리에 우라늄을 섞어서 만든다. 물론 인체에 영향을 줄 만한 함유량은 아니지만, 거기 섞인 우라늄 덕분에 유리는 대단히 아름다운 황록색을 띤다. 그러나 가장 큰 특징은 색이 아니다. 자외선을 받으면 유리 전체가 밝게 발광한다는 것이다.

우라늄 글래스는 1800년대 중반부터 유럽을 비롯한 세계 각지에서 생산되기 시작했고 1940년대에 제조가 중단되었다. 우라늄이 원자력에 이용되었기 때문이다. 그릇이나 꽃병, 컵, 액세서리 등 불과 1백여 년 동안 제조된 우라늄 글래스 제품은 현재 골동품으로 고가에 거래되는 귀중품이 되었다. 원자력과 맞바꾸어 자취를 감춘 우라늄 글래스가 시 글래스가 되어 해변에 밀려오다니, 그게 과연 어느 정도의 확률일까. 게다가 누군가 발견하고

사라지지 않는 유리 별

"그 부적만은…… 진짜였어. 내가 갖게 된 뒤로 실제로 좋은 일만 생겼으니까. 초등학교 시험에서는 공부한 내용만 나왔고 말다툼한 친구하고도 어느새 사이가 좋아져서 신나게 떠들었고."

"행운의 부적이라면, 혹시—,"

홀리의 병에서 화제를 돌리고 싶은 일념으로 내가 끼어들었지만, 막상 말하고 보니 스텔라의 비위를 맞추려는 것 같아서 혐오감이 느껴졌다.

"클로버인가요?"

아일랜드 국화이기도 한 식물이다. 일본에서도 흔히 볼 수 있고, 토끼풀이라고 불리기도 한다. 켈트 문화에서는 숫자 3에 마력이 깃든다고 믿어서 세 잎 토끼풀은 예로부터 행운의 아이템으로 알려져 왔다고 한다.

그러나 스텔라는 하아, 하고 숨을 토하고는 여기서는 보이지 않는 더블린 만 쪽으로 가늘게 뜬 눈을 향했다.

"시 글래스야."

해변에서 볼 수 있는 작은 유리조각을 말한다. 유리조각이 바다 속을 오래 떠돌아다니면 모서리가 둥글게 마모되어 편평한 보석처럼 변한다. 시 글래스 자체는 그다지 드물지 않아서 해변을 살펴보면 누구나 쉽게 찾을 수 있다. 나도 고향 도시의 바닷가에서 어릴 때부터 종종 보았다. 하늘색, 초록색, 갈색, 우유빛. 대개는 그 네 가지 색이 많이 떨어져 있다. 시 글래스는 본래 유리제품의 파편이 모양을 바꾼 거라서, 세상에는 그런 색유리

"왜 저런 쓸데없는 짓을 해!"

내부에서부터 팽창해 버린 듯한 얼굴로 스텔라가 올리아나를 노려보았다. 대체 무엇을 말하는지 알아채기까지 몇 초가 걸렸다. 스탠드 불빛이 비추는 해골 모습이 스텔라를 놀래고 만 것일까.

"쓸데없는 짓 아냐."

올리아나가 온몸을 긴장시키며 작은 소리로 대꾸했다. 스텔라는 얼굴에 붙은 거미줄이라도 떼어내듯이 도리질을 하고, 흥분해서 소리 지르는 사람이 흔히 그렇듯이 입으로 급히 숨을 들이마셨다. 그러나 간신히 말을 참고 포치로 나가 차 도어를 닫았다.

"말했잖아…… 네 엄마는 낫지 않아."

"그건 이모가 과장해서 말한 것뿐이야. 엄마는 좋아질 거야. 이모는 그렇게 못된 말을 해서 미워."

조카에게 대놓고 '미워' 소리를 듣는 순간 스텔라의 얼굴이 비로소 일그러졌다.

"이모도 전에는 가족들과 함께 할로윈 분장을 했다고 엄마가 그랬어. 악령에게 끌려가지 않으려고. 그런 거, 이모가 엄마보다 훨씬 깊이 믿었다고. 엄마가 어릴 때 열이 심하게 날 때도 소중하게 간직하던 행운의 부적을 베갯맡에 놔주고 안심시켜 주었다고."

스텔라는 겁먹은 듯한 눈으로 올리아나의 말을 듣다가 이윽고 볼을 살짝 들어올렸다. 뭔가 비아냥거리는 소리를 준비하듯이.

"이름?"

"내 이름은 옛날 말로 '동틀 무렵'이라고 아빠가 가르쳐주었어."

"스텔라는?"

역시 옛날 말로 '별'을 의미한다고 한다.

"그래서 맞지 않는 거야. 왜냐하면 동틀 무렵과 별이 함께하는 건 이상하잖아?"

호소하는 듯한 눈이었다. 홀리가 죽으면 자기가 스텔라에게 맡겨진다는 것을 올리아나는 알고 있는지도 모른다. 달리 현실적인 선택지가 없다는 사실을.

"가즈마를 무시하는 말을 듣고, 이모, 더 싫어졌어."

올리아나는 어린 서양호랑가시로 눈길을 돌렸다.

"이모는 뭐든지 요란하게 과장해."

내 영어를 말하는 걸까. 홀리의 병을 말하는 걸까. 판단을 하지 못하고 있는데 어둠 저쪽에서 헤드라이트가 달려왔다. 정원을 에워싼 나무울타리 그림자가 우리를 꿰뚫을 것처럼 뻗어오고, 헤드라이트는 점차 스텔라의 낡은 세단으로 변해 갔다. 운전석에서 느릿느릿 내린 스텔라는 어두운 정원에 쪼그리고 앉은 우리를 힐끔 보았지만 아무 말도 건네지 않고 그대로 현관문으로 들어갔다.

그 직후에 그녀의 비명소리가 들렸다.

나와 올리아나는 벌떡 일어나 현관으로 향했지만, 다다르기도 전에 거친 발소리가 들리고 문이 안쪽에서 거칠게 열렸다.

"하지만, 사실이니까, 어쩔 수 없지."

"가즈마의 영어는 아주 자연스러워. 나는 가즈마 말투가 좋아."

언어의 전반과 후반이 모순되게 들리는 말을 하며 올리아나는 나를 위로했다.

태어나 처음으로 영어라는 언어를 배운 것은 중학교 시절 니이마 선생의 수업이었다. 당시 선생은 사십대 중반이었을까, 성실한 남자 영어 교사였고, 늘 열심히 가르쳐주기는 했지만 정작 영어 회화는 전혀 못했다. 니이마 선생뿐만 아니라 당시는 그런 영어 교사가 많았다. 교과서에 실린 문장을 읽을 수는 있지만 발음은 말하자면 가타카나적이어서 우리는 영어의 참모습을 모른 채 그저 시험을 위해 단어나 문법만 외웠다. 마침내 1학년 말에 어머니가 돌아가시자 나는 좋아하던 이과 이외에 모든 공부를 던져 버리고 말았다. 3학년 여름에 그 사건이 일어난 뒤에야 마음을 잡고 모든 과목을 맹렬히 공부하기 시작했지만 영어 발음은 좋아지지 않았다.

물론 누구 탓도 아니고 결국은 나의 노력과 감각의 문제일 것이다.

"나, 이모가 싫어."

올리아나가 나에게 빙글 고개를 돌렸다. 주위의 주황색 낙조는 어느새 사라지고 그 얼굴만 어둠 속에 희미하게 떠올라 있었다.

"아마, 이름이 정반대라서, 맞질 않는 거야."

나는 모자를 머리에 고쳐 썼다.

"홀리는?"

"해골 분장을 하고 자고 있어."

홀리는 약속한 대로 올리아나의 도움을 받아 자기 얼굴에 해골 메이크업을 했다. 그 결과물은 내 예상을 훨씬 능가했다. 단색 그림을 장기로 하는 일러스트레이터와 그 재능을 물려받은 딸. 두 사람이 홀리 얼굴에 그린 것은 그대로 호러 영화에 써도 될 법한 실감나는 해골이었다. 손거울을 멀리 내밀어 제 얼굴을 바라보는 홀리의 눈에는 만족스러운 빛이 떠올라 있었다. 올리아나도 옆에서 같은 눈빛을 하고 있었지만, 두 눈 외에는 역시 마비되어 버린 듯 표정을 잃은 모습이다.

"가즈마…… 스텔라 이모를 생각하고 있었어?"

대답하기 전에 홀리 방의 창문을 힐끗 돌아다보았다. 조명은 꺼져 있고, 구석의 스탠드라이트만 켜져 있는지 그 빛으로 짐작되는 것이 창유리에 어른거렸다.

"왜?"

"얼마 전에 현관 밖에서 이모한테 싫은 소리 들었잖아."

올리아나가 옆에 쪼그리고 앉아 서양호랑가시 가지 끝을 쳐다보았다.

"가즈마의 말투 얘기."

"들었구나."

그래서 그때 올리아나가 현관문을 열어 주었던 걸까. 스텔라가 더 말하지 못하게. 혹은 내가 대꾸하지 않게.

결심했을 때, 나는 그 닮음을 은연중에 의식했던 게 아닐까. 닮음을 의식했다기보다는 오히려 닮음으로 인하여 더욱 강조되는 커다란 차이를. 고향 도시에서는 바다로 해가 저물지만 이 도시에서는 수평선에서 깨끗한 태양이 얼굴을 내민다. 새로운 하루가 찾아올 때 이 도시는 최초의 눈부신 빛을 받는다. 예전의 나는 고향 도시를 도망치고 싶었지만, 도망치고 싶지 않았던 것은 아닐까. 세계지도를 머리에 떠올려 놓고, 매우 닮은 장소에서—그러나 태양이 오르는 장소에서 인생을 다시 시작하고 싶었던 것은 아닐까. 나를 아는 이가 아무도 없는 장소에서. 일본이 아니라 아일랜드에서 일하기로 결심한 것도, 이 나라가 말기 간호의 발상지여서 따위가 아니었던 게 아닐까.

"이걸 쓰고 있어."

감촉이 가슬가슬한 뭔가가 머리카락에 닿았다.

"이제 곧 밤이 되니까."

어느새 올리아나가 바로 뒤에 서 있었다. 소녀가 입고 있는 것은 밝은 초록색의 요정 의상이었다. 할로윈인 오늘, 아일랜드에서는 학교가 쉬어서, 올리아나는 일찌감치 준비해 둔 이 의상을 아침부터 내내 입고 있었다.

나는 머리로 손을 올려 소녀가 거기 얹어 준 것을 만져 보았다. 올리아나가 쓴 것과 비슷한 요정 모자였다. 다만 천이 아니라 초록색 종이로 만들었다.

"돌아갈 때도 꼭 쓰고 있어야 해."

"고마워, 올리아나."

의 지시로 몰핀이나 항울제의 투여량과 빈도도 전보다 늘어서 그녀의 죽음은 착실히 다가오고 있음을 느낄 수 있었다.

스텔라라는 존재. 웃지 않게 된 올리아나. 그 이유를 모르는 홀리. 나는 내가 해야 할 바를 알 수 없었다. 지향해야 할 곳은 알고 있지만 그곳으로 가는 길이 도무지 보이지 않았다. 매일 이 집에 드나들면서 재택 말기 간호 담당자라는 무거운 짐이, 상상 이상으로 무거운 짐이 소리도 없이 두 어깨에 쌓여 가는 것을 생생하게 느꼈다. 그리고 종종 내가 환자나 가족이 아니라 그 무거운 짐에서 도망칠 방법을 모색하고 있다는 것을 의식하며 놀라곤 한다. 물론 정말로 도망치지는 않았고 도망칠 수도 없었다. 그러나 그런 자신을 말없이 질타한 뒤에도 어느새 다시 도망치고 싶다는 감정이 가슴에 스친다. 거리를 걸으면 오가는 모든 사람에게 희미한 증오를 느꼈다. 아파트로 돌아가 잠이 들면 내가 뭔가 엄청나게 거대한 기계의 콘센트를 다시 꽂으려고 발버둥치는 꿈을 꾸었다.

등 뒤에서 태양이 지고 주위 풍경이 빠르게 어두워져갔다.

그 풍경을 바라보며 문득 깨달은 것이 있었다.

더블린이라는 도시는 내가 태어나고 자란 도시와 동서 방향이 정확히 거꾸로 되어 있다. 지금까지 의식하지 못했던 것이 스스로 생각해도 이상했다. 지도를 떠올려 보면 두 도시는 어느 쪽이나 비슷한 면적이고 어느 쪽이나 해안선이 시내 쪽으로 파고들었다. 그 도시는 서쪽에서. 더블린은 동쪽에서.

아니, 정말로, 지금 처음 깨달았나? 더블린으로 이주하기로을 어떻게 보낼지를 포함해서.

내가 이야기하는 도중부터 스텔라의 두 눈에 노골적으로 짜증이 드러나고 있었다.

─알아듣기 힘드네, 당신 하는 말은.

돌아온 것은 예상도 못한 말이었다.

─지금도 절반 정도는 못 알아들었어.

그럴 리가. 물론 나는 네이티브와 똑같은 발음으로 말하지는 못한다. 그래도 간호사로 일하는 데는 아무 문제 없다는 판정을 받았기 때문에 이 일을 맡았다. 절반도 이해하지 못했다는 말은 도저히 믿기 힘들었다. 그러나 백 퍼센트 거짓말이라고 단언하지도 못했다. 나는 속에서 열이 나는 것을 느끼면서도 짤막하게 사과했다. 그러자 그녀는 내 약점을 잡았다는 듯 통통한 볼을 쳐들며 비아냥거렸다.

─쟤는 왜 이 나라 말도 제대로 못하는 남자에게 인생의 마지막 시간을 맡겼는지 몰라.

빠른 말투는 의도적이었겠지. 뜨거운 무언가가 콧구멍 속까지 치밀어 올랐다. 거기에 떠밀려 말이 튀어나갈 것 같았다. 그때 뒤에서 현관문이 열렸다. 돌아다보니 올리아나의 실루엣이 나타났다. 역광 속에서 소녀는 평소보다 더 마르고 수척해 보였다.

차 엔진을 끄기 전에 스텔라는 나를 조준하는 것처럼 양 눈을 가늘게 뜨고 작은 목소리로 중얼거렸다.

─죽어가는 사람이면 다냐?

지금 홀리의 몸은 소강상태를 유지하고 있다. 그러나 담당의 목소리로 계속했다.

　―단 한 번이라도.

　그날 밤 평소처럼 엔진소리가 들리자 나는 현관문을 나가 스텔라의 차가 다가오기를 기다렸다. 적의가 팽배해 있었다. 홀리 방의 창문은 닫혀 있어서 우리 대화가 들리지 않겠지만, 들려도 상관없다는 심정이었다.

　내가 차 옆에 다가서자 스텔라가 운전석 옆 윈도를 내렸다.

　―왜 홀리와 나눈 약속을 깼습니까?

　이것이 말기 간호라는 것. 홀리는 회복할 가망이 없고, 이제 치료는 하지 않는다는 것. 그 사실을 올리아나에게 말하지 않겠다고 스텔라도 약속했던 것이다.

　―난 처음부터 반대했어.

　엔진을 끄지 않은 채 스텔라는 윈도 프레임에 팔꿈치를 얹었다. 좌우 입가를 축 늘어뜨리고 자못 불쾌한 듯 가늘어진 눈은 이쪽을 보려고도 하지 않았다.

　―나는 전부 반대했어. 치료를 중단하는 것도, 우리에게 민폐 끼치며 죽어가는 것도.

　―치료해도 회복할 가망이 없다는 것은 유감이지만 의학적으로 거의 틀림없는 사실입니다. 홀리는 담당의사에게 정확한 설명을 듣고 전부 이해한 뒤에 말기 간호라는 길을 선택한 겁니다. 암 치료의 고통은 겪어 본 사람이 아니면 모릅니다. 나도 물론 알 수 없고요. 하지만 그렇기 때문에 우리는 홀리의 마음을 최대한 살펴보고 본인의 선택을 존중해야 한다고 봅니다. 남은 시간

3

정원에 자라는 서양호랑가시의 키는 쪼그리고 앉은 내 키와
비슷한 정도밖에 안 된다.

4년 전, 개인전에서 만난 일본 여성에게 푸른부전나비 이야기
를 들은 뒤 홀리가 심었다는 서양호랑가시. 그녀와 같은 이름을
가진 나무. 반들반들 광택이 있는 잎이 석양을 받아 더욱 반짝거
린다.

서양호랑가시 잎은 테두리를 난쟁이 네다섯 명이 잡아당긴 것
처럼 뾰족한 톱니를 갖고 있다. 그 기품 있는 잎은 크리스마스
케이크 장식으로도 쓰이며 일본에서도 플라스틱 장식을 종종 보
았다. 어머니가 살아 있을 때. 우리가 단단한 가족이었을 때.

—올리아나가, 웃지 않아요.

홀리가 그렇게 말한 것은 내가 스텔라의 잔인한 말을 들은 이
튿날이었다.

—내가 병들어 집에 오래 누워 있어서 아이가 지쳐 버린 건지
도 몰라요.

문 너머로 들었던 스텔라의 말을 나는 홀리에게 전하지 못했
다. 1주일이 지난 지금까지도.

—그 아이가 웃는 걸 보고 싶어요.

홀리의 눈가에 눈물이 흘러내렸다. 수척하고 건조해서 나이보
다 깊이 팬 주름살을 타고. 그것은 그녀가 내 앞에서 처음으로
보인 눈물이었다. 홀리는 내 두 손에 얼굴을 떨어뜨리고 둔탁한

사라지지않는유리별

"바보 같은 짓 그만둬. 왜 머리를 그렇게 흉하게 깎니."

그녀의 굵은 목소리가 문을 관통하여 내 귀에까지 닿았다.

"소용없어. 어차피 홀리는 이제 나을 수 없으니까."

"올리아나에게 사실대로 말해야 할까요. 내가 곧 죽는다는 사실을 지금 딸에게 말해야 할까요 말아야 할까요. 죽는 것은 단한 번뿐이니 절대로 실수하고 싶지 않아요. 특히 그 아이에 관해서는."

"타이밍보다 어떻게 이야기하느냐가 중요합니다."

내 대답은 호스피스 신입 교육 때 전체 직원에게 가르치는 이른바 모범해답이었다. 그러나 4년간 실무 경험을 쌓은 지금, 나자신의 흔들림 없는 의견이기도 하다.

"나중에 올리아나가 당신의 말을 두고두고 떠올릴 테니까요."

"설명을 준비할 시간은, 아직 있나요?"

치료를 중단하고 호스피스로 바꾸었을 때, 담당의가 그녀에게고한 여명은 2개월. 그 뒤로 벌써 3개월 반이 지났다. 하지만 의사가 고하는 여명은 일반적으로 데이터에서 도출되는 기간보다짧은 경우가 많다. 의사가 고한 기간보다 일찍 사망할 경우 유족의 분노를 부르고 때로는 소송을 당하기 때문이다.

"개인적으로는, 괜찮다고 봅니다."

홀리는 입을 다문 채 볼을 밀어 올려 미소를 짓고 사이드테이블에서 잔을 들고 목을 적셨다. 물은 거의 남아 있지 않아서 그얼마 안 되는 한 모금에 잔이 비었다.

"물 따라올게요."

"고마워요, 가즈마."

잔을 들고 방을 나갔다. 손을 뒤로 돌려 문을 닫을 때 현관 밖에서 스텔라의 목소리가 들려왔다.

이가 모는 오토바이에 치여 목숨을 잃은 것. 그때 내가 느낀 감정과 그 후 가슴에 응어리진 것.

"올리아나도 사고로 아빠를 잃었으니 당신은 올리아나의 심정을 이해할 거예요. 그리고 올리아나는 이제 엄마를 잃을 참이에요. 그때 올리아나가 마주하게 될 감정을 당신은 이미 알고 있어요. 그러니 누구보다 의지할 수 있죠. 마음을 열 수 있어요. 재택 간호를 당신에게 부탁한 것도 그래서였어요."

"그랬군요."

내가 홀리의 재택 말기 간호를 맡게 된 까닭은 그녀의 요청이 있었기 때문이라고 사무국에서 들었다.

호스피스에서는 일반 병원과 마찬가지로 각 환자마다 담당 간호사가 있는 것이 아니라 명단에 올라 있는 간호사가 공동으로 환자들을 돌본다. 홀리가 재택 말기 간호를 선택했을 때 그녀는 간호사 26명 중에서 나를 지명했다. 짊어진 짐의 무게에 위장을 긴장시키면서도 나는 조금 자랑스러움을 느꼈고, 그리고 무엇보다 의아했다. 왜 나일까.

환자 임종에 관하여 나는 아직 경력이 충분하다고 할 수 없었다. 나의 어휘력은 대화하는 데 문제가 없지만, 일본어식 억양이 아무리 시간이 지나도 사라지지 않았고 발음 역시 네이티브와는 달랐다. 그런 나를 지명한 이유를 넌지시 물어본 적도 있지만, 그때는 홀리가 모호하게 고개를 저어 얼버무렸었다.

"그래서…… 가즈마에게 묻고 싶어요."

"뭘요?"

"아마, 내가 외국인이어서겠죠."

내 경험도 있어서 그런 생각이 들었다.

일본에서 지낼 때, 어머니를 잃은 뒤로 내 껍데기 속에 틀어박혔다. 누구에게도 속을 터놓지 않고 아무에게도 마음을 열지 않았다. 그러나 여기 아일랜드로 건너온 뒤 예전의 나로서는 상상도 못할 만큼 솔직하게 가슴을 열고 타인과 이야기할 수 있게 되었다. 간호대학에서 만난 친구들과도, 졸업 후 일하기 시작한 호스피스 동료들과도.

나는 언젠가 그 이유를 곰곰이 생각해 보았다. 그래서 찾아낸 가장 정답에 가까워 보이는 결론은 그다지 달갑지 않은 것이었다. 국적과 용모의 차이. 사용되는 언어가 내 모국어가 아니라는 점. 그런 것들이 타인을 한층 타인으로 보이게 하는지도 모른다.

아마도 나는 진정으로 연결되기란 불가능하다고 부지불식간에 느끼고 있었을 테고, 그래서 짐짓 가상현실 속에 있는 것처럼, 상대에게 다가가는 데도, 다가오는 상대를 받아들이는 데도 주저함을 느끼지 않았던 게 아닌가.

스텔라가 피우는 담배 연기가 흘러들어 나는 창문을 닫았다.

"외국인이어서가 아니에요."

돌아다보니 홀리가 나를 똑바로 응시하고 있었다.

"호스피스에 있을 때 당신이 엄마 이야기를 해 주었죠?"

"네."

어머니는 어떻게 지내시느냐고 물어서 사실대로 대답했었다. 어느 날 갑자기 어머니가 세상에서 사라지고 만 것. 불량한 젊은 창밖에서 말소리가 들려온다. 대부분 스텔라의 목소리였다. 그녀의 몸매는 홀리나 올리아나와는 대조적이어서, 의학적으로 말하면 완전한 비만체형이었다. 목소리도 낮고 굵으며, 늘 불만과 의심에 찬 말투여서 그다지 듣기 좋은 소리라고는 할 수 없다. 일본에 '스텔라 아줌마 쿠키'라는 쿠키 가게가 있는데, 올리아나의 이모 스텔라는 그 간판에 그려진 상냥한 여성과는 딴판이다.

전에 홀리에게 들은 이야기에 따르면 스텔라는 더블린 교외에 혼자 사는데, 정부의 생계지원금으로 생활하고 있다. 홀리의 남편이 살아 있던 때는 그가 종종 생활비를 보내주었지만, 6년 전 그가 사망하자 스텔라는 생활보호를 신청했다고 한다.

"내가 떠나면 스텔라가 올리아나를 맡아 주기로 했어요."

거반 예상하던 일이지만 실제로 듣고 보니 가슴이 무거워졌다.

"걱정은, 없으세요?"

"물론 있죠. 스텔라도 요즘 일자리를 찾고 있는 모양이고, 우리 부부는 모두 양친이 돌아가신 상태라 달리 올리아나를 맡길 사람이 없어요."

나로 말하면 결국 환자 간호를 맡은 생판 타인일 뿐이다. 가족 관계에 대하여 무책임한 의견을 말할 수 없었다. 창밖에서 들려오는 스텔라의 목소리를 잠시 말없이 듣고 있는데 홀리의 입술에서 엉뚱한 웃음소리가 새어나왔다.

"당신한테는, 뭐든지 얘기하고 마네요."

을 수 없었다. 언니로서 동생을 돌봐야 한다는 사실을—아니, 홀리의 병 자체를 노골적으로 짜증스러워했다. 그 모습이 마음에 걸려 나는 홀리와 단둘이 되었을 때 스텔라에게 간병을 맡겨도 괜찮겠느냐고 에둘러 확인해 보았다. 그러자 홀리는 언니에게 폐를 끼치고 있는 것이 사실이니까 어쩔 수 없다며 눈길을 피했다.

"올리아나는, 나를 데려갈까 봐 걱정하고 있을 거예요."

"······무슨 말이죠?"

"분장 말예요."

홀리는 왼손을 들어 손바닥으로 천장을 가리키며 쳐다보았다. 약지에 끼워진 결혼반지가 관절 사이에서 흔들리고 있었다.

"할로윈 발상지가 아일랜드라는 거, 가즈마는 알고 있어요?"

"아뇨, 몰랐어요."

"켈트달력으로 10월 31일은 한 해의 경계에 해당하죠. 따뜻한 계절과 추운 계절의 경계. 그날이 되면 이승과 저승의 경계가 모호해져서 망자의 혼령이 돌아온다고 믿었대요."

요정이나 고블린이나 악마 등의 모습을 하고 있는 망령은 인간을 저승으로 데려가려고 한다. 그래서 사람들은 망령을 달래기 위해 과자를 주고, 또 망령과 비슷하게 분장함으로써 몸을 숨겼다는 것이다.

"그래서, 올리아나는 엄마가 꼭 분장해야 한다고 말한 거군요."

저승에서 돌아온 망자에게 엄마를 빼앗기지 않으려고.

마치 엄마가 병에 걸린 것을 잊은 듯한 고집스런 말투였다. 두 눈이 상대방을 매섭게 질책하고 있었다. 그런 딸의 시선을 받으며 홀리는 잠시 뭔가를 생각했다.

"알았어, 올리아나. 그렇게 하자."

그러자 올리아나의 표정이 일변했다. 이번에는 마치 엄마 병이 눈앞에서 다 나은 것처럼 방긋 미소 지었다.

나는 기묘한 기분이었다. 올리아나는 왜 이렇게 할로윈 분장을 고집할까. 그걸 물으려고 하는데 창밖에서 엔진소리가 다가왔다. 헤드라이트에서 확산된 빛이 커튼을 하얗게 물들인다.

"스텔라가 온 모양이네."

스텔라는 홀리의 언니로, 올리아나에게는 이모가 된다.

홀리가 호스피스에 입원해 있는 동안 이 집에서 올리아나를 돌본 사람이 스텔라였다. 재택 말기 간호로 바꾸고 나서는 저녁이 지날 때쯤 이렇게 찾아와 나와 교대하는 식으로 홀리를 돌본다. 홀리가 잠들면 돌아가는데, 간혹 아침까지 보낼 때도 있는 모양이다. 그럴 때는 부부 침실에 여전히 있는 홀리 남편의 침대에서 잔다고 한다.

"나가서 맞아드려야지, 올리아나."

올리아나가 방을 나간다. 소녀의 작은 등을 바라보는 내 가슴에 어두운 무엇이 밀려올라오고 있었다. 스텔라라는 존재와 연결되어 있는 익숙한 감각이다.

재택 말기 간호를 시작할 무렵, 의사가 참석한 자리에서 간호계획을 상의할 때부터 나는 스텔라에게 도저히 좋은 인상을 품면 메리 에이켄헤드에 다다르게 된다. 그녀가 그 커다란 업적을 이룬 땅에서 나도 뭔가를 시작하고 싶었다.

"이제 곧 할로윈이네요."

가을바람이 들어와 창문의 레이스 커튼이 숨 쉬듯 부푼다.

"우리 아파트 근처 골목 상점은 호박과 박쥐로 뒤덮였어요."

이 나라에 입국한 이래 계속 살아 온 아파트는 더블린 중심지의, 도시를 남북으로 양분하는 리피 강변에 있다. 거기 사는 주민들도 언제 지어진 아파트인지 모를 만큼 오래된 건물이다.

"가즈마는 할로윈 때 분장을 하나요?"

"아뇨…… 분장해 봐야 내 방에서 혼자 거울 보며 웃는 게 고작인걸요."

홀리와 올리아나는 어떠냐고 묻자 매년 반드시 분장을 해 왔다고 한다.

"올리아나는 요정 분장을 좋아하고 나는 늘 해골이 되죠. 하지만 직업상 아무래도 메이크업에 공을 들이는 바람에 내 해골 분장은 내가 봐도 무서워요. 과자 얻으러 방문하는 아이들이 현관문을 열었다가 표정이 확 굳어 버리죠."

홀리는 제 볼을 만지며 뭔가를 계량하는 눈빛으로 뼈가 만드는 요철을 손가락 끝으로 천천히 확인했다.

"올해는, 못하겠지만."

"꼭 해야 돼."

책상 앞에 앉아 있던 올리아나가 홱 돌아보았다.

"엄마는 멋진 해골이 되어야 해."

년이 되기 직전의 봄방학 때 어머니가 교통사고로 돌아가셨다. 사고가 일어난 날 저녁, 중상을 입은 어머니가 실려 간 곳이 아버지가 근무하는 구급병원이었고, 처치를 담당한 이도 아버지였다. 어머니는 그날 저녁에 돌아가셨다. 중학생인 나는 어머니를 살리지 못한 아버지를 미워했다. 가눌 길 없는 분노를 직선적인 말로 퍼부었다. 아버지는 한 마디도 대꾸하지 않고 묵묵히 그 비난을 들었다.

의사의 길을 택한다면 나도 언젠가는 그날의 아버지처럼 되지 않을까. 나는 그게 두려웠다. 누군가의 수명이 나의 능력에 따라 크게 달라질 수 있다는 사실이 견딜 수 없이 무서웠다. 적어도 그런 기대 어린 시선을 받게 된다는 것이.

고민 끝에 나는 이 길을 택했다. 말기 간호에 종사하는 간호사──누군가를 도울 수 있는. 그러나 아버지가 오랜 세월 일해 온 구급의료와는 정반대라고도 할 수도 있는 이 직업을.

일본이 아니라 아일랜드에서 일하기로 결심한 까닭은 이 나라가 말기 간호의 발상지이기 때문이다. 19세기 초 수녀 메리 에이켄헤드가 더블린에 '홈'이라 불리는 건물을 지어서, 이곳이 호스피스의 원형이 되었다. 그 후 20세기에 들어서자 그녀의 뜻이 계승되어 아일랜드와 영국에서 말기 간호를 목적으로 하는 호스피스가 여러 군데 세워졌다. 덕분에 죽음이라는 인생 최대의 사건을 맞이하려고 하는 사람들이 안식과 함께 최후의 시간을 보낼 수 있게 되었다.

지금은 호스피스가 많은 나라에 보급되었지만, 원류를 찾아보

2

9월이 가고 10월도 후반으로 접어들었다.

레이스 커튼이 어둡게 물들자 종종 멀리서 들리는 차량 엔진 소리 외에는 올리아나가 움직이는 연필 소리만 들렸다. 소녀는 엄마가 쓰던 책상에서 두 다리를 의자 자리에 걸치고 앉아 숙제를 하고 있었다. 머리가 엄마보다 길게 자라 지금은 귀를 절반쯤 가리고 있다. 그래서 책상에 앉은 뒷모습이 연약한 남자애처럼 보이기도 한다.

"가즈마는, 왜 간호사가 됐어요?"

침대에서 윗몸을 일으킨 홀리가 물었다. 지난 한 달 남짓 동안 얼굴도 몸도 빠르게 마르고 가늘어졌다.

"아버지가 구급의사입니다. 그 영향으로 의료에 흥미를 품고."

후반부는 거짓이다. 내가 의료에 종사하기로 결심한 것은 중학교 3학년 때 돌이킬 수 없는 짓을 저질렀기 때문이다. 나 때문에 한 생명이 세상에서 지워졌다. 보상할 방법은 어디에도 없었다. 그래서 나는 적어도 사람 생명을 구하는 존재가 되고 싶었다. 그래야만 했다.

"아버지처럼 의사가 되는 건 생각해 보지 않았나요?"

"학비가 많이 든다는 걸 알고 포기했어요."

이 말도 거짓이다.

돌이킬 수 없는 사건이 일어나기 1년 전, 그러니까 중학교 2학

"그래, 올리아나."

"아빠가 했던 말을, 요즘 자주 생각해. 바다에 빠졌을 때 내 손을 내가 잡아당겨 봐야 소용없다고 아빠가 말했어. 누군가 잡아당겨 줘야 한다고. 그러니까 엄마도 망설이지 말고 말해. 바쁠 때는 내가 도울 수 있으니까."

아이리시 전통악기 제조사에서 일하던 올리아나의 아버지는 6년 전 타계했다. 홀리와 다른 이야기를 하다가 듣게 된 전말에 따르면, 이 나라 서쪽 끝에 있는 관광지 모허 절벽을 올리아나에게 보여주려고 가족 세 명이 길을 떠난 날이었다. 올리아나는 당시 네 살. 세 사람이 절벽을 걷고 있을 때 바닥 단차에 발이 걸린 노인이 넘어지며 아버지에게 부딪혔다. 그 탓에 아버지는 절벽 밑 바다로 추락하여 죽었다.

모허 절벽이라면 나도 한 번 가 본 적이 있는데, 자연 상태를 보존하려는 것인지 무섭게 높은 절벽인데도 울타리가 설치되어 있지 않았다. 누가 봐도 위험한 장소여서, 실제로 해마다 사망 사고가 10건 정도나 일어난다고 들었다.

홀리에 따르면 본의 아니게 남편을 죽게 만든 노인은 자기가 좋아하는 장소를 손녀에게 보여주려고 모허 절벽에 온 사람이었던 모양이다. 그 손녀는 올리아나보다 더 어려서, 눈앞에서 어떤 일이 일어났는지도 제대로 이해하지 못하는 것 같았다고 한다.

운명의 시간은 시시각각 다가오고 있다. 홀리가 호스피스를 떠나 집으로 돌아왔을 때, 올리아나는 들꽃을 따다 멋진 꽃다발을 만들어 "퇴원 축하해" 하며 홀리에게 건넸다. 엄마 병이 낫는다고 믿고 지금도 의심하지 않으며 저렇게 웃는다. 소녀의 웃는 얼굴을 볼 때마다 나는 행방불명자를 찾는 포스터를 떠올린다. 앞으로 자기에게 일어날 사건을 전혀 모른 채 순진하게 미소 짓는 얼굴을.

"엄마가 다시 작업을 시작할 때는 나도 조금쯤 도울 수 있을지 몰라."

침대 옆에 서서 올리아나가 엄마 손을 잡았다.

"그래서 숙제가 끝나면 늘 그림을 연습하고 있어. 이제 꽤 잘 그리게 되었어."

"잘 그리는 건 이미 알아, 올리아나."

홀리뿐만 아니라 나도 알고 있었다. 올리아나는 엄마의 재능을 확실하게 물려받았다. 올리아나의 그림을 보고 작자의 나이를 짐작할 수 있는 사람은 아마 없으리라. 엄마에게 물려받은 세밀한 터치로 표현된 그림은 괜한 장식이나 과시하는 면이 없는 솔직한 것이었다. 아무 저항 없이 그림 전체를 눈으로 빨아들이고 머릿속에 똑같은 형상을 남겨줄 것 같은 그림이다. 물론 일러스트레이터로 십수 년이나 일해 온 홀리의 작품에 비하면 역시 유치한 구석이 있다. 하지만 그것은 조만간 자취를 감추고 깊은 기술로 대체될 것으로 느껴지는 유치함이었다.

"엄마 작업을 도우려면, 더 잘 그려야 해."

리는 그대로 가쁜 호흡을 반복하다가 이윽고 호흡이 차분해지자 딸 얼굴로 손을 뻗었다.

—네가 태어날 때가 생각나는구나.

이 세상에 태어난 자식을 정말로 지금 처음 보는 것처럼 홀리는 오른손 손바닥으로 딸의 볼을 감쌌다.

—하지만, 이렇게 예쁘게 잘 컸으니, 앞으로는 이러지 않아도 돼.

"엄마 작품을 보고 있었어, 가즈마?"

내가 들고 있는 스케치북을 올리아나도 까치발을 하고 들여다보았다. 소녀의 따뜻한 숨이 손목에 닿았다. 홀리와 올리아나는 내가 호스피스로 간병할 때는 '미스터 이이누마'라고 불렀지만, 재택 터미널케어로 바꾸고 나서는 '가즈마'라고 불렀다.

"홀리가 제일 좋아하는 나비 그림을 보고 있었어."

"엄마 병이 나으면 가즈마도 그려달라고 부탁하든지."

올리아나가 약 올리듯이 웃었다. 나는 졸지에 표정을 꾸밀 수도 없어서 손바닥으로 얼굴을 쓸며 얼버무렸다.

이것이 터미널케어라는 사실을 올리아나는 모른다. 36세 엄마가 당장이라도 세상을 떠나려 한다는 것을. 홀리는 올리아나에게 자기가 잠시 지내고 있던 호스피스에 대해서 '새로운 병원'이라고 간단히 설명하고, 재택 터미널케어로 바꿀 때도 병이 나아가는 중이어서 집에 돌아가 치료하는 거라고 설명한 모양이다.

—그러니까 가즈마, 당신도 그렇게 부탁해요.

과연 이게 옳은 일일까. 엄마와 헤어질 준비가 되지 않은 채 그리고 화면에 나타난 아름다운 색채에 바로 마음을 사로잡혔다.

"그날부터 '홀리의 블루'는 내가 제일 좋아하는 나비가 되었어요. 우리 집 정원에 작은 서양호랑가시가 자라는 거 알아요?"

"네, 저기 있군요."

창 밖에서 보이는 정원 오른쪽, 마침 그녀의 책상에서 바로 보이는 자리에 어린 서양호랑가시 나무가 자라고 있었다.

"4년 전에 심었어요. 그 나비를 알고 나서 바로."

"'홀리의 블루'가 찾아오던가요?"

"아직, 한 번도."

그녀가 핏기 없는 입술을 닫았을 때 현관문 열리는 소리가 났다. 홀을 잔달음 치는 발소리. 방문이 힘차게 열리고 선명한 분홍 배낭을 멘 올리아나가 들어온다.

"왔구나, 올리아나."

침대에서 홀리가 미소 짓자 여자애도 환한 웃음으로 응했다. 올리아나가 겨울도 아닌데 니트 모자를 쓰고 있는 것은 머리카락이 아직 두피에서 몇 센티미터밖에 자라지 않은 탓이다.

홀리가 호스피스에서 집으로 옮기던 날, 올리아나는 공작용 가위로 제 머리를 잘랐다. 견갑골까지 내려오던 아름다운 금발을 두피가 보이도록 바짝 잘라 버렸다.

―이러면 부끄럽지 않겠지?

딸의 머리를 본 홀리가 할 말을 잃고 떨리는 양손으로 얼굴을 감쌌다. 손가락 사이로 보이는 두 눈이 크게 벌어져 있었다. 홀끈한 눈, 날개를 뒤덮은 인분까지 멋지게 재현되어 있다. 나비가 앉은 나뭇가지는 잎 생김새로 보아 서양호랑가시 같다.

"이게 '홀리의 블루'라는 나비입니까?"

"그래요. 아일랜드뿐만 아니라 당신 나라에도 있다고 해요."

"일본에도?"

스케치북으로 눈길을 돌렸다. 나뭇가지나 잎 크기로 보아 나비 크기는 아마 엄지손톱만 할 것이다. 날개의 무늬는 그다지 특징적이지 않지만 가장자리가 어둡게 칠해져 있다. 나는 속으로 그 어두운 테두리 안쪽에 컬러를 적용해 보았다. 방금 홀리가 말한 하늘색을.

"······푸른부전나비?"

나도 모르게 튀어나온 일본어에 그녀는 고개를 끄덕였다.

"나에게 그 나비에 대해서 이야기해 준 여성도 그런 이름으로 불렀어요."

"일본인에게 들으셨군요."

"지에 씨라는 곤충을 연구하는 여성이에요. 4년 전 레스토랑 2층을 빌려 개인전을 할 때 우연히 관람하러 와 준 사람이었죠."

그 일본 여성이 당신 이름이 들어간 나비가 있다고 가르쳐주었다고 한다.

"자기가 제일 좋아하는 나비라고. 어릴 때 학교에서 돌아오던 길에 그 나비를 잡으려고 정신없이 쫓아가다가 비탈을 굴러서 크게 다친 적도 있다고 해요. 그 말을 듣고, 얼마나 아름다운 나비이기에 그랬을까, 하고 나중에 스마트폰으로 검색해 봤어요."

켜도 따르지 않겠지만, 나의 신앙심은 그 정도가 고작이다.

내가 일하는 호스피스에 홀리가 찾아온 것은 두 달 전이다. 그녀는 거기서 한 달을 보낸 뒤 남은 시간을 외동딸 올리아나와 지내는 쪽을 선택하고 재택 종말기 의료로 바꾸었다. 그 방문간호를 내가 담당하게 되어 주에 5일을 이렇게 그녀 집으로 찾아온다.

"나는, 죽으면 '홀리의 블루'가 될 거예요."

그 말은 이해할 수 없었다. Holly는 본인의 이름이다. 내가 고개를 갸웃해 보이자 그녀는 희미하게 웃으며 'Holly blue'라고 다시 말했다.

"내가 제일 좋아하는 나비 이름."

Holly(서양호랑가시)를 좋아하는, 하늘색을 띤 나비라고 한다.

"자기 이름이 들어 있어서 좋아하는 건가요?"

홀리는 베개 위에서 모호하게 고개를 저었다. 치료 때문에 한때는 모두 잃었던 머리카락이 이제는 몇 센티미터쯤 자랐다.

"거기 있는 스케치북을 펴 봐요."

전에 작업할 때 쓰던 책상을 눈짓으로 가리킨다. 잡지나 서적 일러스트레이터로 일했고, 남편이 죽은 뒤에는 혼자서 올리아나를 키워 온 그녀이지만, 1년 반 전에 골수종이 발견되었을 때부터 작업 의뢰를 받지 않았다.

스케치북을 들고 하얀 페이지를 넘겼다. 그러자 곧 나뭇가지에 날개를 펴고 앉은 나비 한 마리가 나타났다. 지면 가득 목탄으로 그린, 흑백사진인가 싶을 만큼 세밀한 스케치. 구슬처럼 매

1

파란 두 눈에 비쳐도 흐린 하늘은 역시 흐린 하늘이었다.

"사람은 죽으면, 영혼이 나비가 되어 날아간다고 해요."

침대에 누운 채 창문을 응시하며 흘리는 공기가 많이 섞인 목소리로 중얼거렸다.

날로 기력을 잃어가는 그녀의 눈에 끝없이 펼쳐진 낮은 구름 풍경이 비치고 있다. 9월 중순이면 일본에서는 에어컨을 풀가동하고 늦더위와 씨름하고 있을 것이다. 그러나 여기 아일랜드는 홋카이도보다 위도가 높아서 이렇게 창문만 열어 두면 충분히 쾌적하다. 홀리의 집은 더블린 시내에 있지만 다운타운에서 조금 떨어진 덕에 소음도 적어 그녀는 최후의 시간을 조용히 보낼 수 있었다.

적어도 환경 면에서는.

"당신 나라에서는 뭐라고 하죠?"

"인간이나 다른 생물로 환생한다는 이야기도 있고 부처가 된다는 이야기도 있답니다."

"부처라면 불교를 창시한 사람 아닌가요, 가즈마?"

"종교에 대해서는 아는 게 별로 없어요. 미안해요."

이 나라 대학에서 간호학을 공부하고 간호사로 일하기 시작한지 5년. 일본을 떠난 지는 9년이 지났지만 아일랜드인의 깊은 신앙심을 볼 때마다 종교가 없는 나의 생활이 부끄러워진다. 물론 나 역시 누가 묘비에 낙서를 하라거나 불상에 돌을 던지라고 시

기체가 서서히 고도를 낮추기 시작했다.

눈앞 모니터에 현 위치가 표시되어 있다. 한가운데 표시된 비행기 마크는 위쪽을 향한 채 멈춰 있고 배경인 지도가 차츰차츰 밑으로 움직인다. 나는 손목시계 바늘을 여덟 시간 당겨 일본시각에 맞추었다. 밤이 낮이 되고 아무것도 아닌 9월 말이 실버위크 마지막 날로 바뀌었다.

열여덟 살에 일본을 떠난 이래 약 10년 만에 귀국하는 것이다.

무릎 위에는 그림 한 점이 놓여 있다. 올리아나가 준 그림이다. 도화지에는 평온하게 잠든 홀리의 얼굴이 연필화로 그려져 있다.

—우리 엄마를, 잊지 마.

이 그림을 나에게 내밀며 열 살배기 올리아나가 말했다.

어찌 잊겠는가. 홀리와 올리아나를. 그날 밤 더블린 해안에서 겪은 일을. 불과 두 달뿐이지만 내가 태어나 처음으로 신을 믿었던 것을.

작가의 말 잠드는 밤

잠들지 않는 형사와 개

이 도시에서 50년 만에 일어난 살인사건이라고 한다.

사건이 일어난 날 밤, 개 한 마리가 살인현장에서 홀연히 자취를 감추었다. 나는 그 개를 필사적으로 찾았다. 숲속을. 거리를. 도무지 찾을 수 없었다.

형사로서가 아니라 한 인간으로서.

그러면서 모든 것을 생각했다. 그가 옆집 부부를 찔러 죽인 이유. 그가 마음에 품어 버린 것. 왼팔에 감긴 하얀 붕대. 사건 2주 전에 그가 잡았던 식칼.

다만 한 가지 생각하지 않은 것은 나 자신에 대해서였다.

1

집―남자―나.

그 셋이 일직선상에 놓이고 나서 30분 정도 지났다. 남자의 시선은 2층으로 향하고, 내 시선은 그의 등을 향하고 있다. 각자의 거리는 10미터쯤 될까.

도시 북쪽의 고지대 주택가였다. 만 건너편 남쪽보다 땅값이 비싼 만큼 흐린 하늘 아래 줄지어 있는 주택들은 어느 집이나 고급스럽다. 아까부터 남자가 응시하는 집도 개인주택 광고에 나올 법한 외관을 하고 있었다. 셔터가 달린 차고. 하얀 담장 위에 늘어선 서양식 담장울. 그 너머에 커다란 플라타너스가 우뚝 서 있고 가지에는 동그란 열매가 풍성하게 달렸다. 9월 중순이 막 지난 참이라 열매는 모두 초록색을 띠고 있다.

남자가 손에 쥔 것은 전정용 고지가위.

평범한 고지가위가 아니라 독자적으로 개조한 모양새다. 긴 손잡이 끝에 Y자형으로 얇은 도마와 포충망이 각기 달려 있다. 손잡이를 비스듬하게 위로 쳐들면 도마는 정확히 지면과 평행을 이룬다. 그 상태에서 손 맡의 핸들을 당기면 포충망이 툭 떨어져 도마 위에 있는 물체를 포획하는 구조인 듯하다.

포획하고자 하는 대상은 아마 새일 것이다.

그는 이제 곧 시선 끝에 새 한 마리가 나타나리라 예상하는 모양이다.

남자를 감시하기 시작한 것은 어제부터였다. 점심 직전에 그는 사무실이 있는 임대 빌딩을 나와 대로에서 버스를 탔다. 허리가방만 차고 모자를 눈까지 내려 쓰고.

남자가 버스를 내린 곳은 만 북쪽에 있는 항구 근처. 주저 없는 걸음으로 고지대 주택가로 올라가 지금과 마찬가지로 이 집을 담 그늘에서 관찰하기 시작했다. 그러자 잠시 후 새 한 마리가 날아와 정원 플라타너스에 앉았다. 전체적으로 회색인데 꼬리 깃털만 빨간 커다란 잉꼬 같은 새. 정확한 종류는 모르겠다.

새가 앉은 것은 2층 창문 옆으로 뻗은 가지였다. 그 새를 보자 남자는 재빨리 허리가방에서 권총을 꺼내 방아쇠를 당겼다. 물론 진짜 총이 아니라 공기총이다. 발사된 탄알이 가지를 맞추자 새는 놀라서 날아갔다. 남자는 바로 그 자리를 떠나 다시 버스를 탔고, 그가 간 곳은 공구점이었다. 구입한 것은 고지가위, 플라스틱 도마, 포충망, '새 모이/쌀MIX'. 그 물건들을 들고 그는 사무실로 돌아갔다. 이후로는 밤이 되도록 잠복해도 나오지 않았는데, 아마 사무실에서 저 엉성하게 생긴 도구를 제작하고 있었던 게 틀림없다.

어제는 일부러 새를 쫓아 놓고 오늘은 사로잡으려 하고 있다. 사정을 모르는 사람이 보면 이해하기 힘든 행동일 것이다. 그러나 나는 이틀간 미행한 끝에 확신하고 있었다.

그 정보는 역시 사실이다.

남자 이름은 에조에 마사미. 나이는 나보다 열 살쯤 어린 서른여섯. 행방불명된 애완동물을 찾아주는 것이 직업이며, 낡은 빌딩 3층에 '펫탐정 에조에&요시오카'라는 사무실을 운영하고 있다. 에조에 마사미와 요시오카 세이치 두 사람이 함께 운영하는데, 지금까지 조사한 바에 따르면 애완동물 수색작업은 늘 에조에 혼자 하는 듯하다. 요시오카라는 남자는 아마 사무담당이거나 다른 일을 하는 모양이다.

나는 지금까지 한 번도 동물을 키워 본 적이 없고 키우고 싶은 마음도 없어서 잘 모르지만, 에조에는 애완동물 주인들 사이에서 유명인으로 통한다. 사무소 홈페이지에 '발견 실적 90퍼센트'라고 홍보되어 있는데, 실제로 그에게 수색을 의뢰하면 행방불명된 개나 고양이는 대개 찾을 수 있다고 한다. 그 실력이 입소문으로 퍼져서 지금은 다른 현에서도 의뢰가 많이 들어온다.

에조에의 등이 움찔 움직였다.

가만 보니 어제 왔던 그 회색 새가 막 플라타너스 가지에 앉은 참이다. 에조에는 기관총이라도 옮기는 것처럼 고지가위를 어깨에 메고 자세를 낮춰 골목으로 나섰다. 그대로 하얀 담에 어깨를 붙인 채 전진하여 플라타너스 쪽으로 접근했다─아니, 다시 돌아왔다. 마치 필름을 되돌리는 것처럼 후퇴하여 방금 있던 담 모퉁이에 숨었다.

"봐, 저기."

목소리가 다가왔다.

"어디요?"

"저기 2층 창문이 있지, 그 바로 앞."

"아, 정말이네, 있어요."

바다로 이어지는 언덕길에서 두 사람이 나타났다. 짧은 백발

머리 노인과 고교 야구부 유니폼을 입은 남자아이. 남자아이가 경어를 쓰는 것을 보면 조부와 손자 사이일까. 두 사람이 작은 소리로 대화를 나누며 그 집으로 다가간다.

"……역시, 이 집이 아닐까."

노인은 입을 절반쯤 벌리고 호화로운 주택을 올려다보았다.

나와 에조에는 각자 담 그늘에서 그들을 엿보고 있었다.

곧 놀라운 일이 벌어졌다. 회색 새가 플라타너스 가지에서 날아올라 담을 넘더니 급강하하여 고등학생 어깨에 내려앉은 것이다.

"……세상에."

노인이 제 이마를 치며 쓴웃음을 지었다.

두 사람은 그 자리에서 짧은 대화를 나누었고, 곧 노인은 왔던 길을 되돌아갔다. 남은 고등학생은 새를 어깨에 올린 채 어색하게 몸을 돌려 대문 인터폰을 눌렀다. 스피커에서 '아' 하는 여자 목소리가 들렸다. 문 자물쇠가 풀리는 소리. 고등학생이 문을 열고 안으로 들어간다.

잠시 후 딸칵, 하고 문 잠기는 소리가 났다.

담 그늘에서 에조에가 고개를 맥없이 떨어뜨렸다. 그는 잠시 그대로 움직이지 않고 있다가 이윽고 혀를 차더니 그 자리에 쪼그리고 앉아 포충망을 접기 시작했다. 영양실조에 걸린 양 수척한 옆얼굴이 불만으로 가득했다.

방금 눈앞에서 일어난 일이 무엇인지, 늦게나마 짐작할 수 있었다.

"일거리가 없어졌나요?"

골목으로 나서며 에조에의 등을 향해 말했다. 놀랄 줄 알았는데 그는 반응이 없었고, 몇 초가 지나서야 귀찮다는 듯 돌아다보았다. 앞머리 사이로 바짝 마른 눈이 나를 보았다.

"당신, 펫탐정 에조에 마사미 씨?"

그는 대답도 없이 손 맡으로 눈길을 돌리고 포충망 정리를 계속했다. 가만 보니 긴 손잡이 끝에 부착된 도마에 페트병 뚜껑이 거꾸로 붙어 있다. 그 안에 들어 있는 알록달록한 알갱이들은 아마 어제 산 '새 모이/쌀MIX'일 것이다.

"새를 찾아달라고 의뢰받은 거 아닌가? 그 새는 이 집에서 도망쳤고. 당신은 주인에게 새 수색을 의뢰받았지. 하지만 어렵게 연장을 준비해서 여기까지 왔는데 새는 아까 그 고등학생 어깨에 앉았고, 고등학생은 그대로 집 안으로 들어갔고. 새가 무사히 주인에게 돌아갔으니 당신 일거리가 없어진 거지. 그렇죠?"

아까 두 사람이 누구인지는 알 수 없다. 집 나간 새를 우연히 발견하고 쫓아와 주인을 찾고 있었을 것이다. 그 새가 이 집 정원수에 앉았고, 어찌된 일인지 고등학생 어깨에 내려와 앉았다. 그 고등학생은 어쩔 수 없이 어깨에 새를 올린 채 인터폰을 눌렀다. 집 주인은 그것을 보고 문을 열어주고 안으로 들였다.

"별로 틀리지는 않지만—,"

그제야 에조에가 입을 열었다. 그러나 두 눈은 여전히 자기 손 맡을 향하고 있다.

"그쪽은?"

"경찰입니다."

이번에는 놀라겠지 했지만 미동도 하지 않는다.

"경찰 신세 질 일은 저지른 기억이 없는데?"

"저질렀다는 소문이 있어서."

죄명으로 말하자면 아마 사기죄.

경찰서에 신고 전화가 온 것은 지난달이었다. 대표번호로 걸려온 전화가 형사과로 돌려졌고, 내가 그 전화를 받았다. 신고자는 전에 에조에에게 의뢰해서 애완 고양이를 찾았다는 이십대 여성으로 '펫 탐정 에조에&요시오카'가 부정한 방법으로 돈을 벌고 있는 것 같다는 내용이었다.

펫 수색업자의 요금 체계는 다양한데, 기본 계약 3일에 5만 엔부터 6만 엔 정도가 대부분이다. 요금은 선불로 받고, 펫 수색 및 전단지나 포스터 제작 그리고 배포를 해 준다. 첫 사흘 동안 찾지 못하면 이후 매 사흘마다 요금이 가산된다. 수색 대상은 개와 고양이가 많지만, 때로는 새나 패럿이나 햄스터나 프레리독 등을 의뢰하기도 한다. 펫 수색에는 아무래도 일정한 시간이 필요하므로 최종 요금은 20만 엔을 넘기는 경우도 있다. 그러나 소중한 애완동물을 되찾은 기쁨에 의뢰인들은 대개 기꺼이 그 돈을 지불한다. '펫 탐정 에조에&요시오카'의 요금체계도 비슷해서, 처음 사흘간이 5만 8천 엔. 그 기간에 찾지 못하고 수색을 계속할 경우에는 사흘마다 같은 요금을 입금 받는 방식이다.

"더 자세히 말하자면, 전에 당신에게 수색을 의뢰한 사람이 경찰에 신고했어. 그게 누구인지는 말할 수 없지만, 대상은 고양이였고."

그 고양이는 어느 날 아침 주인이 현관 문을 여는 틈에 도망쳤다. 그녀는 주변을 샅샅이 뒤졌지만 찾지 못하고 인터넷에 올라 있는 업자를 찾아 수색을 의뢰했다. 그것이 '펫 탐정 에조에&요시오카'였다. 에조에는 의뢰를 받자 기본요금 5만 8천 엔을 받고 수색을 시작했다.

그녀의 고양이는 잡종이지만 두 눈 위에 아무리 봐도 굉장히 굵은 눈썹으로밖에 보이지 않는 무늬가 있었다. 그것이 매우 특이해서, 의외로 금방 찾아주지 않을까 하고 기대했다고 한다. 그러나 1주일이 지나도록 찾았다는 소식이 오지 않았다. 그녀는 사흘마다 추가요금을 입금하다가 마침내 9일째 되는 날 포기하고 말았다. 이튿날이면 총 비용이 20만 엔을 넘게 되므로 금전적으로 더는 무리라고 판단한 듯하다. 그녀는 에조에에게 전화해서 수색을 중단하라고 전했다. 에조에는 알았다고 말하고 도움이 돼 주지 못했음을 정중하게 사과하며 전화를 끊었다. 그런데 그로부터 30분 뒤 이번에는 에조에가 먼저 전화했다. 방금 고양이를 찾았다는 것이다. 그녀는 진심으로 고마워했고, 에조에가 케이지에 넣어 데려온 고양이와 재회의 기쁨을 나누었다.

"당신이 의뢰 받고 고양이를 수색하는 동안 시내에서 그 고양이를 보았다는 사람이 있어."

마침 찾아간 주점에서 고양이가 행방불명되었다가 되찾은 전말을 남자 점원에게 말했을 때 그녀는 사실을 알게 되었다. 스마트폰으로 고양이 사진을 보여주며 이야기하는데 그 점원이 얼마 전에 똑같은 고양이를 보았다는 게 아닌가. 장소는 그녀의 자택 근처. 해 질 무렵 골목에서 동물용 케이지를 든 남자와 스쳐 지나갔다고 점원은 말했다. 동물을 좋아하던 그는 스쳐지나갈 때 힐끔 케이지를 들여다보았다. 그러자 얼굴에 아주 굵은 눈썹 같은 무늬가 있는 고양이가 들어 있었다는 것이다.

"케이지를 들고 가던 남자의 인상착의를 물어보니 당신과 정확히 일치했다는 거야."

처음에는 그녀도 웃었다고 한다. 아마 수색 9일째 되는 날에 에조에가 고양이를 찾아서 집으로 데려다주는 중이었을 거라면서. 그런데 여기서 날짜가 문제가 되었다. 점원이 고양이를 본 것은 놀랍게도 그녀가 에조에에게 수색을 의뢰한 이튿날이었다고 한다.

"사실은 초기에 고양이를 찾았으면서 사무실이나 어딘가에 숨겨둔 채 의뢰인에게 보고하지 않고 비용을 계속 받아내는 거지. 비용이 점점 불어나 계약을 해지할 때가 되면 짐짓 방금 찾은 것처럼 보고하고 주인에게 애완동물을 배달한다. 주인은 애완동물을 되찾은 사실이 기뻐서 긍정적인 입소문을 널리 퍼뜨리고 그래서 또 새로운 의뢰가 들어오고. 여기서 사실과 다른 점이 있나?"

에조에가 접은 고지가위를 어깨에 메고 일어서더니 그대로 떠나려고 해서 바짝 뒤따랐다.

"어제 그 새가 정원수에 앉았을 때 당신이 공기총으로 쫓아 버렸지. 만약 주인이 새를 발견하고 창문을 열어 주면 새가 집 안으로 들어가 버릴까 봐 그랬던 거 아닌가. 그렇게 되면 당신 일은 거기서 끝나 버리지. 그래서 일단 공기총으로 쫓아 버리고 연장을 마련한 뒤 오늘 다시 여기에 왔고. 당신은 그 이상한 그물로 새를 잡아 사무소에 데리고 돌아갈 생각이었지. 주인에게는 계속 수색하는 중이라고 거짓말을 하고 사흘마다 비용을 우려내려고. 왜냐하면, 그렇게 생각하지 않으면 앞뒤가 맞지 않잖아? 어제 그 새가 정원수에 앉았을 때 집 주인이 2층 창문을 열었다면 무사히 주인 곁으로 돌아갔을 테니까. 아마 새는 집으로 돌아가려고 했던 것 같고."

무시하기로 작심한 듯했던 에조에가 이 대목에서 마침내 어깨너머로 대답했다.

"돌아오려고 했는지 어떤지 앵무새한테 물어보기 전에는 알 수 없지. 게다가 가령 당신이 말한 게 사실이라고 해도,"

그가 갑자기 멈춰서는 바람에 하마터면 도마에 얼굴을 부딪칠 뻔했다. 에조에는 몸을 빙글 돌려 바로 코 앞에서 나와 눈을 맞추었다.

"입증할 수 있어?"

"못하겠지."

비로소 그의 표정이 변했다. 아주 조금이지만.

"내친 김에 말하자면, 더 조사할 생각도 없고, 어제와 오늘, 저 집 앞에서 내가 본 것도 위에 보고할 생각은 없어. 현재로서는."

에조에는 메마른 눈동자로 내 얼굴을 똑바로 보았다. 직업상 눈길을 피하거나 내리까는 상대라면 익숙하지만, 이런 시선을 만난 적은 별로 없다.

"그 대신 부탁할 게 있어."

경찰서에 들어온 신고에 대하여 생각하다가 문득 깨달았던 것이다. 신고한 여자가 말한 대로 만약 에조에가 실제로 그런 사기 행각을 하고 있다면, 행방불명된 동물을 찾아내는 것이 전제되어야 한다. 비용을 우려내 본들 최종적으로 주인에게 애완동물을 돌려주지 못한다면 요즘 같은 시절에 인터넷에 부정적인 평가가 널리 퍼지기 때문이다. 그런데 '펫 탐정 에조에&요시오카'는 90퍼센트라는 높은 성공률을 홍보하고 있고, 아무래도 거짓은 아닌 듯하다. 조사해 보니 펫 수색업자의 일반적인 성공률은 60퍼센트 정도. 즉 그는 엄청나게 높은 확률로 성공하고 있는 것이다.

"어떤 개를 찾아줬으면 해."

2

"……그 개는, 어제부터 경찰이 찾고 있어."

이튿날 오후 1시, 나는 에조에 사무실에 있었다. 시가지에서 조금 벗어난 낡은 빌딩 3층. 홈페이지에는 번지까지만 소개되어 있고 출입문에도 사무소 이름이 걸려 있지 않은데, 어느 쪽이나 그 이유는 짐작이 갔다. 행방불명된 애완동물을 찾아내서 숨겨두고 있을 때 의뢰자가 불쑥 사무소를 방문하면 곤란하기 때문이다. 가령 개라면 주인 냄새나 목소리에 반응하여 문 너머에서 반갑게 짖어댈 가능성도 있다.

"시내 여기저기 사진이 들어간 포스터가 붙어 있는 것을 나도 봤어. 연락처가 경찰로 되어 있어서, 이건 좀 이상하다고는 생각했지만."

로우테이블에 앉은 에조에가 앞머리 틈새로 두 눈을 반짝거렸다. 내가 앉은 소파는 2인용이지만 그는 나와 나란히 앉기를 피하는지 테이블을 끌어당겨놓고 거기 앉았다. 사무실은 두 칸을 이어 붙인 형태로 안쪽에 문이 하나 있었다. 우리가 앉은 방에 있는 것은 텔레비전과 냉장고, 물잔과 컵라면 용기가 널브러져 있는 싱크대. 캐비닛이나 컴퓨터 등이 보이지 않는 것을 보면 사무실은 저 문 너머일까.

"……그래서?"

불투명유리 밖에서는 빗소리가 여전하고 실내는 축축한 개 비린내 같은 냄새로 가득 차 있다. 어제 에조에와 헤어진 직후에 내리기 시작한 비가 지금껏 그칠 기미가 없다.

"그 개를 당신이 찾아줬으면 해. 물론 비용은 정해진 대로 지불하지."

찾고자 하는 것은 수컷 래브라도 리트리버. 부차티라는 난해한 이름을 갖고 있으며, 털은 흰색, 몸 길이는 90센티미터 전후, 나이는 열두 살. 사흘 전 부부가 칼에 찔려 죽은 사건 현장에서 자취를 감추었다. 사건 발생 후 경찰견을 동원하여 수색했지만 여전히 발견하지 못하고 있다. 수사를 지휘하는 선배 형사 야에다가 슬슬 초조해지기 시작했을 것이다.

"찾는 이유는?"

"미안하지만 말할 수 없어."

사건이 일어난 것은 사흘 전 밤. 주택가 단독주택에서 부부가 칼에 찔려 죽었다. 피해자는 기자키 하루요시와 아키요, 다른 현에 위치한 서로 다른 대학에서 교편을 잡고 있고, 나이는 59세와 55세. 사건 현장은 해안선으로부터 1킬로미터 떨어져 있다. 이 도시의 만은 낚싯바늘을 옆으로 뉘여 놓은 듯한 형상이어서 히라가나 'つ'를 닮았다. 사건이 일어난 주택가는 만 동쪽이고, 어제 갔던 고급 주택가는 북쪽이며, 지금 이 사무소는 그 중간쯤인 북동부에 해당한다.

피해자 부부는 모두 등 뒤에서 심장 부근을 찔려 즉사했다. 두 사람의 사체를 발견한 것은 동거하는 23세의 외아들이다. 직장 생활 1년차인 영업맨으로, 퇴근길에 집 근처 편의점에서 자동차 잡지를 구입하고 귀가했다가 죽어 있는 두 사람을 발견했다고 한다. 아들에 따르면 평소 잠가 두던 현관문이 열려 있어서 의아하게 생각하며 복도를 지나다 보니 거실 창문도 활짝 열린 채였다. 어두운 뜰을 향해 불러 보았지만 대답이 없었고 늘 부차티를 묶어 두던 개줄은 땅바닥에 나뒹굴고 있었다. 부모는 종종 부차티를 집 안으로 불러들여 놀아주곤 했으므로 평상시라면 이상할 게 없는 상황이지만, 그때는 집 안이 너무나 조용했다. 모습이 보이지 않는 부모나 개를 부르며 안쪽에 있는 주방으로 들어가 보니 싱크대 앞에 어머니가 죽어 있었다. 그는 놀라서 계단을 뛰어올라 아버지가 평소 밤 시간을 보내는 서재로 향했다. 한데 책상 앞 의자에서 굴러 떨어진 모습으로 아버지도 죽어 있었다. 그는 즉시 경찰에 신고했고—그 신고 시간이 오후 9시 22분. 피해자 사망 확정 시각은 모두 오후 7시 전후이므로 범행으로부터 두 시간 정도 지난 셈이다.

사체를 해부한 결과, 두 사람을 찌른 흉기는 나이프나 식칼처럼 외날이다. 최초 발견자인 아들에 따르면 집에 있는 칼은 주방 식칼 정도인데, 그 식칼들은 한 자루도 없어지지 않았다. 즉 범인은 준비해 온 칼로 두 사람을 찔러 죽인 뒤 그 흉기를 들고 사라진 것이다. 사실 대부분의 살인사건이 그렇지만.

사건이 일어난 주택가는 한낮에도 통행인이 적은 곳이지만 야간에는 더욱 조용하다. 범행 시각 전후에 피해자 집을 출입하는 사람을 목격한 이는 아무도 없었다. 다만, 집 주변을 탐문한 결과 7시경에 부차티가 심하게 짖어 댔고 누군가를 위협하는 듯한 목소리가 들렸다고 한다.

그 부차티가 현장에서 홀연히 사라져 지금껏 보이지 않는다.

"이유를 말해 주지 않으면 의뢰를 받아들일 수 없어. 사실 경찰 의뢰는 반갑지도 않고."

"기분은 이해하지만, 당신, 그래도 되겠어?"

"무슨 뜻이지?"

"이 장사를 계속하고 싶지 않느냐는 거야. 당신이 일하는 방식에 대해서 내가 여러 가지 알아낸 게 있는데 말이지."

에조에의 두 눈이 자판기 동전 투입구처럼 가늘어졌다.

"잘 알 거라 보지만…… 당신이 지금 하는 짓은 협박이야."

나는 도리어 두 눈을 크게 떠 보였다.

"나한테 무슨 약점 잡힌 거 없잖아. 아니면, 역시 켕기는 구석이라도 있나?"

수사를 지휘하는 야에다는 어떤 인물을 범인으로 의심하고 있었다. 기자키 씨네 옆집에 사는 이른바 히키코모리 아들. 이름은 오노다 게이스케, 나이는 19세. 다섯 살 때 부모가 이혼한 뒤 어머니와 둘이 그 집에 살고 있다. 그는 어렵게 합격한 대학을 불과 두 달 반 만에 중퇴하고 2층 자기 방에 틀어박혀 밤낮 게임만 하며 지낸다. 싱글맘 어머니는 직장인이며 사건 발생 당시 집에 없었다.

게이스케는 전에 이웃인 기자키 씨네와 갈등을 일으킨 적이 있는데, 그 원인이 부차티였다. 그의 방 창문이 기자키 씨네 정원이 내려다보이는 위치에 있는데, 심야에 개 짖는 소리가 시끄럽다는 것이었다. 사건 한 달쯤 전, 게이스케는 기자키 씨네 집의 초인종을 누르고 부인 아키요에게 불만을 전했다. 하지만 정작 기자키네 식구들도 이웃 주민도 심야에 부차티가 짖는 소리를 들어 본 적이 없었다. 게다가 2주 뒤, 즉 사건으로부터 2주쯤 전 밤에는 게이스케가 기자키 씨네 정원에 들어오려고 하는 것을 남편 하루요시가 목격했다. 무슨 일이냐고 묻자, 그는 아무 일도 없는 얼굴로 나갔지만, 그가 오른손에 쥐고 있던 칼을 하루요시가 분명히 보았다고 한다. 그러나 상대가 이웃집 아들이므로 경찰을 부르지는 않았다.

사건 당일 밤, 신고를 받은 야에다가 즉시 서를 출발하여 현장으로 향했다. 우선 최초 발견자인 기자키 집안 아들에게 이야기를 들은 뒤, 즉시 주변을 탐문했는데, 야에다가 제일 먼저 택한 상대는 게이스케였다.

목소리나 소음 같은 것을 듣지 못했느냐. 수상한 인물을 보지 못했느냐. 뭔가 마음에 걸리는 일은 없었느냐. 현관 앞에 멍하니 서 있는 게이스케에게 통상적인 질문을 하고 난 뒤 야에다가 불쑥 물었다.

—어디 다쳤어요?

그때 게이스케는 계절에 맞지 않는 두꺼운 긴소매 셔츠를 입고 있었는데, 옷의 형태나 왼팔 움직임을 보고 눈치 챈 듯하다. 나는 바로 옆에 있었지만 전혀 알아채지 못했다.

—그런데요?

—어떤 상처인지 좀 봐도 되겠습니까?

그때 게이스케 눈에 한순간 증오의 빛이 스쳤지만 그는 눈길을 내리고 말없이 왼쪽 소매를 걷었다. 팔꿈치 부근에 새 붕대가 감겨 있어 분명히 가벼운 상처는 아니었다.

—그 상처는 어쩌다가?

—꼭 설명해야 합니까?

결국 현재까지도 게이스케가 다친 원인은 알지 못하며, 붕대 안이 어떤 상태인지도 확인하지 못했다.

게이스케를 범인으로 의심한다는 것을 지금까지도 야에다는 분명히 말하지 않고 있다. 그 남자는 늘 그렇다. 제 생각을 절대로 말하지 않고 속을 드러내지 않은 채 혼자 공을 세우려고 한다. 그리고 실제로 몇 번이나 실적을 올렸다.

하지만 이번만은 야에다의 생각을 분명히 알 수 있었다. 그 상처를 만든 것은 부차티라고 짐작하겠지. 하루요시와 아키요의 사체나 실내에는 범인과 다툰 흔적이 없었으니까. 즉 범행 당시 그들이 범인에게 상처를 입혔을 가능성은 낮다. 게이스케가 옆집에 들어가 두 사람을 살해할 때, 그곳에 있던 부차티가 그를 향해 짖어대고 위협하며 왼팔을 물었을 가능성이 있다. 그가 들고 있던 칼을 휘둘러 부차티가 크게 다쳤을 수도 있고 아닐 수도 있다. 여하튼 부차티는 그 자리에서 도망쳐 행방을 감췄다.

그렇다면 부차티 몸에서 게이스케의 DNA가 검출될 가능성도 있다. 가령 아가리 주위. 콧구멍. 늘 차던 목줄. 요컨대 부차티는 '움직이는 증거'인 셈이다. 물론 게이스케에게 살해되어 처분되지 않았다면 말이지만.

"시끄러우니까 받든지 끊든지 하쇼."

내 핸드백 속에서 스마트폰이 진동하고 있었다.

꺼내 보니 야에다의 전화였다.

〈나다.〉

의도적으로 서슬 어린 목소리를 낸다. 마치 바로 옆에 있는 것
처럼 얼굴이 또렷이 떠오른다. 예전에 드라마에서 본 형사를 여
전히 동경하는 듯한, 다분히 일부러 면도질을 게을리한 수염. 무
의미하게 날카로운 눈초리와 꾀죄죄한 와이셔츠 목깃.

〈그 뒤로, 어때?〉

"현재까지는 아무것도. 그쪽은 찾았습니까?"

개를, 이라고는 말하지 않았다. 에조에가 듣고 있기 때문이다.

〈아직 못 찾았어. 어제부터 내린 비로 냄새가 없어졌겠지.〉

역시 의지할 것은 사람인가. 경찰견의 코가 아무리 귀신같아
도 이런 날씨에서는 능력을 발휘할 수 없다.

〈위에 얘기해 보았는데, 경찰견 출동은 오늘로 일단 중단하기
로 했어.〉

"그렇군요."

일본에는 경찰견이 부족하다. 인구 고령화로 치매환자가 늘어
행방불명자가 증가하고 경찰견이 출동할 일이 대폭 늘었기 때문
이다. 그러나 경찰견 훈련사나 훈련기관의 감소에 따라 경찰견
은 오히려 줄어들고 있어서 한 사건에 경찰견을 며칠 동안 출동
시키는 것이 어렵다.

"죄송합니다, 지금 버스 안이라서."

거짓말을 하고 얼른 전화를 끊었다. 에조에에게 고개를 돌리

니 기분 나쁘게 웃으며 나를 보고 있다.

"열통 터져 죽겠다는 얼굴이네."

"원래 그런 얼굴이야."

"그런 것 같군. 하지만 지금은, 유독 심한걸."

내가 대꾸하기도 전에 내처 말했다.

"통화 내용을 듣자니 당신들, 경찰견 데려다가 그 개를 추적하는 모양인데. 어떤 사건과 관계가 있는 개로군. 아주 큰 사건이야. 해서 당신은 선배 형사보다 먼저 개를 찾아내 선배를 물 먹이고 싶은 거고."

바로 맞췄다.

"그러니까, 나한테 의뢰하려는 건 경찰이 아니라 당신 개인이고, 어제부터 경찰수첩을 한 번도 보여주지 않은 이유도 이게 개인적인 의뢰이기 때문이군."

이 역시 정확하다. 그러나 다음 말은 곱빼기로 틀렸다.

"여자 몸으로 단독행동을 하는 것도 납득이 가네. 형사는 이인일조로 움직이는 게 기본이라고 들었는데."

"이인일조는 큰 조직에서나 통하는 얘기고. 우리처럼 작은 서에 그럴 여유가 어딨나. 게다가 방금 '여자 몸으로'라고 했는데, 단독행동이 남자의 전매특허라도 되나. 그런데 당신—,"

아까부터, 아니 어제부터 하고 싶었던 말을 나는 목구멍 밖으로 밀어냈다.

"내가 남자였다고 해도 말투가 그럴까?"

경관이 되고 20년 남짓. 교통과에서 일하던 시절도, 형사가 되어서도 변함이 없다. 탐문할 때나 피의자를 심문할 때나 체포 현장에서나 이쪽이 여자다 싶으면 남자들은 어김없이 오만한 태도로 나온다. 내 직업보다 여자라는 점을 먼저 의식하고 근거 없는 우위성을 과시하려고 든다.

"그쪽도 반말하잖아."

"당신처럼 지저분한 말투는 아니지."

"나는 상대가 남자든 총리대신이든 똑같이 대해. 그나마 정중해지는 것은 의뢰인을 만날 때뿐이야."

"나도 의뢰인일 텐데?"

"내가 거절할 요량이니까 의뢰인이 아니지. 의뢰인이 되고 싶으면 그 개를 찾는 이유를 말해."

그렇게 말하고 에조에는 방금 전 내가 쓴 작전으로 나왔다.

"당신이 개인적으로 의뢰하더라고 경찰에 신고해도 될까?"

3

집에 도착하자마자 주방 식탁에 푹 엎드렸다.

식탁 가장자리 밑으로 보이는 스커트에 짧은 갈색 털이 묻어 있다. 에조에가 전에 그 사무실에 숨겨 두었던 동물의 털일까. 개나 고양이, 아니면 다른 동물인지도 모른다. 조심스레 손가락으로 집어 들고 냄새를 맡아 봤지만 당연히 알 수 없었다.

그 후 나는 에조에에게 부차티를 찾는 이유를 자세히 말했다. 이미 알고 있겠지만, 하고 말머리를 놓고 부부 살해 사건을 이야기하기 시작했는데, 뜻밖에 그는 모르고 있었다.

—자기가 사는 도시에서 사람이 둘이나 죽었는데?

—신문도 뉴스도 안 보고, 누구랑 잡담도 나누지 않으니까.

나는 사건 내용을 설명했다. 이미 보도된 내용에 부차티의 행방불명까지 보태서. 사라진 개의 몸에 사건을 해명할 단서가 남아 있을지 모른다는 점도. 물론 혐의를 둔 인물이 있다는 것은 덮어 두었다.

—제법 찾아볼 만한 건이네.

여성을 멸시하는 건방진 사기꾼은 결국 내 의뢰를 받아들였다.

—공동경영자 요시오카 씨한테는 의뢰 내용을 말하지 말았으면 해. 사건을 구체적으로 파악하고 있는 외부인을 최대한 늘리지 말아야 하니까.

—그놈에게 의뢰 내용을 이야기한 적 없어.

—경리 담당인가?

—그렇게 복잡한 일은 못해. 놈은 아날로그 작업 담당이야.

그게 어떤 작업인지 알 수 없었지만, 어쨌거나 이야기가 잘 풀렸다. 나는 준비해 간 5만 8천 엔과 경찰이 제작한 부차티 수색 포스터를 에조에게 주었다. 포스터에는 부차티 사진 여러 장과 함께 체격이나 특징적 성격 등 자세한 정보가 적혀 있다.

—평소 의뢰받은 동물은 어떻게 찾지?

사무소를 떠날 때 물어보았다.

—감과 경험이지.

저렇게 말하는데, 과연 괜찮을까.

고개를 들고 벽에 걸린 달력을 보았다. 모든 날짜에 동그라미가 쳐져 있다. 삼색 볼펜으로 그린 동그라미들은 파랑이 낮 근무, 검정이 밤 근무, 빨강이 비번이다. 물론 어디까지나 예정일 뿐. 사건이 일어나면 계획표 따위는 무의미해지고 수사 중인 형사에게는 근로기준법도 적용되지 않는다. 어떤 사건이든 발생으로부터 3주—이른바 '1기'라 불리는 동안에 범인을 체포하지 못하면 수사는 장기화하므로 이 기간에는 감히 쉴 수 없다. 만약 나에게 남편이 있다면 아마 불평을 늘어놓았으리라. 아니, 비난했을 게 틀림없다. 열심히 근무했을 때 남성은 아내에게 칭송을 듣고 여성은 남편에게 비난을 듣는다.

세상은 그런 법이다.

4

이른 아침, 기자키 집에서 나온 에조에와 옆 골목에서 만났다.

"정확히 약속한 대로 말했지?"

"음, 자원봉사자라고. 의심하는 것 같지 않던데."

에조에는 바다 반대쪽―동쪽을 향해 걷기 시작했다. 이곳은 비교적 오래된 동네지만, 재건축한 집들도 있으므로 시야에 들어오는 주택의 상태가 제각각이다. 이대로 똑바로 골목을 통과하면 밭이 펼쳐진 일대가 나오고 그 너머에 숲이 있다.

"부차티를 찾아도 된대?"

"되나마나, 찾는 거야 내 맘이지. 일단 협조적이긴 하더군."

에조에가 만나고 온 사람은 기자키 다카야. 살해된 하루요시와 아키요의 아들이고, 사체를 처음 발견한 사람이다. 부차티에 관한 상세한 정보가 필요하다고 해서 방금 에조에가 그를 만나 이야기하고 왔다. 다카야가 내 얼굴을 알기 때문에 혼자 들여보냈다. 시내에서 우연히 부차티를 찾는다는 포스터를 보고 자원봉사로 협력하고 싶어 찾아왔다―라는 설정이었는데, 아마도 이야기가 잘된 모양이다.

"그 사람 말고 노파도 있던데."

"친할머니야. 손자 다카야 씨가 걱정돼서 사건 직후 다른 현에서 달려와 묵고 있대."

"원래 그런지 모르지만, 비쩍 말라서 꼭 유령 같더군. 경로의 날인데."

오늘은 실버위크의 사흘째이다. 지난 이틀 동안과는 딴판으로 하늘에는 창공이 펼쳐져 있다.

"녹음해 왔지?"

내가 묻자 에조에는 배낭에서 블루투스 이어폰을 꺼냈다. 한쪽을 자기 귀에 꽂고 다른 쪽을 내게 내민다. 그가 스마트폰을 조작하는 틈에 나는 재빨리 이어폰을 셔츠 자락으로 닦고 귀에 꽂았다. 에조에가 스마트폰 녹음 앱을 띄웠다. 도움이—자원봉사—테니까요—비용은— 그가 말하는 앞부분을 잇달아 건너뛰고 나서 흘러나온 것은 다카야의 목소리였다.

〈세상에는…… 역시 선량한 분이 계시네요.〉

다카야는 에조에를 집 안으로 안내했는지, 실내를 짐작케 하는 소리들, 냉장고 소리, 잔 꺼내는 소리. 잔에 뭔가 따르는 소리가 들렸다. 에조에가 듣기 거북한 소리와 함께 그것을 마신다.

〈그래서, 사라진 개 말인데요, 어디 익숙한 장소라도 있나요? 가령 산책할 때 자주 데려간 곳이라든가.〉

〈부모님은 늘 건너 숲으로 데려갔습니다. 산책로가 있죠? 그 산책로를 통해 안쪽으로 걸어가거나 나무들 사이로 들어가거나.〉

지금 에조에가 바라보는 곳이 그 장소이리라.

〈바닷가 쪽으로는요?〉

〈그쪽으로는 가지 않아요. 바다를 아주 무서워해서, 그쪽으로 데려가려고 하면 네 다리를 버티며 움직이지 않으니까요.〉

〈아, 있어요, 그런 아이들.〉

의뢰인에게는 정중하게 말한다고 했는데, 아마 사실 같다. 그러나 내 의뢰를 받아들인 지금도 그의 말투는 여전하다. 물론 내가 여자이기 때문이겠지.

〈숲속을 북쪽으로 계속 걸으면 대로를 만나죠? 종종 그 대로 건너편에도 갔습니다.〉

그쪽은 에조에의 사무소가 있는 도시 북동부이다.

〈그곳 동물병원의 단골인데, 대기실에서 개들끼리 종종 친구처럼 놀기도 하는지, 그 근처를 지나가면 늘 병원 안으로 들어가려고 떼를 써서 곤란하다고 하셨습니다.〉

〈동물병원, 아, 예, 그 병원.〉

〈네, 2층 건물에 있는. 역시 개들도 친구가 그리운가 봅니다.〉

경찰이 확보한 정보와 현재까지는 다를 게 없었다. 에조에에게 그렇게 말하자 그는 됐으니까 듣기나 하라는 듯이 자기 이어폰을 가리켰다.

〈저도, 그 녀석을 강아지 때부터 귀여워했어요. 거의 형제나 마찬가지죠.〉

〈부를 때는 늘 이름을 불렀나요?〉

〈아뇨, 이름은 별로. 너무 길어서요.〉

〈줄여서 붓 짱이라든가?〉

〈부모님은 종종 그렇게 불렀죠. 하지만 저는—.〉

기억을 떠올리는지 잠깐 틈을 두었다.

〈그냥, 어이, 하고 불렀어요. 부모님은, 어이, 라고 부르지 않으니까, 제가 그렇게 부르면 자기를 부른다는 걸 알고 늘 뛰어왔

잠들지 않는 형사와 개

어요. 어이, 멍멍, 하는 식이죠.〉

다카야는 잠시 말이 없다가 코맹맹이소리로 부차티에 얽힌 추억을 말하기 시작했다. 정원에서 뒹굴며 놀던 것. 그 뒤 함께 목욕한 것. 중학생 시절 아버지에게 혼나서 우는데 눈물을 핥아 준 것.

〈어디서 어떻게 지내는지, 정말 걱정입니다. 길 잃은 개를 괴롭히는 못된 아이들이 있을지도 모르고, 실제로 옆집에……〉

이런!

〈옆집이요?〉

침묵의 시간.

〈아니, 저어…… 옆집 사는 남자애가, 아마 네 살 연하라니까 지금 열아홉 살인가, 뭐라고 해야 하나, 사회에 적응하지 못하는 아이인데, 그 아이가 전에—〉

〈다 짱.〉

다카야의 할머니인지, 조금 떨어진 곳에서 나는 듯한 목소리가 들렸다. 막힌 목으로 쥐어짜내는 듯한 갈라진 목소리였다. 노파가 표정으로 뭔가를 전했는지 다카야가 가볍게 헛기침을 하더니 더는 말을 잇지 않았다. 게이스케 이름이 나오지 않았다는 사실에 내가 내심 안도하는데 에조에가 재생을 멈췄다.

"옆집 아들이 어떻다는 둥 하는 얘기가 나오다 말았는데……
당신, 뭐 들은 거 있어?"

"개 짖는 소리가 시끄럽다고 옆집에 찾아가 불평한 적이 있다
나 봐."

꼭 필요한 최소한의 말로 얼버무리자 에조에는 가볍게 고개를 끄덕이고 이어폰을 귀에서 뺐다.

"뭐, 흔한 일이지."

나도 이어폰을 빼 그에게 돌려주었다.

"이 정도 정보로 찾을 수 있겠어?"

"충분해. 오히려 이 정보가 없었다면 엉뚱한 장소를 헤맬 뻔했어."

"감과 경험으로 말이지?"

비아냥거리는 소리를 무시하고 에조에는 배낭에서 무선 스피커를 꺼냈다. 스마트폰을 조작하여 녹음 앱의 다른 파일을 재생하자— '어이'— '어어이!'— 스피커에서 다카야의 목소리가 흘러나왔다.

"목소리를 녹음해 달라고 부탁했지. 개한테는 이런 게 꽤 효과적이니까. 그리고 이것도."

배낭에 든 도시락만 한 타파웨어를 손톱 끝으로 톡톡 두드렸다. 내용물은…… 무엇인지 몰라도 주름투성이 수건이 보였다.

"개집 안에 있던 것을 가져왔지. 왠지 부차티가 좋아해서 얼마 전에 개집에 물어다 놓았다는군."

"이걸 가지고 있으면 개가 찾아오나?"

"아니, 다른 데 쓰려고."

숲에 도착했다. 에조에는 녹음 앱을 재생시키며 산책로 입구로 걸음을 옮겼다. '어이'— '어이이!'— '어이'— '어어이!'— 나무들 사이로 다카야의 목소리가 울려 퍼졌다. 개는커녕 인기척도 없다. 시야가 닿는 범위에서 움직임은 감지되지 않았다. 바닥에는 낙엽이 쌓여 어제까지 내린 비 때문에 축축한 냄새를 풍기고 있다. 우리가 걷는 산책로 흙바닥도 꽤 질었다.

"이 근방은 이미 경찰견으로 뒤진 곳인데."

"이동하는 상대를 찾는 거니까, 관계없어."

"이동하고 있다고 생각해?"

당연하지, 하고 에조에는 냉큼 대답했다.

"발견율이 90퍼센트라던데, 정말이야?"

"아니, 그건 전체적인 수치고. 새 같은 것은 꽤 어렵지. 얼마 전 앵무새처럼 쉽게 발견되는 경우는 드물어서, 발견율은 대략 50퍼센트 이하지. 햄스터나 뱀이면 더 낮아지고."

"그런데도 전체적으로 90퍼센트의 성공률이라고?"

"개와 고양이에서 거의 100퍼센트거든"

그런 업자가 또 있을까.

"내 의뢰를 수락해 줘서, 살았네."

"앵무새 건에서 벌지 못했으니까. 어제 당신과 사무소에서 이야기하기 전에 의뢰인이 찾아와 중단시키는 바람에. 새가 돌아왔으니 이제 찾을 거 없다더군."

"그럼, 실은 일감이 아쉬웠던 건가?"

"돈 되는 일이었으면 더 좋았을 텐데."

평소처럼 수색 대상을 찾아냈으면서 사무실에 감춰 두고 요금을 계속 우려내는 짓은 이번 일에서는 불가능하다고 생각했으리라. 물론 나도 그렇게 놔두지 않을 테고. 하지만 돈 되지 않는 일이라고 하는 걸 보면 부차티를 금방 발견할 자신이 있다는 걸까?

"번 돈은 평소 어디다 쓰지?"

"게임이나 파친코."

"애인은 없어?"

조금 삐딱한 심보로 물어보니 에조에의 눈이 문득 초점을 잃었다. 누군가를 떠올리는 듯한 인상이다. 사실은 알 수 없지만.

"있을 리 없잖아…… 꼴이 이런데."

혼잣말처럼 중얼거리더니 닳고 닳은 쌍안경을 배낭에서 꺼냈다. 에조에는 표정을 감추려는 듯 그것을 눈앞에 대고 주위를 관찰하기 시작했다. 전체적으로 빠짐없이 살펴보는 것이 아니라 포인트에서 포인트로 쌍안경 방향을 옮기는 느낌인데, 무엇을 기준으로 시선을 옮기는지는 알 수 없었다. 그는 쌍안경을 눈에 댄 채 비틀거리지도 않고 울퉁불퉁한 산책로를 걸었다. 색 바랜 티셔츠 오른쪽 어깨에는 기자키네의 개집에서 그 수건을 끄집어낼 때 묻었는지, 하얀 털 뭉치가 붙어 있었다. 부차티의 털일까. 털 뭉치는 잠시 어깨에서 흔들리다가 바람이 불자 그 자리를 떠나 나무들 사이로 날아가 버렸다.

"그런데 당신, 이대로 계속 따라다닐 건가?"

"뭐 도울 일이 없을까 해서."

"눈과 귀야 많을수록 좋지만, 펫 수색 일은 체력이 필요해."

"학창시절에 육상을 했으니까 괜찮아."

"언제 적 얘기를."

5

"협조해 주셔서 감사합니다."

통화를 마치고 에조에는 스마트폰을 주머니에 넣었다. 전화를 건 곳은 시 청소국으로, 나흘 전 저녁부터 지금까지 시내에서 동물 사체를 회수한 기록이 있는지 문의한 것이다. 담당자에 따르면 그 기간에 노상에서 차에 치여 죽은 사체가 세 구 회수되었고, 고양이와 너구리와 개였으며, 견종은 래브라도 리트리버가 아니라 포메라니안이었다.

"포메라니안은 어느 집 애완견이었겠지. 어쩌면 고양이도."

에조에는 거만하게 고개를 끄덕이고 눈앞의 대로로 시선을 던졌다. 평소 트럭이 많이 다니는 도로지만 공휴일이어서인지 패밀리카로 보이는 차량이 많이 오가고 있었다.

식사도 휴식도 취하지 못한 채 시각은 벌써 오후 3시가 지나고 있다. 숲을 북쪽 끝까지 확인하고 방금 이 대로에 다다른 참이다. 도로 변 신사복점 주차장이 인도보다 한 단 높게 되어 있는데, 우리는 그 턱에 나란히 앉아 이야기를 나누는 중이었다.

"여기, 예전에 폐공장이었는데."

에조에가 신사복점을 돌아다보았다.

"10여 년 전에. 불량배들 소굴이기도 했으니까 말끔한 가게가 생겨서 좋았지."

개 수색은 과연 체력 승부였다. 산책로만 걷나 보다 했더니 에조에는 나무들 사이나 작은 수풀 사이로 헤치고 들어가기도 하고 때로는 3미터쯤 높이에 있는 큰 가지에 올라가 주위를 확인하고, 까마귀가 보이면 뒤쫓는가 하면 갑자기 골목으로 달려가 밖에서 숲을 관찰했다. 그런 움직임에는 일관성이 전혀 없었고 그야말로 감에 따라 행동을 결정하는 모습이었다. 나는 필사적으로 그를 따라다니면서 주위를 살펴보았지만, 현재까지 아무런 도움도 되지 못하고 있다. 데님 자락에 낙엽 부스러기가 붙어 있고 스니커는 본래 색상을 알 수 없을 정도로 흙투성이가 되었고 물에 젖어 양말까지 푹 젖었다. 숲을 북상하는 동안 스피커에서 다카야의 목소리가 내내 재생되는 탓에 지금도 그 소리가 들려오는 것 같았다.

"아까처럼 전화 문의를 통해서 수색하던 애완동물 사체를 찾은 적도 있어?"

"몇 번 있었지."

에조에는 일어나 곁에 있던 자판기로 갔다.

"그 소식을 보고할 때 의뢰인 얼굴이 그렇게 비참할 수가 없어."

사고를 당한 것이 인간이라면 경찰에 신고가 들어온다. 이런 작은 도시에서도 교통사고가 잦아서 교통과에 있을 때는 매일 업무에 쫓겼다. 내 담당은 아니었지만 바로 이 장소에서도 사망 사고 신고가 있었던 기억이 난다. 교통 규칙을 잘 아는 인간도 그렇게 사고를 많이 당하니 집 나간 개나 고양이가 도로에서 목숨을 잃는 사례는 의외로 많을 게 틀림없다.

에조에는 페트병 차를 두 병 사다가 한 병을 내게 내밀었다.

내가 지갑을 꺼내려고 하자 그는 귀찮다는 듯이 거절했다. 하는 수 없이 고맙다고 말하고 페트병을 받아들었다.

"이제부터는 도로 건너편을 조사해야겠어. 꽤 힘들 텐데, 당신 괜찮아?"

"솔직히 숲보다는 나을 것 같은데."

"시내는 시야가 좋지 않고 장애물도 많아. 걷기도 많이 걸어야 하고 확인해야 할 장소도 엄청 많지."

"나는 괜찮아."

받은 페트병으로 넓적다리를 탁탁 쳤다.

"하지만, 생각보다 힘든 직업이네."

"당신 하는 일도 마찬가지일 텐데."

뜻밖의 말에 대꾸할 타이밍을 놓쳤다. 그대로 넓적다리를 두드리고 있자 에조에도 대답을 기대한 것은 아니었는지 목울대를 꿀럭거리며 차를 마셨다.

"왜 펫 수색 일을 시작했지?"

"계기라, 뭐, 가출이지."

여섯 살 때 이야기라고 한다.

"당시 시내 북쪽 주택가에 살았어. 그제 봤던 앵무새 주인이 사는 곳 근처였지. 벌써 30년 전 이야기지만, 부모와 세 식구. 그런데 어느 날 아버지가 집과 가족을 다 버리고 집을 나가 버렸어."

"왜."

"어머니가 무진장 칠칠치 못한 사람이었는데, 지금 생각하면 바깥에 남자도 있었던 모양이야. 그런 기미가 있었고, 그걸 감추려고 하지도 않았지. 아버지는 일단 나를 생각했는지 현금 얼마를 놔두고 나간 것 같았고, 어머니가 싱글맘이 되고 나서도 생활은 그럭저럭 유지되었는데."

어느 날 그 현금이 집에서 사라졌다.

"보통은 도둑이 들었다고 생각하잖아? 하지만 엄마는 내가 돈을 어떻게 한 거라고 말하더군. 그때 들었던 말은 지금도 다 기억해. 내가 이따위 인간이라고 네가 귀한 돈을 훔쳐서 앙갚음하는 거냐고. 그때는 무슨 말인지 이해할 수 없었지만 그 말은 분명히 기억하고 있어. 하지만 여섯 살배기가 목돈을 훔치다니, 너무 심한 판타지 아냐? 술도 잘 마시는 사람이었으니까 알코올에 뇌가 맛이 갔는지도 모르지."

물론 여섯 살 에조에는 전혀 모르는 일이라고 계속 말했다.

"그래도 내 말을 전혀 믿어 주지 않았지. 미친 것처럼 똑같은 말만 외치고…… 의미는 이해할 수 없었지만 어머니가 나를 믿지 않는다는 게 너무 슬펐어."

그래서 가출했다고 한다.

커다란 배낭에 통조림과 과자를 있는 대로 쑤셔 넣고.

"앙갚음이란 말은 알고 있었으니까 아마 진짜 앙갚음해 주자고 생각했겠지. 엄마한테 왕창 걱정을 안겨 주고 나를 찾아다니게 만들고. 어른들에게 붙잡히면 집으로 끌고갈 테니까 사람 없는 곳만 골라서 돌아다녔어. 하지만 그럴 만한 장소가 거의 없어서 마냥 걷고 또 걷다가…… 결국 만 남쪽에, 왜 거기 쓰지 않는 낡은 배수로가 있잖아. 지금은 철거되었겠지만, 바다를 향해 아가리를 벌린 작은 터널 같은."

본 적은 없지만 어릴 때 들어본 적은 있었다. 만이 'ㄱ'자처럼 생겼다고 한다면 아래 끝에 해당하는 곳이다.

"거기 숨어 있었어."

"얼마나?"

한 달이라고 했다.

"……허."

"더구나 가출한 때가 추운 연말이어서 제야의 종소리도 거기서 들렸지. 나중에 알았는데 엄마는 나를 찾아 여기저기 돌아다녔지만 경찰에는 신고하지 않았대. 피터 팬처럼 아이 같은 사람이었으니 경찰에 혼날까 봐 겁이 났는지도 모르지."

이야기 내용에 어울리지 않는 한가로운 표정으로 에조에는 페트병 차를 마셨다.

"그래서, 어떻게 됐어?"

"당신들 덕분에 살았지."

"우리들?"

"아, 그렇지…… 당신은 그때 아직 경관이 아니었겠군."

전말은 이렇다.

1월 하순, 주택가에서 절도를 일삼다 체포된 자가 조사 과정에서 자백한 여죄 중에 에조에의 집이 있었다. 경찰이 피해 상황을 확인하기 위해 집에 찾아가 보니 모친의 상태가 영 심상치 않고 집 안도 어질러진 데다가 여섯 살배기 아들이 보이지 않았다.

경찰이 모친을 추궁하자 그녀는 순순히 자백했다.

"그 이야기도 전부 어머니가 죽기 전에 말해 준 거야. 술 탓도 있었는지 평균수명의 절반밖에 못 살고 죽어 버렸어. 나에게 그 이야기를 해 줄 때도 술에 취해 혼잣말을 하는 인상이랄까. 중얼거리며 웃고 있었지."

경찰은 즉시 수색을 시작했고 이튿날 밤 배수로에서 에조에를 찾아냈다고 한다.

"그대로 있었으면 역시 거기서 죽었을지 모르지. 배낭에 있던 먹을 것도 다 떨어졌고 감기도 걸렸고."

대로로 향하던 눈에 작은 점처럼 오가는 차량 그림자가 비친다.

"그래서 나, 지금도 경찰은 싫지 않아."

문득 그의 눈이 부드럽게 웃었다.

"아, 그래…… 이런 일을 시작한 이유가 뭐냐면,"

잠시 동안 내가 했던 질문을 까맣게 잊고 있었다.

"당시 이 근방에 들개가 꽤 많았어. 내가 숨어 있던 배수로도 녀석들의 소굴 같은 곳이었고. 개중에는 목줄을 한 놈도 있어서 처음부터 들개는 아니었던 게 분명한데, 아마 도망쳐 나왔거나 집을 잃었거나 버림받았겠지."

애완용이었던 것으로 짐작되는 그 개들과 난생 처음 '사이좋게' 되었고, 그러자 곧 다른 들개들도 '허물없이' 대해 주었다고 한다.

"그렇게 거기서 같이 살았어. 배수로에서. 낮에는 배수로 안에서 숨바꼭질이나 술래잡기를 하고 밤에는 사람들 눈을 피해 거리를 함께 몰려다니고. 놈들은 먹을 게 있는 곳을 잘 알거든. 내가 먹을 만한 게 있으면 개들에게 조금 얻어먹고. 그리고 다시 배수로로 돌아가서 자고. 아침에 일어나면 또 놀고. 근처에 들개들이 모이는 데가 있어서 일주일쯤 지나자 그쪽 놈들하고도 사이가 좋아졌지. 개와 고양이는, 그야 뭐 서로 무관심했지만."

믿기 힘들었지만 거짓말을 하는 것 같지는 않았다.

"덩치 커다란 개를 안고 자면 따뜻해."

에조에는 대로를 바라보며 입을 다물고 있다가 페트병을 빠각 빠각 울렸다.

"이후로 왠지 그냥 알겠더라고. 근방에 있는 들개나 들고양이, 집에서 키우는 놈들을 멍하니 바라보고 있으면 곧 이런저런 행동을 하겠구나. 그럼 정말 내가 생각했던 대로 행동하더라고. 어디서 누가 개나 고양이를 잃어버렸다는 소식이 들리면 그놈들이 있을 만한 곳도 그냥 머리에 떠올라. 어떻게 아는 건지는 나도 설명할 수 없지만. 뭐랄까, 자전거를 탈 수는 있어도 어떻게 탈수 있는지 누가 물어보면 제대로 설명할 수 없는 것처럼. 아, 하지만 이걸 직업으로 삼자고 생각한 것은 내가 아니라 고교 동창 요시오카야. 고등학교 졸업하고 알바로 먹고살 때, 간만에 요시오카를 만나서 방금 했던 이야기를 들려주었더니 놈이 펫 탐정 일을 떠올렸지. 그 재능을 써먹어야 하지 않겠느냐면서."

그래서 실제로 써먹고 있다는 것이다.

"그러니까 오늘은, 뭐랄까……."

무슨 말을 하려는 걸까. 전혀 이해할 수 없는 그림을 본 아이처럼 에조에는 허공을 응시했다. 그러나 결국 말을 잇지 않고 페트병 뚜껑을 닫으며 일어섰다.

"좋아, 갑시다."

6

밤 11시, 나는 다시 산책로 초입에 서 있다.

달은 구름 뒤에 숨고 주위는 캄캄하다. 근처에는 가로등도 없고 빛이라고는 건너편 주택 2층에서 커튼 너머로 비치는 것이 전부였다.

시내 수색에서도 부차티는 찾을 수 없었다.

대로를 북쪽으로 건넌 뒤 에조에는 제일 먼저 다카야가 말한 동물병원 '스가야 펫 클리닉'을 찾아갔다. 원장이나 스태프, 애완동물을 데려온 사람들을 상대로 탐문하기 위해서다. 그러나 별 성과가 없어 다시 수색 작업으로 돌아갔다. 모든 골목, 공원, 빌딩 주차장을 돌아다니며 다카야의 목소리를 스피커로 재생했다. 어디서나 사람들이 우리를 돌아다보았다. 에조에의 행동은 변함없이 불규칙적이었지만, 가출 생활 이야기도 들었으므로 나는 그의 감을 믿고 따라다녔다.

한데 두 시간이 지나고 세 시간이 지나자 에조에의 얼굴에도 초조감이 비치기 시작했다. 그 모습에 나는 내심 의아해했다. 지금까지 높은 확률로 행방불명된 애완동물을 찾아냈다고 해도 첫날 성공하지 못하는 경우는 얼마든지 있지 않겠나. 아무래도 에조에의 모습이 납득되지 않았다. 그렇지만 평소 일하는 모습을 본 적이 없었으므로 잠자코 있었다.

에조에는 해가 져도 쉬지 않았고 밤이 되어도 걸음을 멈추지 않았다. 하지만 시각이 10시가 가까워지자 아무것도 없는 곳에서 갑자기 멈춰 섰다. 어두워서 잘 보이지 않는 그의 얼굴에는 낮에 문득 보았던 표정이 떠올라 있었다. 이해할 수 없는 그림을 보게 된 아이 같은.

그는 스마트폰으로 일기예보를 확인하고 내일 비가 온다는 것을 알자 가만히 한숨을 지었다.

—하는 수 없지. 그놈에게 부탁할까.

—누구?

요시오카라는 뜻밖의 대답이 돌아왔다.

—11시에 산책로 초입부터 다시 시작한다. 나는 요시오카와 함께 갈 건데, 당신은 무리하지 않아도 돼.

물론 나도 동행을 부탁하고 일단 그와 헤어졌다. 그리고 혼자 부차티를 찾으며 골목 여기저기를 돌아다니다가 여기로 돌아온 것인데—

"어이."

어두운 골목 저쪽에서 회중전등 불빛이 눈부시게 날아왔다. 눈이 부셔서 잘 보이지 않지만 아무래도 사람 그림자는 하나뿐인 듯하다.

"요시오카 씨는?"

"여기 있어."

"……어? 무슨 말이야?"

에조에 옆에서 걸어오는 것은 커다란 개였다. 회중전등에서 퍼져나간 빛 속에서 차차 모습이 드러났다. 털은 갈색. 처진 귀에 얼굴이 길다. 좌우 볼이 아래턱보다 낮게 축 처지고 걸음에 맞춰 덜렁덜렁 흔들리고 있다. 내 옆에 오자 개는 나를 힐끔 올려다보았다. 까다로운 늙은 장인이 공방을 찾아온 낯선 이를 누구냐고 눈빛으로 묻듯이.

"뭐야, 왜 개를? 공동경영자 요시오카 씨는?"

"인간 요시오카는 죽었어. 이놈은 그 요시오카가 죽기 직전에 우리와 만난 블러드하운드인데 그때는 아직 이름이 없었기 때문에 요시오카의 풀 네임을 물려주기로 했지. 성은 요시오카, 이름은 세이치."

놀랍게도 설명은 그게 전부였다.

"말하자면 마지막 카드야, 이 아이가 출장을 나왔는데도 못 찾는다면 포기할 수밖에 없다고 생각해 줘. ……좋아, 시작할까."

어안이 벙벙한 내 모습에 아랑곳없이 에조에는 배낭에서 타파웨어를 꺼냈다. 안에 든 것은 기자키 씨 집에서 빌려온 수건이다. 부차티가 좋아해서 개집에 가져다 놓았다는 꾸깃꾸깃한 수건. 그는 요시오카의 코에 수건을 대 주고 축 쳐진 귀에 속삭였다.

"미안하지만, 부탁해."

코끝에 있는 수건을 냄새 맡기 전에 요시오카가 에조에를 쳐다보았다. 마치 인간이 한쪽 눈썹을 쳐들며 '알지?' 하는 듯한 표정인데, 아무래도 정말 그런 확인인 듯했다.

"끝나면 발바닥 마사지해 줄게."

한숨짓는 시늉을 하고 나서 요시오카가 마침내 수건을 냄새 맡았다. 그리고 에조에가 회중전등으로 산책로 앞쪽을 비쳐주자 느릿느릿 그쪽으로 걷기 시작했다. 약간의 거리를 두고 에조에도 따라갔다. 가만 보니 요시오카는 리드 줄을 잡지 않고 있었다.

"저 개, 다쳤어?"

에조에를 따르며 물어보았다. 걷는 실루엣이 부자연스러워 몸 오른쪽에 무거운 짐이라도 매단 듯한 모습이었다.

"오래 전 차에 치였어. 후유증이지."

이번에도 설명은 그게 전부였다.

"높은 발견율의 비밀은 저 아이였군."

"후유증도 있고 애초에 나이도 많아서 자꾸 부리고 싶지는 않지만. 어쩔 수 없을 때는 도움을 받고 있지. 나 혼자서는 발견율이 잘해야 85퍼센트니까."

그래도 충분히 높은데.

"블러드하운드란 견종은 벨기에 출신이고 마법의 코를 갖고 있다고들 하잖아. 그중에서도 요시오카의 코는 특별해."

"하지만…… 냄새 추적은 경찰견이 이미 충분히 했는데?"

"천직이 아니잖아. 개한테도 재능이라는 게 있어. 인간이나 개나 훈련으로 어느 정도까지는 기술을 연마할 수 있지만 아무리 노력해도 천재한테는 못 당해."

에조에는 앞서 가는 요시오카의 꼬리를 회중전등으로 비추었다.

"게다가 원래 어려운 사건을 해결하는 건 경찰이 아니라 탐정이잖아?"

뭐라고 대꾸해야 좋을지 몰라 모호하게 고개를 저었다. 산책로의 흙은 이미 말랐고 쥐죽은 듯 조용한 어둠 속에 낙엽 밟는 소리만 들렸다. 요시오카는 고개를 낮춰 땅바닥 냄새를 맡으며 부자연스러운 걸음으로 걸었다.

"비가 내리기 전에 어떻게든―."

그때 배낭 속에서 스마트폰이 진동했다. 걸으며 꺼내 보니 또 야에다의 전화였다. 눈부신 디스플레이를 내려다보며 나는 망설였다. 에조에게 부차티 수색을 의뢰한 것도 그에게 기자키 씨 집을 방문하게 한 것도 비밀로 하고 있었다.

"수고하십니다."

전혀 그칠 기미가 없어 어쩔 수 없이 받자 귀에 거슬리는 '형사 목소리'가 냉큼 귀로 날아들었다.

〈나다.〉

전화를 받기 무섭게 후회했다.

〈연락이 없어서, 걱정돼서.〉

"보고할 일이 없어서요."

앞쪽에서 요시오카가 문득 진행 방향을 바꾸었다. 산책로를 벗어나 오른쪽 나무들 사이로 들어간다. 무슨 냄새를 맡았나. 갑자기 빨라지는 가슴의 박동을 의식하며 나는 에조에와 함께 요시오카를 쫓았다.

〈너 지금 밖이냐?〉

일반 회사에서 남성 상사가 여성 부하를 '너'라고 부르는 일도 있을까.

"그렇습니다만."

〈혼자야?〉

"예."

대답하자 야에다는 잠시 침묵하다가 말했다.

〈그 뒤에, 뭐 없어?〉

내가 뭔가 알아내고도 보고하지 않는 것은 아닌가 의심하는 말투였다.

"무슨 일 있으면 제가 먼저 보고하겠습니다."

충동적으로 통화를 끊자 기다렸다는 듯이 에조에가 배낭에서 다시 스피커를 꺼내더니 스마트폰을 조작했다.

'어이'— '어어이!'— 다카야의 목소리가 한밤의 숲에 흡수되어

간다. 앞선 요시오카는 그 소리에 놀라는 모습도 없이 코끝을 지면에 닿을락 말락 하게 내리고 나무들 사이로 들어간다. 한 발 뗄 때마다 몸뚱이 오른쪽이 씰룩씰룩 쳐진다.

"당신 같은 부하, 나라면 절대로 부리고 싶지 않을 거야."

"부하를 '부리다'라고 말하는 사람은 부하를 거느리면 안 되지."

숲 안쪽으로 향하던 요시오카가 멈춰 서서 멍, 하고 한 번 짖었다. 즉시 달려가니 나란히 놓은 앞발 끝에 하얀 털 뭉치가 떨어져 있었다. 에조에가 땅에 무릎을 꿇고, 봤지? 하는 얼굴로 나를 돌아다보았다. 나는 긴장이 온몸을 훑고 지나가는 것을 느꼈다. 한데 아무래도 그 털 뭉치를 어디선가 본 듯하다는 생각이 들었다. 털 뭉치는 대체로 다 엇비슷한 모양인지 모르지만—.

"낮에 당신 어깨에 붙어 있던 걸 거야."

바람에 날려 간 곳도 마침 이 근처였다. 내가 그 이야기를 하자 에조에는 혀를 차고 땅바닥의 털을 주워 타파웨어에 넣었다.

7

동틀 무렵, 우리는 아파트 주차장에 있었다.

"살인사건이라는 건…… 왜 일어나는 걸까."

자전거 몇 대를 치워 억지로 마련한 공간에서 에조에가 책상다리를 하고 앉자, 옆에 있던 요시오카가 엎드려 몹시 피곤한 모습으로 콘크리트 바닥에 턱을 내려놓았다. 나는 까슬까슬한 벽에 기대어 빗소리를 들으며 그들을 바라보고 있다. 처음에는 쪼그리고 앉아 엉덩이를 바닥에 대지 않으려 애썼지만, 조금 전에 결국 주저앉고 말았다.

"대부분의 동물은 동료를 죽이거나 하질 않아. 혼내는 요령이나 항복 표시 같은 걸 서로 잘 아니까."

아파트 현관 쪽이 희미하게 밝다. 벌써 아침 6시가 지났으려나. 손목을 들어 시계를 확인할 기력도 없었다.

"싸잡아 말할 수는 없지만…… 내가 보아 온 바로는 소매치기나 상해나 절도나, 인정받고 있는 사람이 범인인 경우는 없었어."

"살인은?"

"이번이 처음이라서."

그러나 아마 마찬가지일 것이다.

요시오카는 숲 전역을 돌아다니고 나와 에조에는 내내 그를 따라다녔다. 어둠 속에 시선을 모으고 다카야의 목소리를 스피커로 반복 재생하면서.

그러나 수확은 전혀 없이 시간만 흘렀다. 애초에 부차티의 흔적이 없었거나, 아니면 어제까지 내린 비로 흔적이 사라졌거나.

마침내 우리는 숲 북쪽 끝에서 다시 대로로 나섰다. 차량이 거의 다니지 않는 그 도로를 건너 시내로 이동했을 때는 하늘이 벌써 희미하게 밝아오고 있었다. 시각에 비해 그 빛이 약했던 것은 하늘에 잔뜩 끼어 있는 구름 탓이다.

잠시 후 일기예보대로 비가 내리기 시작했다.

―일단 요시오카를 쉬게 해야 해.

비를 피할 자리를 찾으려 주위를 둘러보다가 이 아파트 주차장으로 들어왔다. 비 내리는 새벽에 자전거 주차장에 올 사람은 없거든, 하고 에조에가 말했는데, 아무래도 사실인 듯하다. 한 시간 가까이 이러고 있는 동안 이곳에 주민이 들어오다 우리를 보고 놀라는 일은 한 번도 없었다.

빗소리는 한 번도 그치지 않고 지금껏 계속되고 있다. 현관 쪽에서 종종 누군가 나가는 발소리며 우산 펴는 소리가 들릴 때마다 요시오카의 처진 귀가 움찔 흔들렸다.

"불만을 느끼는 생물은 인간밖에 없어."

에조에가 두 다리를 내던지듯 뻗자 그 더러운 발끝을 요시오카가 잠깐 킁킁거렸다.

"코끼리는 포유동물 중에서 유일하게 점프를 못한다지만, 점프할 수 있으면 좋을 텐데, 하고 생각해 본 적은 아마 없을걸. 닭이나 펭귄도 날지 못하는 걸 불만스러워하지 않을 테고, 요시오카도 가뿐하게 걷지 못하는 걸 비관하거나 하지 않아. 얼굴을 보면 알지."

인간만이 불만을 느낀다. 예컨대 나도 업무나 인생이 뜻대로 풀리지 않을 때, 누가 일부러 발을 밟거나 하면 평소보다 더 발끈할지 모른다. 그렇지만 상대를 죽이자는 생각까지는 하지 않지.

사람은 불만이 쌓였다고 범죄를 저지르지 않는다. 거기에는 반드시 이유라는 것이 있다. 아니, 범죄뿐만 아니라 모든 행동에는 이유가 있다. "여섯 살에 가출할 때 당신은 어머니에게 앙갚음해 주자고 생각했다며. 집에 있던 목돈이 사라지자 자기 짓이라고 여기는 게 슬퍼서…… 어머니를 마음고생시키려고."

"아마도."

"어머니에게 직접 앙갚음하자는 생각은 하지 않았나?"

"여섯 살배기가 주먹질로 엄마를 이길 수 있겠어?"

"그게 아니라, 가령 말로."

"그랬다간 더 구박이나 받지."

희미하게 웃는 얼굴로 중얼거린 뒤 에조에는 콘크리트 위에 벌렁 누워 요시오카를 껴안았다. 배수로 안에서 개들과 자던 때를 떠올리는지 그대로 눈을 감아 버린다.

나도 벽에 등을 맡긴 채 눈을 감았다. 그러자 사건 직후에 있었던 일이 떠올랐다.

그날 밤, 신고를 받은 나와 야에다는 즉시 경찰서를 출발하여 현장으로 향했다. 최초 발견자인 다카야에게 이야기를 들은 뒤 주변 탐문을 시작했는데, 야에다가 처음 택한 대상이 게이스케였다.

—어디 다쳤어요?

—그런데요?

—어떤 상처인지 좀 봐도 되겠습니까?

야에다가 그렇게 물었을 때 게이스케의 눈에 한순간 떠오른 적의의 표정.

왼쪽 팔꿈치에 감긴 붕대.

—그 상처는 어쩌다가?

—꼭 설명해야 합니까?

한 달쯤 전 게이스케는 기자키 씨네 초인종을 누르고 부차티가 한밤에 짖어 대서 시끄럽다며 아키요에게 불평했다고 한다. 그러나 게이스케 말고 한밤에 개 짖는 소리를 들었다는 사람이 아무도 없었다. 2주 후 게이스케는 이웃집 정원으로 들어가려고 하다가 주인 눈에 띈다. 그때 그의 손에 칼이 쥐어져 있었다. 게이스케의 행동과 왼쪽 팔뚝의 부상. 그것을 지적했을 때 보인 표정. 살해된 부부. 현장에서 사라진 부차티.

....

......

...

"일어나."

그 목소리에 눈을 떴다. 어느새 깊이 잠들었는지 에조에가 정면에 서서 나를 내려다보고 있다. 옆에서 요시오카가 길게 하품하고 아옹, 하며 공기를 깨물었다.

"갈 수 있겠어?"

상냥하게 말을 건넨 상대는 내가 아니라 요시오카였다. 요시오카가 대답처럼 콧소리를 내자 에조에는 몸을 휙 돌려 현관 쪽으로 걸었다. 그 뒤를 요시오카가 따르고 나도 황급히 일어났다. 빗소리는 아까보다 더 강해진 듯했다. 그러나 에조에는 비에 아랑곳없이 골목으로 걸어 나갔다.

"어디로 가는데?"

에조에가 향하는 곳은 아까 건넜던 대로 쪽이다.

"왠지 그냥, 알겠어."

"뭐를?"

대답도 없이 그의 걸음이 점점 빨라졌다. 대로를 건너자 숲이 아니라 바다 쪽으로 향한다.

"아직 시내를 다 찾아보지 못했잖아?"

"이제 그쪽은 됐어."

빨라진 걸음은 마침내 뜀박질이 되었고, 요시오카가 그를 쫓고 나도 일단 두 다리를 열심히 움직여 따라갔다. 골목을 몇 번인가 꺾어지자 비 내리는 하늘을 비춘 잿빛 바다가 정면에 펼쳐졌다. 그 앞에 있는 만안 도로에서 에조에는 일말의 망설임 없이 왼쪽으로 방향을 틀어 걸었다. 바다를 오른쪽에 두고 인기척 없는 새벽 거리를 따라 남쪽으로 내려간다. 굵은 비가 얼굴을 때리고 숨 쉬는 입에도 스며들었다. 옷과 신발은 푹 젖어 점점 무거워진다. 그래도 에조에는 속도를 늦추지 않고 계속 달렸다.

마침내 만 남쪽에 다다른 우리는 항구 옆을 지나 계속 움직였다. 이 정도 거리를 달려서 이동한 것은 학창시절 육상 이후 처음이다. 앞서 가는 에조에의 발이 흐트러지고 헐떡이는 숨소리가 들려왔지만 전혀 속도를 늦추려 하지 않았다. 나의 폐와 두 다리가 한계에 다다랐을 즈음, 오랫동안 개발에서 제외되어 온 일대가 빗줄기 너머로 보이기 시작했다. 갑자기 요시오카가 땅을 힘차게 박차고 사고 후유증이 다 낫기라도 한 것처럼 속도를 올려 에조에를 추월했다. 그가 향하는 곳은 앞에 보이는 작은 나무들이 자라는 숲 같았다. 어지럽게 방치된 그쪽에서 검은 새 그림자 하나가 날아오르는 것이 보였다.

8

그곳은 예전에 에조에가 들개 무리와 지냈다는 배수로였다.

바다를 향해 아가리를 벌린 직경 1.5미터쯤 되는 동그란 어둠. 내부는 비에 젖는 일이 없고 마른 모래가 얇게 깔려 있었다.

"아직, 있었네."

나도 몰랐다. 이 근방이 개발에서 제외되어 왔다고 하지만 배수로는 오래 전에 철거된 줄 알았다.

"이곳이 아닐까 짐작했지만…… 설마 진짜일 줄이야."

감정이 느껴지지 않는 에조에의 목소리가 배수로 안에 울려 퍼졌다. 콘크리트 터널 속에는 예전의 들개들 대신 부차티가 홀로 누워 있었다.

악취로 보건대 이미 죽은 것이 분명했다.

"칼에 당했군."

에조에가 회중전등으로 부차티를 비추었다. 인간으로 말하면 허리께에 일직선으로 깊은 상처가 나 있었다. 흰색 단모종이어서 검붉은 상처가 똑똑히 보였다.

범인의 칼에 찔리고 도망쳐 왔을까. 그렇다면 이곳에 온 것은 사건 당일 밤일 가능성이 높다. 부차티의 목격 정보가 전혀 없기 때문이다.

부차티는 다친 몸으로 밤거리를 달려 이 배수로로 도망쳐 들어왔다. 인간이 무서워 한 번도 밖으로 나가지 않다가 여기서 죽었다. 혹은 범인에게 현장에서 살해되고 사체 상태로 여기로 운

반되었을 가능성도 있다. 어쨌거나—.

"당신, 어떻게 알았지?"

"왠지 그냥."

"그럴 리가."

"그보다, 그 선배에게 보고하지 않아도 되나?"

에조에의 눈이 나를 향했다.

유리구슬처럼 감정이 차단된 듯한 눈이었다.

"먼저, 조사부터 해 봐야지."

배수로 안쪽으로 들어가 사체 옆에 무릎을 꿇었다. 에조에가 뒤에 서서 어깨 너머로 회중전등을 비추어 주었다. 그 빛에 의지하여 나는 부차티의 온몸을 확인했다. 아가리 주변에 묻은 피는 자기 상처를 핥았기 때문일까. 아니면 범인을 물었을 때 묻은 것일까. 몸뚱이의 하얀 털도 곳곳이 희미한 핏빛을 띠고 있다. 그 붉은 기운은 자기 혀가 닿지 않는 목 근방에서도 볼 수 있었다. 즉 부차티의 피가 아닌 것이다. 현장에서 피해자 부부의 피가 묻었을 가능성도 있지만 범인의 피일 가능성도 물론 있다.

나는 준비해 간 비닐봉지를 배낭에서 꺼냈다.

"준비성이 좋군."

그 말을 무시하고 부차티 몸에 손을 댔다. 털을 통해서 차가운 육신의 감촉이 전해져 온다. 근육은 점토처럼 탄력이 없고 손가락에 힘을 주자 끝이 쉽게 파묻혔다.

"내가 알 수 있었던 이유…… 말해 주지."

터널 속에 울리는 빗소리에 에조에의 목소리가 섞인다.

"래브라도 리트리버는 원래 새 사냥을 돕던 개야. 사냥꾼이 쏘아 떨어뜨린 물새를 회수하는 역할을 했어. 물을 좋아하고 헤엄을 잘 쳐야 할 수 있는 일이니까 그런 놈들이 선택되어 오랫동안 번식되어 왔지. 그래서 지금도 래브라도 리트리버는 물을 아주 좋아해. 특히 바다라면 기꺼이 들어가고 싶어 하지."

내 손길이 멈추었다.

"동물병원을 아주 좋아하는 개는 거의 없어. 여러 가지로 불쾌한 경험을 하는 장소이고 개들은 기억력이 좋으니까 동물병원 쪽으로는 가고 싶어 하지 않아. 물론 주인이 능숙하게 대처해서 싫어하지 않게 되는 개도 있겠지만. 아주 좋아하는 개가 있다는 얘기는 들어 본 적이 없어. 그래서 이번에는 처음부터 내내 이상하다고 생각했거든."

"……무슨 말이지?"

뒤돌아보았지만 입구를 등지고 선 에조에의 표정은 보이지 않았다.

"그놈이 한 말을 전부 무시하고 처음부터 다시 생각해 보니 이 근방이 떠오르는 거야. 바다 근처…… 시내 남쪽."

"다카야 씨가 거짓말을 했다고?"

그렇게 묻자 에조에 입술에서 긴 숨이 새어나왔다. 지금까지 한 번도 들어 본 적이 없을 만큼 어두운 한숨이었다.

"내가 인간에 대해서 뭘 알겠나."

입술을 거의 움직이지 않고 중얼거린 뒤 그는 더욱 놀라운 말을 했다.

"어쨌거나, 이웃집 히키코모리는, 아마 범인이 아니야."

가슴이 차가워지고 빗소리가 멀어져 간다.

"……어떻게 그런 것까지 알고 있지?"

"그 집에서 녹음을 멈춘 뒤, 정원에 있는 개집을 살펴봤어. 그 안에서 수건을 발견하고 그걸 빌려가도 되겠느냐고 아들에게 확인했지. 그러자 다카야가 다가와서 할머니가 중단시킨 이야기를 계속 말해 주었어."

"뭐라고 했는데?"

"이웃집 히키코모리 아들이 부모님을 죽인 범인일지 모른다고. 개 짖는 소리가 시끄럽다고 불평한 것, 칼을 들고 정원으로 들어오려고 한 것도 얘기했고."

"……그밖에는?"

에조에의 실루엣은 잠시 정지해 있었지만 이윽고 고개가 살짝 옆으로 흔들렸다.

"아무것도."

사실일 수도 있고 거짓일 수도 있다. 내가 말을 잇기 전에 그는 입구에서 대기하던 요시오카를 돌아다보았다.

"저 녀석, 발바닥 마사지해 줘야겠군."

에조에는 나에게 등을 돌리고 배수로를 나갔다. 요시오카와 함께 빗속을 걷기 시작할 때, 그래서 인간은 싫어, 하고 중얼거리는 소리가 들렸다.

9

집에 돌아온 것은 그로부터 두 시간 뒤였다.

흠뻑 젖은 몸으로 어두운 복도를 걸어서 주방에 들어선 나는 벽으로 다가가 삼색 동그라미들이 그려져 있는 달력 앞에 섰다.

내부에서 충분한 용기가 솟아 주기를 기다렸다.

에조에가 그곳을 떠난 직후 야에다가 연락해 왔다. 어두운 배수로에서 스마트폰을 귀에 댄 순간, 내 귀에 사건이 해결되었다는 소식이 날아들었다.

〈용의자 확보했다.〉

기자키 부부 살해 혐의로 체포된 것은 아들 다카야였다.

〈엉터리 진술 덕분에 일찌감치 일단락됐다. 뭐, 오래 끌 거라고는 생각하지 않았지만.〉

371

야에다는 자기가 알아낸 사실을 전화로 모두 이야기했다.

사건이 있던 날 밤, 기자키 다카야는 퇴근하다가 집 근처 편의점에서 자동차 잡지를 구입한 후에 귀가했는데, 돌아오자마자 부모의 사체를 발견하고 경찰에 신고했다는 진술을 한 바 있다. 그러나 야에다가 회사에 확인해 보니 다카야가 근무를 마친 것은 오후 6시 반이어서 신고 시각보다 세 시간 가까이나 전이었다. 집과 회사는 버스로 삼십 분 거리에 있어 계산이 맞지 않았다.

〈게다가 목격 정보도 있었다.〉

오후 8시 전후 해안에서 다카야로 보이는 인물이 목격되었다.

잠들지 않는 형사와 개

그 시간은 정확히 범행 시각과 신고 시각의 중간에 해당한다.

〈어제 오후, 부근 바다 속을 조사해 보니 칼이 발견되었다.〉

지문은 검출되지 않았지만 칼에서 피해자 두 사람의 혈액이 미소하게 검출되었다. 야에다는 다카야를 보살피기 위해 와 있던 할머니에게 그 칼을 짐짓 자연스럽게 보여주었다. 그러자 기자키 가에서 쓰는 것과 닮았다기에 할머니에게 주방의 칼집을 확인시켰더니, 사라진 칼은 없다던 다카야의 진술과 달리 한 자루가 부족하다고 했다.

〈그리고 나자 할머니는 손자가 사건에 연루되었을지 모른다고 눈치 챘는지 아무 말도 하지 않게 되었지.〉

하지만 그 시점에는 이미 야에다가 할머니의 합창모임 동료를 탐문하여 이런 증언도 확보해 둔 상태였다. 반년쯤 전부터 아들 내외가 할머니를 찾아와 다카야에 대한 고민을 상담했다는 것이다. 연구직에 취직시키려 했지만 일반 기업의 영업맨이 되는 바람에 이제라도 다시 시작하라고 설득했지만 전혀 듣지 않을뿐더러 공격적으로 대꾸하는 걸로도 모자라 회사에서 스트레스를 받는지 형제처럼 귀여워하던 부차티를 밤마다 심하게 때린다는 내용이었다.

〈오늘 아침 일찍 기자키 다카야를 임의동행해서 족치니 다 불더군. 그날 밤 귀가하자마자 부모를 칼로 찔러 죽이고 바닷가로 가서 흉기를 던져 버렸다고.〉

다카야의 증언 가운데, 경찰에 신고하기 전에 편의점에서 자동차 잡지를 구입하고 귀가했다는 점 하나만은 사실이었던 것 같다.

〈부모 생명보험금으로 자동차를 살 수 있을지 모른다고 생각했다는군.〉

기자키 다카야를 체포한 경위에 대한 설명은 그게 전부였다.

"사라진 개는요?"

눈앞에 쓰러져 있는 부차티의 사체를 응시하며 나는 물었다.

〈부모를 죽이자 마침 집 안에 있던 개가 큰 소리로 짖는 통에 곤란해지겠다 싶어서 칼로 찔렀다던데. 개는 베란다 창문을 통해 마당으로 뛰어나가 그대로 도망쳤고. 여전히 발견하지 못했지만.〉

다카야가 경찰과 에조에에게 숲이니 동물병원이니 하고 둘러댄 까닭은 부차티가 발견되면 곤란하다고 여겼기 때문이리라. 부차티를 부르는 목소리를 녹음하게 해 달라는 에조에의 부탁에 응해 준 이유도 부차티가 자기 목소리를 두려워하리라 확신하고 있어서겠지. 부차티가 발견되어 돌아오면 또 자기에게 짖어대고 으르렁거리는 바람에 경찰이 의심할 가능성도 있다. 그래서 다카야는 부모가 실제로 부차티를 산책시키던 코스와 정반대쪽 방향을 말했다. 이미 자기가 의심받고 있다는 사실도 모른 채 그렇게 조잡한 거짓말을 늘어놓았던 것이다.

"야에다 씨는…… 중요한 증거를 오래 전에 확보했었군요."

늘 그랬다. 이 남자는 속을 보여주지 않는다. 물론 이번 건에 관해서는 수사에 참여하지 않은 나에게 정보를 줄 의무가 애초에 없었지만.

"저도 보고할 게 있습니다."

방금 우연히 부차티 사체를 발견했다고 전했다.

〈그래? 거 잘됐군. 개 몸뚱이에 뭔가 증거가 남아 있다면 기자키 다카야를 기소하는 데 도움이 될 테니까. 바로 갈게. 어디지?〉

나는 장소를 설명했다. 야에다는 옆에 있는 수사관에게 그 정보를 전하고는 문득 침묵했다. 말을 주저하고 있다는 것도, 그 말이 무엇인지도 쉽게 상상할 수 있었다.

〈개를 발견한 거, 정말 우연인가?〉

억제된 목소리로 묻는다.

〈오노다, 너…… 직접 조사하고 있었던 거 아냐?〉

"제가 왜요?"

내가 대꾸하자 다시 할 말을 찾는지 뜸을 들였지만 결국 야에다는 아무 말도 하지 않았다. 나는 전화를 끊은 다음 수사관이 도착하기를 기다리지 않고 배수로를 나왔다. 하지만 도저히 집으로 걸음을 옮기지 못하고 비 내리는 거리를 오래도록 돌아다녔다.

주방 달력 앞에 젖은 몸으로 우두커니 섰다. 가슴에 용기가 솟아나기를 기다렸다. 그럴 일은 영원히 없으리라는 것을 알면서.

2층에서 바닥 울리는 소리가 들렸다.

조용히 문 열리는 소리. 그러나 사람이 나오는 기미는 없고 잠시 후 문은 다시 닫혔다. 가슴은 아직 용기가 차오르지 않았다. 그래도 나는 움직이려 하지 않는 두 다리를 질질 끌다시피 하며 벽 앞을 떠났다. 주방을 나와 2층으로 가는 계단을 오른다. 아무 소리도 들리지 않는 방 앞에 선다. 목이 졸린 듯 목소리가 나오지 않는다. 이름 하나가 가슴 속에서만 맴돌 뿐 도무지 소리 내어 부를 수가 없다.

"들어오시죠?"

문 너머에서 나온 목소리가 선수를 쳤다. 이런 식으로 아들이 나에게 목소리를 낸 것이 언제였나. 닷새 전 밤에 목소리를 듣기는 했지만, 그것은 야에다의 탐문에 대답하는 목소리였다. 그 뒤 내가 무엇을 물어도 아들은 말을 하지 않고 평소처럼 이 방에 틀어박혔다.

떨리는 손을 뻗어, 그 손으로 무의미하게 노크하고 손잡이를 쥐었다.

문을 열자 컴퓨터 책상 앞 바닥에 게이스케가 책상다리를 하고 앉아 있었다. 안경 너머로 흠뻑 젖은 내 전신을 가만히 바라본다.

"오늘 아침, 옆집에 경찰이 왔어."

창백한 목을 틀어 기자키 씨네 집이 보이는 창문으로 눈길을 향한다. 반소매 티셔츠를 입은 몸이 수척해서, 자꾸 아파서 학교를 쉬곤 하던 초등학교 때부터 지금껏 전혀 변하지 않은 듯 보이기도 한다. 당시에도 나는 직장에 나가느라 아들 곁에 있어 주지 못했다. 이혼해서 부모라고는 나밖에 없었는데도. 학교를 쉬는 게이스케는 늘 이 집에서 혼자 스스로를 추스르고 있었다. 그래도 내가 퇴근하면 항상 웃는 얼굴로, 엄마 오셨어요, 라고 말해 주었다. 그러고는 그날 학교 공부를 마쳐 두었다고 반듯한 글자가 적힌 공책을 콧방울을 부풀리며 보여주었다. 뭐든 혼자서도 잘하는 심지 굳은 아이라고 생각했다. 그렇게 중학생이 되고 고등학생이 되었을 때는 일상적인 보살핌도 거의 필요가 없게 되었다. 어렵게 합격한 대학을 멋대로 중퇴하고 이 방에서 나오지 않게 된 뒤에도 언젠가 스스로 다시 일어서 주리라 믿고 있었다. 섣불리 도움의 손길을 내밀면 안 된다, 그러다가는 언제까지나 홀로 서지 못한다, 그렇게 믿고 있었다.

"범인은, 다카야 씨였겠지."

게이스케의 얼굴이 다시 이쪽으로 향한다. 나는 고개를 끄덕이는 몸짓을 핑계로 시선을 피했다. 방은 지금까지 상상했던 것처럼 어지럽지는 않았다. 게이스케가 이 방에 틀어박혀 지내게 된 뒤, 이웃집에서 사건이 일어나고 나서도 나는 이 방에 들어올 수 없었다. 예전처럼 나에게 물건을 마구 집어던질까 봐 두려워서. 날아오는 물건을 막던 두 팔의 아픔이 내내 잊히지 않아서.

"아까, 상사에게, 그렇게 연락 받았어."

"놀랐어?"

애써 아들 얼굴을 보니 이번에는 아들이 눈길을 피한다.

"나도, 설마 그 사람이 그렇게까지 이상해졌을 줄은 몰랐어."

"무슨 말이니?"

내가 묻자 게이스케는 잠시 침묵했다. 그러다가 준비해 놓은 이야기로 내가 몰랐던 사실을 말해 주었다.

다카야가 밤마다 정원에 나와 부차티를 때리는 광경을 게이스케는 자기 방 창문으로 내려다보았다고 한다.

"머리고 허리고 할 거 없이 수없이 때렸어. 도망치려고 해도 목줄이 묶여 있으니까, 막무가내로. 그 개, 처음에는 낑낑거렸는데, 다카야 씨가 코와 주둥이를 틀어막고 계속 때리자 곧 아무 소리도 내지 않게 되었어. 그래서 아저씨 아주머니도 몰랐나 봐."

"그래서…… 아주머니에게, 밤중에 개 짖는 소리가 시끄럽다고 했니?"

그날 일은 모두 기억한다. 낮 근무를 마치고 저녁때가 지난 시각에 귀가해 보니 기자키 씨네 문 앞에 게이스케가 서 있었다. 제 방에서 나오는 모습조차 거의 보지 못했는데 이웃집의 기자키 아키요와 마주 서서 이야기를 하고 있다니.

하지만 놀란 내가 서둘러 다가갔을 때는 이미 게이스케가 그자리를 떠나 우리 집 문으로 들어서고 있었다. 무슨 일이냐고 아키요에게 묻자 그녀는 잠시 망설이다가 대답했다.

—우리 개가 밤중에 짖어대는 게 시끄럽다고…….

하지만 심야에 개 짖는 소리는 전혀 들어 본 적이 없고 근처 주민들 역시 마찬가지였다. 나는 당황했고, 눈앞에서 기자키 아키요가 보여주는 당혹스런 표정도 마찬가지로 이해했다. 왜 엉뚱한 항의를 했을까. 아들은 왜 그런 거짓말을 했을까.

"사실대로 말하기가 곤란해서 그렇게 말한 거야. 아저씨나 아주머니가 밤중에 잠깐이라도 개 상태를 확인하다가 다카야 씨가 하는 짓을 알게 될지 모르니까. 혹은 아주머니가 이웃집에서 불평을 하더라는 이야기를 다카야 씨에게 전하면 다카야 씨도 더는 개를 때리지 않게 될지 모르니까."

그러나 야에다에 따르면 적어도 반년 전부터 부모도 알고 있었다. 다카야가 밤마다 부차티를 때리고 있다는 사실을.

"그때 아주머니 표정을 보면, 아무래도 알고 있는 것 같았어. 다카야 씨가 하는 짓. 그래서 결국, 다음날 이후에도 전혀 변하지 않고, 밤만 되면 다카야 씨가 정원에 나와 개를 때렸어."

"칼을 들고 정원으로 들어가려고 한 것은—,"

그날 저녁, 내가 야근을 마치고 와서 잠자고 있는데 현관 초인종이 울렸다. 문 밖에 서 있는 사람은 기자키 하루요시였는데, 얼굴이 분노로 가득했다. 방금 게이스케가 기자키 씨네 문을 열고 멋대로 정원에 들어오려고 해서, 자기가 왜 그러느냐고 묻자 아무 일도 없었다는 표정으로 돌아갔다는 것이다. 그런데 아들이 칼을 쥐고 있었다고 해서 나는 낭패했다. 도대체 게이스케가 무엇을 하려고 했는지 알 수 없었다. 바로 2층으로 올라가 게이스케 방 앞에서 물어보았지만 아무리 기다려도 대답이 없었다. 나는 다시 현관으로 돌아가 아무것도 이해하지 못한 상태로 하루요시에게 고개를 숙였다. 그때 하루요시는 도무지 대책 없는 몹쓸 인간에게 던질 법한, 더러운 것이라도 보는 듯한 눈초리로 나를 쳐다보고 있었다. 문 앞을 떠날 때는 슬픈 표정마저 지었다. 다카야가 개에게 하던 짓을 알고 있었으면서. 제 자식이 이상하다는 것을 알고 있었으면서.

아니, 나도 이런 말할 자격이 없다.

"그 개, 밤중에 다카야 씨가 정원에 나오면 처음에는 늘 도망치려고 해. 하지만 목에 연결된 줄 때문에 피할 수도 없었지. 그래서 내가 개줄을 끊어 주려고 했어. 완전히 잘라 버리지 않더라도 개가 스스로 잘근잘근 씹어서 끊을 수 있을 만큼만."

"이웃집에서 사건이 일어났을 때…… 왜, 그 이야기를 해 주지 않았니?"

대답을 알면서도 물었다.

"엄마가, 나를 의심하는 것 같아서."

나도 에조에 어머니와 다를 게 없었다. 집에서 목돈이 없어졌을 때 에조에를 다그쳤다는 여자. 누구보다 믿어야 할 사람을 의심하고 말았다. 그래서 게이스케는 자기가 아는 것을 나에게 말하려 하지 않았다. 아마 앙갚음이었겠지. 여섯 살배기 에조에가 가출하던 심정과 다르지 않았으리라.

사건이 일어난 날 밤을 떠올렸다. 기자키 다카야가 신고했을 때, 경찰서에 있던 나는 야에다와 함께 현장으로 출동했다. 물론 당시에는 사건 현장이 내 이웃이라는 것도, 두 피해자가 아는 사람이라는 것도 야에다에게 설명해 두었다. 현장에 도착하자 야에다는 최초 발견자 다카야의 이야기를 듣고 나서 주변 탐문을 시작했다. 첫 탐문 상대로 게이스케를 택한 이유는 그애 방 창문이 이웃집 정원을 향하고 있기 때문이다. 그때 야에다는 게이스케가 왼팔을 다쳤음을 간파했다. 나는 한집에 살면서도 전혀 알아채지 못했는데.

어쩌면 그 순간, 야에다는 게이스케에게 혐의를 두었는지 모른다. 하지만 비슷한 상황에서 어느 형사라도 품어 마땅한, 딱 그 정도의 의심에 불과하다. 아까 나눈 전화 통화로 보건대 야에다의 의심은 처음부터 기자키 다카야를 향했다.

나만 게이스케를 의심하고 있었다. 나만 게이스케를 살인범일지 모른다고 생각하고 있었다. 부차티 짖는 소리가 시끄럽다고 항의하러 간 적이 있다니까. 이웃집 정원에 칼을 들고 들어가려고 했으니까. 사건 직후 팔에 부상이 있었으니까. 무엇을 물어도 대답해 주지 않으니까. 단 둘이 살아 왔는데 아무리 애써도 속을 읽을 수 없었으니까.

피해자가 이웃이라는 이유로 나는 스스로 수사진에서 이탈했다. 그러나 실은 무서워서였다. 이웃집 부부를 죽인 것이 내 아들일지 모른다고 생각하니 온몸이 부들부들 떨리는 것을 억제할 수 없었다. 밤새 잠 못 이루고 아침을 맞았을 때는 경찰서로 출근하기도 힘들어 그 자리에서 야에다에게 전화해 휴가를 신청했다. 야에다는 무뚝뚝하게 신청을 받아 주었지만, 내 마음을 훤히 들여다보고 있었는지도 모른다.

그 전화를 끊고 찾아간 곳이 '펫 탐정 에조에&요시오카' 사무소였다. 예전에 사기가 의심된다는 신고 전화를 받았던 기억이 떠올라, 그 업자라면 경찰보다 먼저, 게다가 비밀리에 부차티를 찾아 줄 수 있겠다고 생각했다.

살인 현장에서 사라진 부차티 몸에는 게이스케의 범행 증거가 남아 있을지 모른다. 그것을 수사반이 발견하게 놔둘 수 없다. 내가 먼저 잡아야 한다. 부차티를 찾을 수 있다면, 만약 살아 있다면, 나는 그 개의 몸뚱이에서 증거를 깨끗이 씻어낼 작정이었다. 죽어 있다면 사체를 몰래 처리할 생각이었다.

"아무 말도 하지 않는 히키코모리에다 이웃집과 갈등을 일으켰으니, 엄마가 나를 의심하는 것도 무리는 아니지만."

"아니야……."

"아니긴."

돌이킬 수 없다는 말을 언제 처음으로 알게 되었던가. 그게 언제였든 그 말은 지금까지 내 마음에 늘 뭔가가 산산이 깨지는 이미지와 함께 있었다. 그러나 물리적으로 무엇 하나 변하지 않았어도 돌이킬 수 없는 것은 존재한다. 불과 며칠 동안이지만 내가 아들을 의심했다는 사실은 영원히 지워지지 않는다. 게이스케 마음에서도. 내 마음에서도.

"마음 먹고, 다시 시작해 보려고 했지만."

볼 아래로만 웃으며 게이스케는 방바닥을 응시했다. 비가 그쳤는지 커튼이 조금 밝아졌지만 하늘에서 가신 비구름이 나의 내부로 몰려온 듯 가슴 안쪽이 무겁게 젖어든다. 서 있기 힘들 만큼 무게가 불어난다.

"얼마 전부터 엄마가 출근하면 항구로 내려가 어부들에게 이것저것 물어봤어. 고기 잡는 방법이라든지 어떻게 생활하는지. 아침이든 밤이든 항구 어딘가에는 일하고 있는 어부들이 있으니까."

"그런 얘기를 왜 여태—,"

"왜냐면, 엄마는 관심 없잖아?"

내가 해 온 행동 전부가 잘못된 것이었구나.

"하지만, 엄마가 관심 없더라도 난 그렇게 나름대로 움직이고 있었어. 요즘은 억지로 부탁해서 쏨뱅이를 어시장으로 옮기는 작업을 돕기도 하고, 그러다가, 이렇게."

방바닥을 향해 말하며 붕대 감긴 왼팔을 쳐들어 보였다.

"넘어져서, 팔꿈치가 쏨뱅이 바구니 속으로쏨뱅이의 등지느러미와 아가미에는 독가시가 있다."

무엇 하나도 사실대로 보지 못했고.

"이웃집 개가 물었다고 생각한 것 같은데, 유감스럽게, 쏨뱅이였어."

보려고 하지도 않았지.

"미안해…… 미안해……."

두 눈을 찔린 것처럼 아프고 눈물이 쏟아졌지만 게이스케가 겪은 마음의 고통에는 비할 수 없다. 아무리 사죄해도 부족하다. 방바닥에 무릎을 꿇고 두 손을 내밀지만 게이스케에게 닿지 못하고 손가락 끝은 공기만 움켜쥔 채 떨린다.

"아니, 됐어."

엄마에게서 시선을 거두며 아들은 무릎을 세운다. 저버리듯이. 버려 두고 가려는 듯이. 게이스케는 창가에 서서 커튼을 옆으로 치웠다. 그 시선이 이웃집을 넘어 멀리 보이는 바다로 향한다. 안경에 세로로 길게 뻗은 빛이 비치고, 그 빛이 내 눈 속에서 산산이 부서진다.

"멋지다."

오열이 잇달아 목을 치받아 더는 말할 수도 없었다.

"빛이, 멋져."

편집자 후기

편집자 후기

　언젠가 트위터에서 흥미로운 글을 읽었다. "어린 시절 〈센과 치히로의 행방불명〉을 볼 때는 유바바가 지독하게 나쁜 마녀라고 생각했는데 지금 다시 보니 일할 의욕만 있으면 누구에게든 일자리를 주고, 신입도 공을 세우면 확실히 칭찬해 줄 뿐만 아니라, 진상 고객이 나타나면 상사로서 직접 나서서 물리치는, 경영자적 측면에서 대단히 훌륭한 마녀구나 생각하게 되었다(끄덕끄덕)"고 적혀 있었다.

　이제 막 취업을 하고 직장에 다니는 듯한 일본 관객의 이 센스 있는 감상을 마주하자마자 나는 무릎을 치며 '미타카의 숲 지브리 미술관'을 떠올렸다. "컴퓨터를 가지고 이런저런 효과를 만들긴 하지만 근본적으로는 연필과 붓을 사용하여 사람의 손으로 그린다는 조건을 지키고 있습니다"라는 미야자키 하야오의 철학은 이곳에도 잘 집약돼 있다. 예컨대 많은 제작비가 소요되는 오리지널 단편을 오로지 방문객들을 위해 매번 새롭게 만들어서 상영하는 '토성좌土星座'의 대단무쌍함이나, 지브리 애니메이션이 엄청난 양의 노동에 의해 만들어진다는 걸 깨달을 수 있는 '움직이기 시작하는 방'의 구현 같은 것이 그렇다.

　하지만 내가 가장 인상 깊게 느낀 대목은, '길을 잃자!'라는 모토에 따라 지브리 미술관 안에 순로順路가 적시되어 있지 않다는 것이었다. 거기에는, 오만 군데로 통하는 작은 길과 숨어 있는 출입문을 넘나들며 '뻔한 길'이 아니라 '새로운 길'을 스스로 자유롭게 만들어 보라는 의미가 담겨 있다고 한다. 마치 치히로가 부모와 함께 수상한 터널로 들어간 이후 길을 잃고 모험을 시작한 것처럼.

읽는 방법은 6×5×4×3×2×1=720가지. 순로가 정해져 있지 않다는 미치오 슈스케 작가의 소설 『N』을 처음 마주했을 때 나는 치히로가 된 심정으로 페이지를 넘기며 감탄하고 말았다. 게다가 독자들이 '습관적으로 앞에서부터 순서대로 읽을 것'임을 감안하여 각 장의 연결을 끊기 위해 이야기를 한 개씩 상하 거꾸로 인쇄해 놓은 디테일까지, 『N』은 독서에 '게임적=메타 이야기적' 구조를 도입하여 읽는 방법에 따라 색깔이 달라지도록 한 (거의) 세계 최초의 소설이 아닐까 싶다. 대관절 어떻게 이런 아이디어를 떠올렸을지 궁금해하지 않을 도리가 없었다. 이 정도로 대담한 시도를 획책한 저자의 머릿속은 과연 어떤 모습일까.

그동안 언론에 공개된 이런저런 인터뷰(《동대신문》 2016년 2월, 《일간현대》 2020년 1월, 《청춘과 독서》 2021년 10월)를 읽어 보면, 활자가 주는 즐거움에 일찌감치 눈을 떴다는 여느 작가들과 달리 미치오 슈스케는 고등학교 때까지 소설을 전혀 읽지 않았던 모양이다. 이야기가 주는 재미라면 영화나 드라마로도 충분한데 굳이 왜 독서를…… 이라고 할까. 남는 시간에는 기타를 연주하고 노래를 부르는 일에 몰두했다. 밴드를 결성해서 라이브 활동을 하며 곡을 만들었는데 '고등학교 동창생들과 결성한 아마추어 밴드의 연습실 창고에서 살인 사건이 발생한다'는 설정의 소설 『랫맨』에는 당시의 경험담이 잘 녹아 있다. 겨우 읽기 시작한 것은 대학에 들어가고 나서였다. 그것도 사귀고 있던 여학생이 읽고 있었기 때문에. 단편소설의 대가인 아토다 다카시의 작품집으로 그녀에게 잘 보이기 위해 집어 들었는데 순식간에 빠져들었다. 다만 어렸을 때부터 책 읽는 습관이 몸에 배지 않아서 페이지를 넘기는 데 시간이 오래 걸렸다. 지금도 문자를 읽는 것이 매우 느리지만, 그래도 상관없(었)다고 한다. "만약 초등학교 때 독서를 강요당했다면 성격상 분명히 싫어했을 겁니다"라면서.

'어릴 때부터 고전으로 분류되는 양질의 서적을 읽어야 한다'는 부모자식간의 공방을 피해 "어느 정도 몸과 마음이 자라고 나서야 읽기 시작한 만큼 쇼크가 컸고('독서란 이렇게 즐거운 일이구나'), 스스로도 이런 것을 써보고 싶었다"는 미치오 슈스케는 독서에 푹 빠졌던 대학 2학년 때부터 원고지에 자신의 글을 써 내려갔다. 남의 이야기를 읽기보다 자기 이야기를 쓰는 쪽이 더 재미있을 거라고 여겼기 때문이다. 그리하여 당시 쓴 소설에 대해서는 이렇게 평가하고 있다.

"직접 쓰는 쪽이 재미있지 않을까 싶어서 써 본 소설은, 실제로 재미있었지요. 물론 누구라도 저 같은 아마추어보다 프로가 쓴 작품을 더 재미있다고 평가하겠지만 저는 제가 쓴 이야기가 제일이라고 여겼어요. 십대 특유의 착각이었을 텐데 결국 그 착각이 30년 이상 계속되고 있습니다. 지금껏 그렇게 착각하며 살아왔기 때문에 작가로서 글을 써올 수 있었다고 생각해요."

　다소 의외지만 대학에서는 임학林學을 공부했다. 나무와 잔디와 곤충과 동물을 좋아해서 택한 전공이다. 그래서인지 미치오 슈스케의 작품에는 『외눈박이 원숭이』, 『솔로몬의 개』, 『까마귀의 엄지』처럼 동물의 이름이 들어가는 제목이 많다. 졸업 후에는 주택의 내진을 확인하고 보강 용품을 판매하는 회사에서 일했다. 작업복에 마스크 차림으로 마루 밑에 기어들어가는 경우도 빈번했는데, 작업을 의뢰한 고객들과도 곧잘 어울렸던 모양이다. 어울렸다는 게 별건 아니고 대화를 즐겼다고 할지. "한번은 고객의 집에서 잡담을 하다가 그분이 '정원의 만병초 꽃이 통 예쁘게 피지 않는다'고 하더라고요. 그래서 조사해 보니 만병초는 뿌리가 아래가 아니라 옆으로 자란다고 해요. 그 정원에는 바로 옆에 다른 나무가 심어져 있었기 때문에 이것이 원인이라고 생각해서 다음날 굳이 찾아가 말해 주었거든요. 그 말을 듣고 어찌나 기뻐하던지 저까지 덩달아 즐거워졌는데, 어느 순간 정신을 차려 보니 계약을 하고 있더라고요(웃음). 인간관계에서는 내가 어떻게 나오느냐에 따라 상대방의 태도가 달라진다는 것을 체험으로 깨달았습니다." 이런 깨달음 덕분에 톱 세일즈맨이 될 수 있었고 당시로서는 파격적인 연봉을 받았다. 소설 『구체의 뱀』에 나오는 흰개미 구제업자의 세세한 묘사는 이때의 경험에 기인한 것이다.

　한편, 회사 일이 바빠서 집필 시간을 많이 내진 못했지만 자신이 직접 만든 홈페이지에서 착실하게 활동을 이어가고 있었다.

이를테면 "추리퀴즈 코너를 마련해 소설 문제편을 읽은 독자에게 메일로 추리를 받고 해답편을 보내주는 일을 하고 있었습니다. 제가 쓴 글을 독자와 공유할 수 있어서 즐거웠어요. 물론 한 푼도 돈은 안 됐지만 홈페이지에 단편을 계속 쓰다 보니 니혼TV 계열 프로그램 '주간 스토리랜드' 담당자로부터 이야기를 만들어 달라는 의뢰가 오기도 했고요." 이후로 한국의 웹소설 연재 사이트와 비슷한 '휴대폰 소설 연재 사이트'에서 소설을 집필해 달라는 의뢰를 받고, 예컨대 온천에 얽힌 괴담 같은 특정 주제에 따라 글을 쓰는 훈련을 하며 고료를 받기도 했다. 덕분에 문장을 단련할 수 있었지만 회사 일을 마치고 집에 오면 밤 11시, 그때부터 새벽 5시까지 집필에 몰두하는 생활이었다. 퇴근하는 전철에서 머릿속으로 구상을 반죽해 놓고 자정 무렵 일필휘지로 쓴 내용물을 PC에 떨어뜨린다는 느낌이랄까. 그리고 한두 시간 자다가 출근하는 생활을 1년간 계속했다. 체력적으로 힘들었지만 좋아하는 글을 쓸 때마다 아드레날린이 나온 덕분에 버틸 수 있었으리라.

마침내 데뷔한 것은 스물아홉, 2004년의 일이다. 『등의 눈』으로 제5회 호러 서스펜스 대상 특별상을 수상하며 미치오 슈스케는 소설가로 이름을 알린다. 만약 이번에도 출판이 되지 않는다면 다시 기자로 살겠다고 다짐하며 투고한 작품이 베스트셀러가 되는 바람에 작가가 된 마이클 코넬리, 마지막 순간 금전적으로 어려워졌을 때 차를 팔고 딱 한 작품만 더 써 보자고 생각해 응모한 작품으로 상을 받아 작가가 될 수 있었던 요코야마 히데오처럼, 미치오 슈스케로서도 『등의 눈』은 심리적 마지노선이었다고 한다.

"열아홉 살부터 10년 도전해 싹을 틔우지 못하면 작가는 포기할 생각이었습니다. 서른이라는 구분점도 있고요. 한 가지 일에 10년 동안 몰두했는데도 안 되면 그 일에 적합하지 않다고 봐야겠지요. 대학 졸업 후 취직을 한 것은 작가를 목표로 하면서도 밥을 먹기 위해서입니다. 나에게 맞는다면 어떤 직업이든 10년이면 충분히 성과를 낼 수 있습니다. 직업에는 맞느냐 안 맞느냐가 중요하고 작가가 맞는다면 시작 시점의 나이는 상관없다고 생각합니다." 시작 시점의 나이라. 미치오 슈스케와 나란히 같은 공모전에 『9월이 영원히 계속되면』을 출품하여 대상을 수상하며 작가로 데뷔한 누마타 마호카루 씨의 나이가 쉰여섯이었다는 것을 의식한 발언이었을지도 모르겠다. 이야기가 잠시 옆으로 새지만, 지금도 어딘가에서 퇴근 후 부엌에 앉아 깜작깜작 소설을 쓰고 있을 모든, (특히 저보다 나이 많은) 분들의 건투를 빈다.

재미있게도 이듬해에 회사를 그만둔 미치오 슈스케는 막상 작가가 되고 나니 시간을 어떻게 써야 할지 알 수 없게 되었다고 한다. "그토록 목표로 했던 작가인데 평일 낮에 집에 있으면 오히려 시간을 어떻게 써야 할지 모르게 되었다고 할까. 그래서 고민 끝에 회사 다닐 때와 같은 타임 스케줄로 움직여 봤습니다. 차에 노트북을 싣고 나가 주차장을 찾아 차 안에서 집필을 한 거죠. 글 작업이 금방 진척되더군요. 일하는 환경이 바뀌어 시간을 주체하지 못하거나 아이디어가 나오지 않는다는 사람은 몸이 기억하는 습관을 재현하면 좋을지도 모릅니다." 그렇게 주차장에서 써 내려간 소설 『해바라기가 피지 않는 여름』이 100만 부 넘게 팔리며 그는 일약 베스트셀러 작가로 떠오른다. 이후로 한 해도 거르지 않고 쉼 없이 작품을 발표하였는데 전부 거론하기에는 지면이 모자랄 정도이니 수상작들만 살펴볼작시면—, 『섀도우』로 제7회 본격 미스터리 대상 수상, 『랫맨』으로 제21회 야마모토 슈고로 상 후보. 『까마귀의 엄지』로 제62회 일본 추리작가 협회상 수상, 『광매화』로 제23회 야마모토 슈고로 상 수상, 그리고 『달과 게』로 일본 최고의 문학상인 나오키 상 수상…… 이 정도면 미야베 미유키(1960년생)나 히가시노 게이고(1958년생)에게도 뒤지지 않을 정도의 성취가 아닐지. 미치오 슈스케(1975년생)를 차세대 대형작가로 만든 비결이 무엇일까 궁금해서 열심히 조사해 보았지만 딱 부러지는 대답은 찾지 못했다. 하기야 A4 한 장으로 깔끔하게 정리되는 비결 같은 게 있으면 나도 베스트셀러 작가가 되었겠지. 다만 여러 인터뷰에 걸쳐 반복적으로 눈에 띄는 답변이 있었다. "나는 내가 읽고 싶은 소설을 쓰고 있을 뿐이다"라는 것이다. 그는, 세상이 아무리 발전해도 책이라는 형태가 아니면 전할 수 없는 이야기가 존재한다는 믿음을 고수하고 있는 듯하다. 혹은 '이런 책이 있으면 좋겠다'를 실천하는 자급자족형 작가라고 할까.

최근 몇 년 사이에 미치오 슈스케는 이야기의 내용에 더하여 형식에 관한 아이디어도 활발히 개진하고 있다. 2019년에 발표한 『안 돼(いけない)』는 얽히고설킨 사건의 진상이 마지막 페이지에 인쇄된 사진 한 장에 의해 완전히 뒤바뀐다는 설정의 소설집이다. 총 4장으로 구성된 책에는 4개의 이야기와 5장의 사진이 실려 있다. 작가 스스로 '체험형 미스터리'라 부르는 이 작품을 착안하게 된 계기가 흥미롭다. "저는 방탈출 게임을 좋아하는데 미국이나 캐나다, 독일에는 외출하지 않고 집 안에서 할 수 있는 방탈출 게임이 일본보다 많아요. 방 모형이나 카드를 쓰는데 찢거나 접어도 되고요. 한 번밖에 놀 수 없는데다가 3천 엔, 4천 엔쯤 하니까 가성비는 별로지만 체험하는 재미가 있지요. 이런 방식을 도입하면 소설 같은 수동적인 엔터테인먼트도 능동적으로 즐길 수 있지 않을까 생각해『안 돼』에서 시도해 보았습니다." 그런가 하면 잡지《소설현대》(2021년 11월)에「들리다(聞こえる)」라는 제목의 작품을 발표하기도 했는데, 이 소설은 본문을 읽기 전 QR코드를 통해 어떤 음성을 듣고, 본문을 다 읽은 뒤 마지막 페이지의 QR코드를 찍어 또 다른 음성을 들음으로써 이야기를 완성하는 형식으로 되어 있다. 『안 돼』에서는 사진을,「들리다」에서는 소리를 이용하여 소설의 영역을 확장한 것이다.

소설의 상식을 뛰어넘는 도전은 이번 작품 『N』에서 한 걸음 더 나아간다. 그야말로 전대미문의 시도인데 총 6장으로 구성된 소설은 어느 장부터 읽어도 무방하고 각 장의 연결을 끊기 위해 한 장마다 상하 반전시켜 인쇄했다. "종이책의 경우 아무리 단서를 넣어도 보통 인쇄하면 대부분 독자들이 처음부터 읽을 거라고 생각해요. 하지만 한 장을 읽고 다음 장이 눈에 들어온다고 해도 상하 반전되어 있으면 의미가 바로 들어오지 않으니까,

각 장의 첫머리 한 페이지만 권두에 넣어 두고 거기서 원하는 장으로 점프해 달라"고 취지를 밝혀두었다. 이에 따라 '어디서부터 시작할지 망설인다'는 부분부터 '어떤 걸 마지막 장면으로 할지 결정해야 한다'는 부분까지 전부 독서 체험에 포함할 수 있게 되었다.

수록된 여섯 장 중 무엇을 먼저 읽느냐, 로 새드엔딩이 되는가 하면 해피엔딩이 될 수도 있다. 예를 들어 볼까. (여기서 잠깐, 아직 본문을 읽지 않았다는 형제자매님들은 앞으로 돌아가 주시길.) 「웃지 않는 소녀의 죽음」은 "일본에도 많이 서식하는 어느 나비의 이름이었다"는 문장으로 이야기가 끝나는데, 이때 영어 교사는 앞서 소녀가 말한 '호리브르'가 "호러블(무서운)"이 아니라 "홀리블루"임을 깨닫는다. 즉 영어 실력이 부족해 '무서운'으로 오해하고 호기심에 상자를 열어버리는 바람에 소녀가 엄마의 환생이라 믿으며 소중하게 간직하던 나비가 도망가 버렸고 그 것이 소녀가 죽은 원인("상자를 열었을 때 그 나비가 보이지 않았다. 소녀는 패닉에 빠져 다급한 비명을 지르며 집을 뛰쳐나갔다.")임을 알게 되는 것이다. 하지만 이 장을 먼저 읽은 독자는, 라프카디오 헌이 사랑했다고 알려진 우라시마 전설에 대해 쓴 에세이를 통해 짐작만 할 뿐 소녀의 죽음에 어떤 비밀이 있는지 알지 못한다. 그 답은 「사라지지 않는 유리별」에 있다. 「웃지 않는 소녀의 죽음」에서 말미에 이모가 소녀를 데리러 와 이름을 부르는데 영어 교사는 "O음으로 시작되는 이름이라는 것"만 듣는다. 「사라지지 않는 유리별」에 이르러서야 비로소 그 이름이 "올리아나"임을, 아울러 나비의 이름은 "홀리블루"라는 걸 알게 된다. 그렇다면 "소녀를 죽인 범인을, 나는 안다(p. 192)"라는 문장의 수수께끼(범인은 바로 영어 교사 자신!)도 풀린다. 「웃지 않는 소녀의 죽음」을 먼저 읽으면 해피엔딩이었던 이야기가 「사라지지 않는 유리별」을 먼저 읽으면 새드엔딩으로 완전히 달라지는 것이다.

한편 (「이름 없는 독과 꽃」 → 「잠들지 않는 형사와 개」의 순서로 읽었을 경우) 리카가 가즈마를 구하기 위해 폐공장에 갔던 장면을 떠올려 보자. 펫탐정 에조에가 파이프의자를 높이 쳐들고 큰소리로 부르자 강아지가 길에 뛰어들었다가 사고가 나는데—.

세이치는 급하게 강아지를 쫓으며 인도 연석을 뛰어넘었다. 오른쪽에서 빠르게 다가오는 새하얀 조명이 세이치의 모습을 대낮처럼 또렷이 부각시켰다. 벽에 머리라도 부딪히는 듯한 너무나도 가벼운 충격음. 퉁겨져 날아가는 몸뚱이가 실루엣이 되어 허공을 날아가고 급브레이크를 밟은 차량 타이어가 무의미하게 비명을 질렀다. 정지한 헤드라이트가 지면을 비추고 그 한가운데 낙하한 몸뚱이는 이미 어느 부분도 움직이지 않았다. 즉사했으므로 고통은 없었을 거라는 이야기를 나중에 들었다. (p. 23)

이 대목을 읽으면 요시오카가 죽었나 보다 생각하게 되지만 그 뒤에 현재 시간으로 돌아와서 주인공이 에조에를 만났을 때—,

"어이, 요시오카, 리카 씨 왔다."

지금까지 전혀 몰랐는데 창고 안을 살펴보니 정말 있었다. 장애가 남은 몸을 어둠 속에 눕히고 멍하니 눈꺼풀을 들어 올리려 한다. 그러나 이쪽을 보기 전에 그 눈꺼풀은 다시 감기고 말았다. 몹시 졸린 모양이다. (p. 17)

죽은 것은 강아지였고, 장애를 입은 요시오카에 대한 속죄로 에조에는 줄곧 리카에게 돈을 송금하고 있었다는 결론을 내리게 된다. 그러나 「잠들지 않는 형사와 개」에 들어서면,

"뭐야, 왜 개를? 공동경영자 요시오카 씨는?"

"인간 요시오카는 죽었어. 이놈은 그 요시오카가 죽기 직전에 우리와 만난 블러드하운드인데 그때는 아직 이름이 없었기 때문에 요시오카의 풀 네임을 물려주기로 했지. 성은 요시오카, 이름은 세이치." (p.356)

이 대목으로 그때 죽은 것은 강아지가 아니라 요시오카였음을 알게 된다. 반대로 「잠들지 않는 형사와 개」를 먼저 읽을 경우 23쪽에서 '에조에가 말한 인간 요시오카는 이때 사고로 죽었던 거구나' 하는 진상을 깨닫게 되어 있다. 어느 순서로 읽느냐에 따라 인상이 크게 바뀌는 것이다. 『N』에는 위와 같은 서술트릭이 여럿 숨겨져 있다. "『N』은 저의 34번째 작품입니다. 지금껏 33권의 소설을 발표하면서 미스터리가 약한 책을 쓰면 '이건

뭐 순문학이네, 미치오 슈스케가 미스터리에서 멀어졌네', 미스
터리가 강한 책을 쓰면 '지나치게 트릭에만 의존하는 거 아닌가.
미치오 슈스케의 소설에서 드라마가 사라졌다'는 식의 반응을
들은 적이 있어요. 그때마다 만약 책을 간행하는 순서가 반대였
더라면 어땠을까 생각하곤 했습니다"라는 미치오 슈스케의 인터
뷰를 본 적이 있는데, 『N』을 이렇게도 읽고 저렇게도 읽는 동안
숨겨진 장치들을 찾으며 '이 작품은 작가로서 오랜 고뇌의 산물
이구나' 하는 새삼스러운 생각이 들어 코끝이 살짝 찡해졌다.

　　똑바로 읽어도 거꾸로 읽어도 N. 작가는 N의 수만큼 인생
이, 아울러 그에 대응하는 이야기가 있다는 의미를 담고 싶었다
고 한다(『N』의 의미는 「날지 못하는 수벌의 거짓말」에서 "자연
수=N"을 설명하는 부분에 딱 한 번 나온다. 독자들이 이 대목
을 소설의 제목과 연관하여 어떻게 느꼈는지도 궁금하다). 덕분
에 한 권 값으로 여러 권을 읽는 효과를 낼 수 있으니 가성비로
는 최고가 아닐까. "여섯 장이 눈앞에 줄을 섰을 때 어느 것부터
읽느냐에 따라 전혀 다른 이미지가 되는 소설이니까 독자 여러
분들은 한 번 읽고, 잊어버렸을 무렵에 다른 순서로 읽어 주시길
부탁드리겠습니다. 다시 읽을 때마다 틀림없이 다른 감상을 가
지게 될 테니까요. 돈을 냈으면 최대한 즐기는 게 좋지 않겠습니
까. 어떤 식으로 읽든지 책값은 변하지 않는데 같은 금액으로 몇
번이나 즐길 수 있다면, 저자로서는 그보다 기쁜 일이 없을 듯합
니다."

　　오늘, 책은 나날이 몸집을 불려가는 각종 플랫폼과 엄청나게

쏟아지는 온갖 콘텐츠들에 의해 흡사 북극곰에게 습격당해 빈사 상태에 빠진 물개 같은 모습이다. 출판과 관련된 뉴스는 하나같이 어둡고 지대와 인쇄비의 상승에 따라 책값도 예전 같지 않다. 그렇다면 어떻게 해야 하나. 나도 모른다. 다만 사람들이 소설을 읽지 않는 이유는 소설을 읽는 일이 재미없다고 느끼기 때문이니까, 소설을 읽는 일을 하나의 '놀이'처럼 만들고 독자들도 그 놀이에 동참하도록 하는 노력을 기울일 필요도 있지 않을까. "출판 불황은 점점 가속화되고 있지요. 소설을 읽는 사람도 점차 줄어들고 있습니다. 이런 상황이니까 평범한 소설로는 어렵겠다고 생각했습니다. 넷플릭스 같은 라이벌과 싸우려면 소설이 더 재미있어져야 하지 않을까요. 어느 업계든 일단 고객이 줄어들면 상품의 개량을 합니다. 그런데 어째서인지 책에 대해서만은 책을 안 읽게 된 사람들이 나쁘다는 식으로 비난하는 풍조가 있어서 더 책을 읽어야 한다고들 말하는데 그건 아니라고 생각합니다. 더 재미있는 무언가를 만들어야 독자들이 오지 않을까요"라는 미치오 슈스케 작가. 국적은 다르지만 동종업계 종사자로서, 세상 어딘가에서 이런 생각으로 글을 쓰는 사람이 있다는 사실이 든든하다고 할지. 열심히 박수쳐 주고 싶은 기분이 든다. 앞으로도 『N』과 같은 시도가 이어지길. 응원하겠습니다.

삼송 김 사장 드림.

N

초판 2쇄 발행 2023년 3월 9일

지은이　　미치오 슈스케
옮긴이　　이규원

　　　　　　발행편집인　김홍민 · 최내현
　　　　　　책임편집　　조미희
　　　　　　표지디자인　이혜경디자인
　　　　　　마케터　　　마리
　　　　　　용지　　　　한승
　　　　　　출력(CTP)　블루엔
　　　　　　인쇄 제본　　대원문화사

펴낸곳　　도서출판 북스피어
출판등록　2005년 6월 18일 제105-90-91700호
주소　　　(10595) 경기도 고양시 덕양구 동송로 23-28 305동 2201호
전화　　　02) 518-0427
팩스　　　02) 701-0428
홈페이지　https://blog.naver.com/hongminkkk
전자우편　editor@booksfear.com

　　　　　　ISBN 979-11-92313-17-7 (04080)
　　　　　　　　　979-11-92313-16-0 (세트)